T0278812

ERRANDO EL TIRO

ERIC BARKER

ERRANDO EL TIRO

Por qué todo lo que sabes sobre
el éxito es (en su mayoría) erróneo

EMPRESA ACTIVA

Argentina – Chile – Colombia – España
Estados Unidos – México – Perú – Uruguay

Título original: *Barking up the Wrong Tree*
Editor original: HarperOne, an imprint of HarperCollins*Publishers*
Traducción: Daniela Fried

1.ª edición Febrero 2023

Copyright © 2017 by Eric Barker
All Rights Reserved
© 2022 by Ediciones Urano, S.A.U.
Plaza de los Reyes Magos, 8, piso 1.º C y D – 28007 Madrid
www.empresaactiva.com
www.edicionesurano.com

ISBN: 978-84-16997-73-2
E-ISBN: 978-84-19413-86-4
Depósito legal: B-22.002-2022

Fotocomposición: Ediciones Urano, S.A.U.
Impreso por: Romanyà Valls, S.A. – Verdaguer, 1 – 08786 Capellades (Barcelona)

Impreso en España – *Printed in Spain*

Para mis padres, que amablemente aguantaron a un hijo que era
una orquídea, un monstruo prometedor, y un líder sin filtro.
¿Qué diablos significa esto?
Bueno, será mejor que empecemos…

Nada importante viene con instrucciones.

—James Richardson

Índice

Introducción

¿Qué es lo que realmente produce el éxito?

Al observar la ciencia que se esconde detrás de lo que separa a los que tienen mucho éxito del resto de nosotros, aprendemos lo que podemos hacer para parecernos más a ellos, y descubrimos en algunos casos por qué es bueno que no lo hagamos.

Dos hombres han muerto tratando de hacer esto.

La revista *Outside Magazine* ha declarado que la Race Across America es la prueba de resistencia más dura que existe, sin excepción. Los ciclistas recorren tres mil millas en menos de doce días, desde San Diego hasta Atlantic City. Algunos podrían pensar que es como el Tour de Francia. Se equivocarían. El Tour tiene etapas. Descansos. La Race Across America (RAAM) no se detiene. Cada minuto que los ciclistas se toman para dormir, para descansar, para hacer cualquier cosa que no sea pedalear, es otro minuto que sus competidores pueden utilizar para derrotarlos. Los ciclistas duermen una media de tres horas por noche, de mala gana.

Tras cuatro días de carrera, los mejores corredores deben debatir cuándo descansar. Con los competidores estrechamente agrupados (a menos de una hora de distancia entre ellos) es una decisión que les pesa, pues saben que serán rebasados y necesitan recuperar su posición. Y a medida que avanza la carrera se van debilitando. No hay respiro. El agotamiento, el dolor y la falta de sueño no hacen más que agravarse a medida que se abren camino a través de todo Estados Unidos.

Pero en 2009 esta situación no afecta al hombre que ocupa el puesto número uno. Está literalmente medio día por delante del número dos. Jure Robič parece imbatible. Ha ganado el RAAM cinco veces, más que cualquier otro competidor de todos los tiempos, a menudo cruzando la línea de meta en menos de nueve días.

En 2004 superó al número dos por once horas. ¿Te imaginas presenciar un evento en el que después de que el ganador se proclame vencedor hay que esperar medio día para ver al subcampeón?

Es natural preguntarse qué hizo que Robič fuera tan dominante y tuviera tanto éxito en una prueba tan agotadora. ¿Estaba genéticamente dotado? No. Cuando lo examinaron, parecía físicamente el típico atleta de alto nivel.

¿Tenía el mejor entrenador? No. Su amigo Uroč Velepec describió a Robič como «completamente inentrenable».

En un artículo para el *New York Times*, Dan Coyle reveló la ventaja que Robič tenía sobre el resto de competidores y que lo convirtió en el mejor corredor de la historia en la Race Across America: su locura.

No es una exageración decir que era extremo. Se puede decir literalmente que, cuando Robič montaba una bicicleta, perdía totalmente la cabeza.

Se volvió paranoico, tuvo crisis emocionales y de llanto, y vio un significado críptico en las grietas de la calle bajo sus pies. Robič dejaba su bicicleta y se dirigía al coche de los miembros de su equipo, con los puños cerrados y los ojos encendidos. (Sabiamente, cerraban las puertas con llave). Saltaba de la bicicleta a mitad de carrera para liarse a puñetazos... con buzones de correo. Alucinaba, una vez vio a muyahidines persiguiéndolo con armas. Su entonces esposa estaba tan perturbada por el comportamiento de Robič que se encerró en el remolque del equipo.

Coyle escribió que Robič veía su locura como algo «incómodo y embarazoso, pero imposible vivir sin ella». Lo fascinante es que el don de Robič no era desconocido como ventaja en el atletismo. Ya en el siglo XIX, científicos como Philippe Tissié y August Bier señalaron que una mente insana puede ayudar a un atleta a ignorar el dolor y llevar su cuerpo más allá de sus límites naturales.

No sé a ti, pero mi orientador vocacional del instituto nunca me dijo que las alucinaciones, pegarle a un buzón o la locura generalizada fueran vitales para ser un éxito mundial en algún ámbito. Me dijeron que hiciera los deberes, que siguiera las reglas y que fuera amable.

Todo ello plantea una pregunta importante: ¿qué es lo que realmente produce el éxito? Este libro explora lo que produce el éxito en el mundo real. Y me refiero a éxito en la vida, no solo a ganar dinero. ¿Qué actitudes y comportamientos te ayudarán a alcanzar tus objetivos en cualquier ámbito que elijas, profesional o personal? Muchos libros cubren solo una faceta del diamante del éxito o presentan una teoría que es poco práctica. Vamos a ver lo que funciona y luego aprenderemos los pasos que puedes utilizar para llegar a donde quieres ir.

Lo que define el éxito para ti es… lo que tú quieras. Se trata de lo que personalmente necesitas para ser feliz en el trabajo y en casa. Pero eso no significa que el éxito sea arbitrario. Ya conoces estrategias para conseguirlo que tienen muchas probabilidades de funcionar (el esfuerzo constante) y muy pocas de hacerlo (levantarse todos los días a las doce de la mañana). El problema radica en el enorme abismo que hay en medio. Te han hablado de todas las cualidades y tácticas que te ayudarán a llegar a donde quieres, pero no hay ninguna prueba real, y quizás hayas visto muchas excepciones. Eso es lo que vamos a analizar en este libro.

Durante ocho años, en mi blog *Barking Up the Wrong Tree* (literalmente «Ladrando al árbol equivocado», traducido aquí como *Errando el tiro*), he estado analizando la investigación existente y entrevistando a expertos, sobre lo que hace que una vida sea exitosa. Y he encontrado respuestas. Muchas de ellas son sorprendentes. Algunas parecen contradictorias a primera vista, pero todas ellas ofrecen una visión de lo que tenemos que hacer en nuestras carreras, y en nuestra vida personal, para obtener alguna ventaja.

Mucho de lo que se nos ha dicho sobre las cualidades que conducen al éxito es lógico, serio y totalmente erróneo. Destruiremos aquí los mitos, veremos la ciencia que hay detrás de lo que separa a los que tienen mucho éxito del resto de nosotros, aprenderemos lo que podemos hacer para parecernos más a ellos y descubriremos por qué es bueno en algunos casos que no nos parezcamos a ellos.

A veces, lo que produce el éxito es el talento en bruto; a veces, son las cosas bonitas que nuestras madres nos dijeron que hiciéramos, y otras veces es exactamente lo contrario. ¿Qué frases hechas son verdaderas y cuáles son mitos?

¿Los «chicos buenos terminan los últimos»? ¿O los primeros?

¿Los que abandonan nunca ganan? ¿O es la terquedad el verdadero enemigo?

¿Es la confianza la que se impone? ¿Y cuando es solo un autoengaño?

En cada capítulo revisaremos las dos caras de la historia. Veremos los puntos fuertes de cada perspectiva. Así que, si algo parece ser una victoria fácil o una contradicción, continúa con mi argumento. Ambas perspectivas tendrán su espacio, como en un juicio. Entonces nos decantaremos por la respuesta que ofrezca la mejor ventaja con la menor desventaja.

En el capítulo 1, analizaremos si ir a lo seguro y hacer lo que nos dicen realmente produce el éxito. Conoceremos lo que el profesor de Harvard Gautam Mukunda llama «intensificadores». Al igual que la locura de Jure Robič, los intensificadores son cualidades que, en general, son negativas, pero que en determinados contextos producen beneficios arrolladores que arrasan con la competencia. Aprenderemos por qué los mejores alumnos rara vez se convierten en millonarios, por qué los mejores (y peores) presidentes de EE. UU. son los que subvierten el sistema, y cómo nuestras mayores debilidades pueden ser en realidad nuestras mayores fortalezas.

En el capítulo 2, descubriremos cuándo los chicos buenos terminan primero y cuándo Maquiavelo tiene razón. Hablaremos con un profesor de la Wharton School que cree en la compasión en los negocios y en la verdad, y con un profesor de Stanford cuyas investigaciones demuestran que el trabajo duro está sobrevalorado y que adular es lo que consigue los ascensos. Observaremos a los piratas y a las bandas de presos para ver qué reglas siguen incluso los que rompen las reglas, y descubriremos cómo encontrar el equilibrio adecuado entre salir adelante con ambición y poder dormir por la noche.

En el capítulo 3, nos sumergiremos en el entrenamiento de los Navy Seals y exploraremos la ciencia emergente de las agallas y la resiliencia. Hablaremos con doctores en economía para calcular el mejor momento para redoblar nuestros esfuerzos y cuándo tirar la toalla. Los maestros de kung-fu nos enseñarán cuándo es una gran idea ser un excéntrico que abandona. Y aprenderemos esa palabra tonta que puede ayudarnos a decidir cuándo seguir con algo y cuándo la mejor jugada es abandonar.

El capítulo 4 analiza si lo realmente importante es «lo que sabes» o «a quién conoces». Veremos cómo los empleados más conectados son a menudo los más productivos, pero que los mayores expertos casi siempre se clasifican como introvertidos (incluyendo un asombroso 90 % de los mejores deportistas). Observaremos al hombre más conectado de Silicon Valley y aprenderemos a establecer redes de contactos sin sentirnos despreciables.

En el capítulo 5, analizaremos la actitud. Veremos cómo la confianza puede empujarnos más allá de lo que creemos que somos capaces, pero cómo eso debe equilibrarse con una visión aterrizada de los desafíos que tenemos por delante. Aprenderemos cómo la nueva ciencia del «contraste mental» puede ayudarnos a determinar cuándo hay que apostarlo todo y cuándo hay que pensárselo dos veces. Y, lo que es más importante, veremos nuevas investigaciones que demuestran por qué todo el paradigma de la confianza podría ser problemático en su esencia.

En el capítulo 6 damos un paso atrás para ver el panorama general e intentamos analizar cómo el éxito en la carrera se alinea con el éxito en la vida, y cuándo no. ¿Hay lugar para el equilibrio entre el trabajo y la vida en nuestro mundo de 24 horas al día, 7 días a la semana? Clayton Christensen, de la Harvard Business School, y Genghis Khan ofrecen ejemplos de cómo encontrar la paz en una oficina que se mueve con rapidez. Obtendremos lecciones de casos trágicos de leyendas que alcanzaron el éxito, pero pagaron un precio demasiado alto, sacrificando la familia y la felicidad.

El éxito no tiene por qué ser algo que solo se ve en la televisión. No se trata tanto de ser perfecto como de saber en qué eres mejor y estar bien alineado con tu contexto. No hace falta estar literalmente loco, como Jure Robič, pero a veces un patito feo puede ser un cisne si encuentra el estanque adecuado. Lo que te diferencia, los hábitos que quizá hayas intentado desterrar, las cosas por las que se burlaban de ti en la escuela, pueden acabar concediéndote una ventaja imbatible.

De hecho, empecemos por ahí...

1

¿Debemos ir a lo seguro y hacer lo que nos dicen si queremos tener éxito?

¿Resulta rentable seguir las reglas? Lo que podemos aprender de los mejores estudiantes, de los que no sienten dolor y de los prodigios del piano.

Ashlyn Blocker no siente dolor.

De hecho, nunca ha sentido dolor. A simple vista es una adolescente normal, pero debido a un defecto en el gen SCN9A, sus nervios no se formaron como los tuyos o los míos. Las señales de dolor no llegan a su cerebro.

¿Suena como un regalo del cielo? Pues espera. La entrada de Wikipedia sobre la «insensibilidad congénita al dolor» lo expresa de forma sencilla: «Es una condición extremadamente peligrosa». Dane Inouye escribe: «La mayoría de los niños sueñan con ser un superhéroe cuando son jóvenes. Los pacientes con CIPA pueden considerarse Superman porque no sienten dolor físico, pero es irónico que lo que les da sus "superpoderes" también se convierta en su "criptonita"».

Como relata Justin Heckert en un artículo en el *New York Times Magazine,* los padres de Ashlyn se dieron cuenta de que se había roto el tobillo antes que ella, y eso fue dos días después de que se lo rompiera. Karen Cann, otra mujer con este trastorno, se rompió la pelvis al dar a luz a su primer hijo, pero no se dio cuenta durante semanas hasta que la rigidez de la cadera le hizo casi imposible caminar.

Las personas con este trastorno tienden a tener vidas más cortas, a menudo mueren durante la infancia. De los bebés con CIPA (Insensibilidad Congénita al Dolor con Anhidrosis), el 50 % no vive más allá de los tres años.

Acunados por padres bienintencionados, no gritan cuando tienen fiebre. Los que sobreviven suelen morderse la punta de la lengua o causarse graves daños en las córneas frotando los ojos en carne viva. Los adultos que padecen este trastorno suelen estar cubiertos de cicatrices y se han roto repetidamente los huesos. Todos los días deben revisar su cuerpo en busca de signos de daño. Ver un hematoma, un corte o una quemadura puede ser la única forma de saber que se ha producido algún daño. La apendicitis y otros males internos son especialmente preocupantes: las personas con CIPA no suelen sentir ningún síntoma hasta que el problema los mata.

Pero ¿cuántos de nosotros, en un momento u otro, no hemos deseado ser como Ashlyn?

Es fácil ver ingenuamente solo los beneficios de tal condición. Se acabaron las molestas lesiones. Se terminó el miedo a la consulta del dentista. Una vida libre de las pequeñas molestias de las enfermedades y las lesiones. Nunca más dolor de cabeza ni las limitaciones del caprichoso dolor lumbar.

En términos de atención sanitaria y pérdida de productividad, el dolor cuesta a Estados Unidos entre 560 y 635 mil millones de dólares al año. El 15 % de los estadounidenses se enfrenta a diario al dolor crónico, y no cabe duda de que muchos de ellos se cambiarían gustosamente por Ashlyn.

Uno de los villanos de la exitosa novela *La chica que soñaba con una cerilla* tiene CIPA, y el trastorno se presenta como un superpoder. Con las habilidades de un boxeador profesional e incapaz de sentir dolor, es una fuerza aparentemente imparable y un enemigo aterrador.

Esto plantea cuestiones más amplias: ¿cuándo nuestras debilidades son en realidad fortalezas? ¿Es mejor ser un atípico con desventajas y superpoderes a la vez? ¿O vivimos mejor en la normalidad del centro de la campana de Gauss? Por lo general, se nos anima a ir sobre seguro, pero ¿hacer lo «correcto» como normalmente se prescribe, y no arriesgar con los altibajos de las experiencias, es el camino hacia el éxito o hacia la mediocridad?

Para resolver este rompecabezas, veamos primero a los que siguen las reglas y lo hacen todo bien. ¿Qué es lo que hacen los mejores estudiantes del instituto? Son lo que todo padre desea que sea su hijo adolescente. Mamá dice que estudies mucho y que te irá bien. Y muy a menudo mamá tiene razón.

Pero no siempre.

Karen Arnold, investigadora del Boston College, hizo un seguimiento a ochenta y un alumnos de bachillerato desde su graduación para ver qué ocurría con los mejores alumnos. Del 95 % que pasó a la universidad, su promedio de calificaciones fue de 3,6 y, en 1994, el 60 % había obtenido un título de posgrado. No hay duda de que el éxito en la escuela secundaria predice el éxito en la universidad. Casi el 90 % de ellos se dedica ahora a una carrera profesional, con un 40 % en los puestos más altos. Son fiables, constantes y están bien adaptados, y, según todos los indicadores, la mayoría tiene una buena vida.

Pero ¿cuántos de estos números uno de los institutos pasan a cambiar el mundo, a dirigirlo o a impresionarlo? La respuesta parece ser clara: cero.

Comentando las trayectorias de éxito de sus estudiantes, Karen Arnold dijo: «Aunque casi todos son grandes triunfadores profesionales, la gran mayoría de los mejores alumnos de la escuela secundaria no parecen dirigirse a la cima de los logros de los adultos». En otra entrevista, Arnold dijo: «No es probable que los alumnos con mejores notas sean los visionarios del futuro… normalmente se asientan en el sistema en lugar de sacudirlo».

¿Será acaso que estos ochenta y uno en concreto no llegaron a la estratosfera? No. Las investigaciones demuestran que lo que hace que los estudiantes sean excelentes en el aula es lo mismo que hace que sean menos propensos a ser excepcionales fuera del aula.

Entonces, ¿qué hace que los números uno del instituto rara vez sean los números uno en la vida real? Hay dos razones. En primer lugar, las escuelas recompensan a los estudiantes que hacen sistemáticamente lo que se les dice. Las calificaciones académicas solo se correlacionan vagamente con la inteligencia (incluso las pruebas estandarizadas miden mejor el coeficiente intelectual). Sin embargo, las calificaciones escolares son un excelente indicador de la autodisciplina, la conciencia y la capacidad de cumplir las normas.

En una entrevista, Arnold dijo: «Esencialmente, estamos premiando la conformidad y la voluntad de seguir el sistema». Muchos de los mejores alumnos admitieron no ser los más inteligentes en la clase, solo los más trabajadores. Otros decían que era más una cuestión de dar a los profesores lo que querían que realmente aprender mejor el contenido. La mayoría de los sujetos del estudio se clasificaron como «arribistas»: veían su trabajo como la obtención de buenas notas, no como un aprendizaje.

La segunda razón es que las escuelas premian el ser generalista. Hay poco reconocimiento de la pasión o la experiencia de los estudiantes. El mundo real, sin embargo, hace lo contrario. Arnold, hablando de los mejores estudiantes, dijo: «Son extremadamente completos y exitosos, personal y profesionalmente, pero nunca se han dedicado a una sola área en la que pongan toda su pasión. Esa no suele ser una receta para la excelencia».

Si quieres que te vaya bien en la escuela y te apasionan las matemáticas, tienes que dejar de trabajar en ellas para asegurarte de que también sacas un sobresaliente en historia. Este enfoque generalista no conduce a la maestría. Sin embargo, al final casi todos seguimos carreras en las que se premia mucho una habilidad y las demás no son tan importantes.

Irónicamente, Arnold descubrió que los estudiantes intelectuales que disfrutan aprendiendo tienen dificultades en la escuela secundaria. Tienen pasiones en las que quieren centrarse, están más interesados en lograr el dominio en un área y encuentran la estructura de la escuela asfixiante. Mientras tanto, los mejores estudiantes son intensamente pragmáticos. Siguen las reglas y valoran más los sobresalientes que las habilidades y la comprensión profunda.

La escuela tiene reglas claras. La vida a menudo no las tiene. Cuando no hay un camino claro que seguir, los alumnos de alto rendimiento académico se derrumban.

Las investigaciones de Shawn Achor en Harvard muestran que las calificaciones universitarias no son más predictivas del éxito posterior en la vida que tirar los dados. Un estudio de más de setecientos millonarios estadounidenses mostró que su promedio de notas universitarias era de 2,9.

Seguir las reglas no crea el éxito; solo elimina los extremos, tanto los buenos como los malos. Si bien esto suele ser positivo y excluye casi por completo el riesgo de caída, también suele eliminar los logros más importantes. Es como poner un regulador en el motor que impida que un coche vaya a más de 90; es mucho menos probable que tengas un choque letal, pero tampoco batirás ningún récord de velocidad.

Si los que cumplen las reglas no acaban en la cima, ¿quién lo hace?

Winston Churchill nunca debería haber sido primer ministro de Gran Bretaña. No era alguien que «lo hiciera todo bien», y fue sorprendente que fuera elegido. Sus contemporáneos sabían que era brillante, pero también era una bala perdida paranoica con quien era imposible tratar.

Al principio, Churchill fue ascendiendo por las filas de la política británica a un ritmo constante (fue elegido parlamentario a los veintiséis años), pero finalmente se le consideró incapaz y no apto para los cargos más altos. En la década de 1930, su carrera había terminado. En muchos sentidos, era el contrapuesto perfecto de Neville Chamberlain, un líder que lo había hecho todo bien y era el prototipo de primer ministro británico.

Gran Bretaña elige a sus líderes cuidadosamente. Un repaso a los primeros ministros muestra que, por lo general, son más veteranos y están más investigados que sus homólogos estadounidenses. John Major llegó al poder más rápidamente que casi todos los líderes británicos, pero seguía estando objetivamente más preparado para el cargo que la mayoría de los presidentes estadounidenses.

Churchill era un inconformista. No se limitaba a amar a su país, sino que mostraba una clara paranoia ante cualquier posible amenaza para el imperio. Veía incluso a Gandhi como un peligro y se excedía en su oposición a lo que era una rebelión pacifista en la India. Era el «Chicken Little» de Gran Bretaña, despotricando apasionadamente contra toda oposición a su país, grande, pequeña o imaginaria. Pero esta «mala» cualidad es la clave de por qué es uno de los líderes más venerados de la historia.

Este Chicken Little fue el único que vio a Hitler como la amenaza que era.

Chamberlain, en cambio, consideraba a Hitler como «un hombre en el que se podía confiar cuando había dado su palabra». Los dirigentes británicos atrincherados estaban convencidos de que el apaciguamiento era la forma de sofocar a los nazis.

Cuando más importó, la paranoia de Churchill fue clarividente.

No creía que el matón del patio de la escuela los dejara en paz si le daban el dinero del almuerzo. Sabía que tenían que darle un puñetazo en la nariz.

El fanatismo de Churchill —que estuvo a punto de arruinar su carrera al principio— era exactamente lo que Gran Bretaña necesitaba de cara a la Segunda Guerra Mundial. Y, afortunadamente, el pueblo británico se dio cuenta de esto antes de que fuera demasiado tarde. Para responder a la gran pregunta de quién llega a la cima, veámoslo desde otro ángulo: ¿qué hace a un gran líder? Durante años, la investigación académica no parecía capaz de decidir si los líderes eran importantes. Algunos estudios demostraron que los grandes equipos tenían éxito con o sin una figura que se llevara el mérito. Otros mostraban que a veces un individuo carismático era el factor más importante para que un grupo tuviera éxito o fracasara. No estaba nada claro, hasta que un académico tuvo una corazonada.

Gautam Mukunda especuló que la razón de la incongruencia en la investigación era que en realidad hay dos tipos de líderes fundamentalmente diferentes. El primer tipo asciende a través de los canales formales, consiguiendo ascensos, respetando las reglas y cumpliendo las expectativas. Estos líderes, como Neville Chamberlain, son «filtrados». El segundo tipo no asciende a través de las filas, sino que entra por la ventana: empresarios que no esperan a que alguien les ascienda; vicepresidentes de Estados Unidos a los que se les entrega inesperadamente la presidencia y líderes que se benefician de una tormenta perfecta de acontecimientos improbables, como la que hizo que Abraham Lincoln fuera elegido. Este grupo son los «no filtrados».

Cuando los candidatos filtrados se presentan a la carrera por el gran sillón, han sido investigados tan a fondo que se puede confiar en que tomarán las decisiones estándar, tradicionalmente aprobadas. Son efectivamente indistinguibles unos de otros, y por eso gran parte de la investigación mostró poco efecto en los líderes.

Pero los candidatos no filtrados no han sido examinados por el sistema y no se puede confiar en ellos para tomar las decisiones «aprobadas»: muchos ni siquiera saben cuáles son las decisiones aprobadas. Hacen cosas inesperadas, tienen diferentes antecedentes y a menudo no son predecibles. Sin embargo, traen el cambio y marcan la diferencia. A menudo, esa diferencia es negativa. Como no siguen las reglas, suelen fracturar las instituciones que guían. Sin embargo, una minoría de líderes no filtrados son transformadores, ya que despojan a las organizaciones de sus creencias erróneas y de sus consistencias insensatas, y las orientan hacia horizontes mejores. Estos son los líderes que, según la investigación, tienen un enorme impacto positivo.

En su tesis doctoral, Mukunda aplicó su teoría a todos los presidentes de Estados Unidos, evaluando cuáles eran filtrados y cuáles no, y si eran o no grandes líderes. Los resultados fueron abrumadores. Su teoría predijo el impacto presidencial con una confianza estadística casi inaudita del 99 %.

Los líderes filtrados no sacudieron al barco. Los líderes no filtrados no pudieron evitar hacerlo. A menudo rompían cosas, pero a veces rompían cosas como la esclavitud, como hizo Abraham Lincoln.

Mukunda lo entendió de primera mano. Su tesis doctoral, poco convencional, le convirtió en un caso atípico en el mercado de trabajo académico. A pesar de su pedigrí en Harvard y el MIT, solo recibió dos entrevistas de trabajo tras más de cincuenta solicitudes. Las escuelas querían un profesor convencional que pudiera enseñar Ciencias Políticas básicas; querían un académico filtrado. El enfoque innovador de Mukunda le convirtió en un candidato poco probable para las cátedras tradicionales. Solo las escuelas que buscaban a un profesor excepcional, con los recursos necesarios para mantener una facultad diversa y completa, estaban interesadas en alguien como él. La Escuela de Negocios de Harvard le hizo una oferta y la aceptó.

Cuando hablé con Mukunda, me dijo: «La diferencia entre los buenos líderes y los grandes líderes no es una cuestión de "más". Son personas fundamentalmente diferentes». Si los británicos hubieran visto el fracaso del apaciguamiento y hubieran dicho: «Consígannos un Neville Chamberlain mejor», se habrían fastidiado. No necesitaban un líder más filtrado; necesitaban a alguien a quien el sistema nunca hubiera dejado entrar. Los viejos métodos no funcionaban, y volver a ellos habría sido desastroso. Para luchar contra una amenaza como Hitler, necesitaban un inconformista como Churchill.

Cuando le pregunté a Mukunda qué hacía que los líderes no filtrados tuvieran mucho más impacto, dijo que solían tener cualidades únicas que los diferenciaban. No los calificativos halagadores que cabría esperar, como «increíblemente inteligente» o «políticamente astuto». Estas cualidades eran a menudo negativas en promedio —cualidades que nosotros consideraríamos «malas»—, pero que, debido al contexto específico, se convirtieron en positivas. Al igual que la defensa paranoica del Estado británico por parte de Churchill, estas cualidades eran un veneno que, en las circunstancias adecuadas, podía ser una droga para mejorar el rendimiento.

Mukunda los llama «intensificadores». Y encierran el secreto de cómo tu mayor debilidad puede ser tu mayor fortaleza.

Glenn Gould era tan hipocondríaco que, si estornudabas durante una llamada telefónica con él, colgaba inmediatamente.

El pianista clásico usaba guantes habitualmente y no le resultaba extraño llevar varios pares al mismo tiempo. Hablando de la farmacia portátil de medicamentos que siempre llevaba encima, Gould dijo: «Un periodista escribió que viajaba con una maleta llena de pastillas. En realidad, apenas llenan un maletín». Cancelaba hasta el 30 % de sus conciertos, a veces los volvía a reservar y luego los volvía a cancelar. Gould bromeó: «No voy a conciertos, a veces ni siquiera a los míos».

Sí, era un tipo extraño. También es uno de los grandes músicos indiscutibles del siglo xx. Ganó cuatro Grammys y vendió millones de discos. Incluso alcanzó el sello más auténtico de la fama en nuestra época: fue referenciado en un episodio de *Los Simpsons*.

Gould no era simplemente un hipocondríaco. La revista *Newsweek* lo llamó «un Howard Hughes musical». Se dormía a las seis de la mañana y se despertaba por la tarde. Si consideraba que un vuelo era de «mala suerte», se negaba a subir al avión. Odiaba tanto el frío que llevaba ropa de invierno en verano y a menudo utilizaba una bolsa de basura para llevar sus objetos cotidianos. Esto hizo que Gould fuera detenido en Florida porque la policía lo confundió con un vagabundo.

Por supuesto, sus excentricidades afectaron a sus relaciones. Temiendo que acercarse demasiado a la gente pudiera perjudicar su trabajo, a menudo mantenía a los amigos a distancia. Su salvavidas era el teléfono. En los últimos nueve meses de su vida, su factura telefónica se acercó a los trece mil dólares. Su alocada forma de conducir le valió que sus amigos apodaran al asiento del acompañante como «asiento del suicida». Una vez comentó: «Supongo que se puede decir que soy un conductor despistado. Es cierto que en alguna ocasión me he saltado varios semáforos en rojo, pero, por otro lado, he parado en muchos en verde, y eso nunca me lo han reconocido».

Lo que era aún más extraño era cómo tocaba su famosa música. Kevin Bazzana lo describe en su maravillosa biografía de Gould: «El aspecto desaliñado, la inclinación simiesca sobre el teclado, los brazos agitados, el torso giratorio y el movimiento de cabeza». Recuerden que no se trata de un pianista de jazz o de Elton John. Este tipo estaba tocando Bach. Y odiaba tocar en vivo. Su naturaleza de fanático del control no se prestaba a las exigencias de las giras, que implicaban cambiar de avión y de hotel, y tratar con gente nueva cada día. «Detesto al público. Creo que son una fuerza del mal», dijo una vez.

Y luego estaba «la silla». Debido a su estilo de tocar, Gould necesitaba una silla especial. Estaba a poco más de medio metro del suelo y tenía una inclinación hacia delante para que pudiera sentarse cómodamente en el borde del asiento. Tenía tantos requisitos específicos que su padre acabó teniendo que hacerla a medida para él. Gould utilizó esa silla durante toda su carrera, llevándola a todas partes para sus actuaciones. Con el paso de los años sufrió un gran desgaste y se mantuvo unida con alambre y cinta adhesiva. Incluso, en sus discos, puede oírse el chirrido de la misma.

A pesar de su extrema excentricidad, era electrizante. Como dijo una vez George Szell, de la Orquesta de Cleveland: «Ese chiflado es un genio».

Pero sus habilidades, su fama, su éxito, todo ello podría no haber llegado nunca a producirse. Sí, era un prodigio, ya que había alcanzado el nivel de un profesional a los doce años, pero era tan torpe y sensible de niño que durante unos años tuvo que ser educado en casa porque no podía soportar las presiones de estar rodeado de otros niños.

Gould podría haber sido alguien completamente incapaz de funcionar en el mundo real. Entonces, ¿cómo consiguió prosperar y convertirse en uno de los grandes? Por suerte, nació en un entorno perfectamente adaptado a su frágil temperamento. Sus padres le apoyaron hasta un punto casi imposible. Su madre se dedicó a cultivar su talento y su padre gastaba tres mil dólares al año en la formación musical de Glenn. (¿No te parece que tres mil dólares es mucho? Esto fue en los años 40. Eso era el doble del salario medio anual en Toronto en aquella época, la ciudad natal de Gould).

Con un nivel de apoyo tan increíble y una ética de trabajo inagotable, el talento de Gould floreció. Sería conocido por sus jornadas de dieciséis horas y sus semanas de cien horas en el estudio de grabación. No era extraño que no tuviera en cuenta el calendario a la hora de programar las sesiones y que exigiera que se le recordara que la mayoría de la gente no quería trabajar en Acción de Gracias o en Navidad. Cuando le preguntaron qué consejo daría a los aspirantes a artistas, dijo: «Hay que renunciar a todo lo demás».

Su obsesión, alimentada por la neurosis, dio sus frutos. A los veinticinco años ya estaba actuando en una gira musical por Rusia. Ningún norteamericano lo había hecho desde antes de la Segunda Guerra Mundial. A los veintiocho años, estaba en la televisión con Leonard Bernstein y la Filarmónica de Nueva York. A los treinta y uno, ya era una leyenda de la música.

Entonces decidió desaparecer. «Me gustaría tener la última mitad de mi vida para mí», dijo Gould. A los treinta y dos años dejó de actuar en público. En total, había dado menos de trescientos conciertos. La mayoría de los músicos de gira hacen eso en solo tres años. Seguía trabajando como un loco, pero ya no actuaba para el público. Quería el control que solo la grabación en estudio podía darle. Curiosamente, su retirada de la actuación no limitó su influencia en el mundo de la música; de hecho, la potenció. Según Kevin Bazzana, Gould siguió «manteniendo su presencia a través de una conspicua ausencia». Siguió trabajando hasta su muerte en 1982. Al año siguiente fue incluido en el Salón de la Fama de los Grammy.

¿Qué dijo Gould sobre sus hábitos extremos y su alocado estilo de vida? «No creo que sea tan excéntrico». El biógrafo Kevin Bazzana dice:

«Ese es el sello de un verdadero excéntrico: no pensar que eres tan excéntrico, incluso cuando cada uno de tus pensamientos, palabras y actos parecen diferenciarte del resto del mundo».

Sin duda, Gould no se habría convertido en una leyenda de la música sin ese temprano estímulo y el increíble apoyo financiero de sus padres. Era una criatura demasiado frágil y peculiar para soportar la dureza del mundo. Sin ese apoyo, podría haber sido un vagabundo con demasiada ropa en Florida.

Hablemos de orquídeas, dientes de león y monstruos prometedores. (Ya sé, ya sé que hablo de estas cosas todo el tiempo y esto puede que no sea nada nuevo para ti. Pero por favor, sigue leyendo).

Hay una vieja expresión sueca que dice que la mayoría de los niños son dientes de león, pero unos pocos son orquídeas. Los dientes de león son resistentes. No son las flores más bonitas, pero incluso sin buenos cuidados prosperan. Nadie va por ahí plantando deliberadamente dientes de león. No es necesario hacerlo. Se adaptan bien a casi todas las condiciones. Las orquídeas son diferentes. Si no las cuidas bien, se marchitan y mueren. Pero, si se las cuida bien, se convierten en las flores más hermosas que se puedan imaginar.

Ahora no estamos hablando solo de flores, ni de niños. En realidad, estamos aprendiendo una lección sobre genética de vanguardia.

Las noticias siempre informan sobre un gen que causa esto o aquello. Nuestro primer instinto es etiquetar el gen como «malo» o «bueno». Este gen causa el alcoholismo o la violencia. Menos mal que no tengo ese gen ya que es malo. Los psicólogos llaman a esto el «modelo diátesis-estrés». Si tienes ese gen malo y te encuentras con problemas en la vida, estás predispuesto a tener un trastorno como la depresión o la ansiedad, así que reza para no tener ese gen horrible que puede convertirte en un monstruo. Solo hay un problema: cada vez parece más probable que esta perspectiva sea equivocada.

Recientes descubrimientos en genética están dando la vuelta a este modelo de genes malos contra genes buenos y apuntan hacia lo que se parece mucho más al concepto de intensificadores. Los psicólogos lo llaman la «hipótesis de la susceptibilidad diferencial». Los mismos genes que conducen a lo malo pueden llevar a lo bueno en una situación diferente.

El mismo cuchillo que puede usarse para apuñalar a alguien con saña también puede preparar la comida de una familia. Que el cuchillo sea bueno o malo depende del contexto.

Seamos concretos. La mayoría de la gente tiene un gen DRD4 normal, pero algunos tienen una variante llamada DRD4-7R. ¡Oh-oh! El 7R ha sido asociado con el TDAH, el alcoholismo y la violencia. Es un gen «malo». Sin embargo, el investigador Ariel Knafo realizó un estudio para ver qué niños compartían caramelos sin que se les pidiera. La mayoría de los niños de tres años no están dispuestos a renunciar a golosinas si no es necesario, pero los niños que tenían el gen 7R eran más propensos a hacerlo. ¿Por qué los niños con este gen «malo» estaban tan dispuestos a ayudar, incluso cuando no se les pedía? Porque el 7R no es «malo». Al igual que ese cuchillo, depende del contexto. Los niños con el 7R que se criaron en ambientes difíciles, que fueron maltratados o abandonados, tenían más probabilidades de convertirse en alcohólicos y abusadores. Pero los niños con el 7R que recibieron una buena crianza fueron incluso más amables que los niños que tenían el gen DRD4 estándar. El contexto marcó la diferencia.

Varios otros genes asociados al comportamiento han mostrado efectos similares. Los adolescentes con un tipo del gen CHRM2 que se crían mal acaban siendo los peores delincuentes, pero los adolescentes con el mismo gen, criados en buenos hogares, salen adelante. Los niños que tienen una variante del gen 5-HTTLPR y padres dominantes son más propensos a hacer trampas, mientras que los niños con el mismo gen que reciben una crianza amable son los más propensos a obedecer las reglas.

Bien, alejémonos del microscopio y de las siglas por un segundo.

La mayoría de las personas son dientes de león; saldrán bien en casi cualquier circunstancia. Otras son orquídeas; no solo son más sensibles a los resultados negativos, sino a todo. No florecerán en la tierra al lado de la carretera como lo haría un diente de león. Pero, cuando están bien cuidadas en un bonito invernadero, su belleza supera enormemente a la de los dientes de león. Como dijo el escritor David Dobbs en un artículo para *The Atlantic:* «Los mismos genes que nos dan más problemas como especie, causando comportamientos autodestructivos y antisociales, también subyacen a la fenomenal adaptabilidad y al éxito evolutivo. Con un mal entorno y una mala crianza, los niños orquídea pueden acabar deprimidos, drogadictos o en la cárcel, pero con el entorno adecuado y una buena crianza, pueden crecer y convertirse en las personas más creativas, exitosas y felices de la sociedad».

Esto nos lleva a los monstruos prometedores. ¿Qué son? Los profesores Wendy Johnson y Thomas J. Bouchard, Jr. dijeron: «Un monstruo prometedor es un individuo que se desvía radicalmente de la norma en una población debido a una mutación genética que le confiere una ventaja potencialmente adaptativa». Mientras Darwin decía que toda la evolución era gradual, Richard Goldschmidt propuso la idea de que quizá la naturaleza realizaba ocasionalmente cambios mayores. Y se burlaron de él. Pero a finales del siglo xx, científicos como Stephen Jay Gould empezaron a darse cuenta de que Goldschmidt podía tener algo de razón. Los investigadores comenzaron a ver ejemplos de mutaciones que no eran tan graduales y encajaban en la teoría de los monstruos prometedores. La naturaleza intenta de vez en cuando algo muy diferente, y si ese «monstruo» encuentra el entorno adecuado y tiene éxito, puede acabar cambiando la especie para mejor. De nuevo, es la teoría de los intensificadores. Como dijo el escritor Po Bronson: «Todo Silicon Valley se basa en defectos de carácter que se recompensan de forma especial en este sistema».

¿Y si te dijeran que la parte superior del cuerpo de tu hijo será demasiado larga, las piernas demasiado cortas, las manos y los pies demasiado grandes y los brazos desgarbados? Dudo que saltaras de alegría. Ninguna de esas características suena objetivamente «buena». Pero cuando un entrenador de natación bien informado las oye, no ve más que el oro olímpico.

Michael Phelps debería ser considerado uno de los X-Men: un mutante con superpoderes. ¿Es Phelps físicamente perfecto? Ni mucho menos. No baila bien. Ni siquiera corre bien. De hecho, no parece estar diseñado para moverse en tierra. Sin embargo, Mark Levine y Michael Sokolove escribieron sendos artículos para el *New York Times* en los que describen la colección de rasgos extraños de Phelps como algo que lo convierte en un nadador impresionante. Sí, es fuerte y delgado, pero para un hombre de 1,95 metros no tiene las proporciones normales. Sus piernas son cortas y su tronco largo, lo que le hace parecerse más a una canoa. Tiene las manos y los pies desproporcionadamente grandes —más bien «aletas»—. Si extiendes los brazos, la distancia entre las puntas de tus dedos debe coincidir con tu altura. No para Phelps. Su envergadura es de 2,05 metros. Unos brazos más largos significan unas brazadas más potentes en la piscina. Phelps se incorporó al equipo olímpico de Estados Unidos a los quince años. Nadie tan joven lo había hecho desde 1932. ¿Su mayor defecto como nadador? Lanzarse a la piscina. Es más lento al salir que la mayoría de los nadadores. Phelps simplemente no está hecho para moverse fuera del agua. Y este monstruo es más que prometedor: ha ganado más medallas olímpicas que nadie.

¿Cómo se relaciona esto con el éxito fuera del deporte? Los investigadores Wendy Johnson y Thomas J. Bouchard Jr. sugieren que los genios también podrían ser considerados monstruos prometedores. Mientras que Michael Phelps puede ser torpe en tierra firme, Glenn Gould era definitivamente incapaz de vivir en una sociedad civilizada. Pero ambos prosperaron gracias al entorno adecuado.

Hemos visto que algunas orquídeas se marchitan por una mala crianza y florecen cuando se crían bien. ¿Por qué, si no, algunos monstruos acaban desesperados y otros son prometedores? ¿Por qué algunas personas acaban siendo «locas-brillantes» y otras «locas-locas»? El decano Keith

Simonton afirma que cuando los genios creadores se someten a pruebas de personalidad: «Sus puntuaciones en las escalas de patología se sitúan en un rango medio. Los creadores muestran más psicopatología que las personas normales, pero menos que los verdaderos psicóticos. Parecen poseer la cantidad justa de rareza».

Frecuentemente etiquetamos las cosas como «buenas» o «malas» cuando la denominación correcta podría ser simplemente «diferentes». El ejército israelí necesitaba personas que pudieran analizar las imágenes de los satélites en busca de amenazas. Requería soldados que tuvieran una capacidad visual asombrosa, que no se aburrieran de mirar el mismo lugar todo el día y que pudieran notar cambios sutiles. No es una tarea fácil. Sin embargo, la División de Inteligencia Visual de las FDI encontró a los reclutas perfectos en los lugares más insospechados. Empezaron a reclutar a personas con autismo. Aunque los autistas pueden tener problemas con la interacción personal, muchos sobresalen en tareas visuales, como los rompecabezas. Y han demostrado ser un gran activo en la defensa de su nación.

El Dr. David Weeks, neuropsicólogo clínico, escribió: «Las personas excéntricas son las mutaciones de la evolución social y proporcionan el material para la selección natural». Pueden ser orquídeas como Glenn Gould o monstruos prometedores como Michael Phelps. Pasamos demasiado tiempo tratando de ser «buenos» cuando lo bueno es a menudo simplemente lo normal. Para ser grandes, debemos ser diferentes. Y eso no pasa por intentar seguir la visión de la sociedad sobre lo que es mejor, porque la sociedad no siempre sabe lo que necesita. A menudo, ser el mejor significa simplemente ser la mejor versión de uno mismo. Como dijo John Stuart Mill: «El hecho de que tan pocos se atrevan a ser excéntricos es el principal peligro de nuestro tiempo».

En el entorno adecuado, lo malo puede ser bueno y lo extraño puede ser hermoso.

En el año 2000, Steve Jobs estaba preocupado. Él y los demás dirigentes de Pixar se hacían la misma pregunta: ¿Estaba Pixar perdiendo su nivel? Habían tenido grandes éxitos con *Toy Story*, *Toy Story 2 y Bichos (A Bug's Life)*, pero temían que, con el éxito, el estudio sinónimo de creatividad creciera, para luego ralentizarse y volverse complaciente.

Con el fin de intentar vigorizar al equipo, contrataron a Brad Bird, director de la aclamada película de animación *El gigante de hierro*, para dirigir el siguiente gran proyecto de Pixar. Jobs, John Lasseter y Ed Catmull consideraron que tenía la mentalidad necesaria para mantener la empresa viva.

¿Respondió a la crisis de creatividad apoyándose en los mejores profesionales de Pixar? No. ¿Reclutó a los mejores talentos externos y trajo sangre nueva? No. No era el momento de ir a lo seguro y buscar talentos «filtrados». Eso les había hecho triunfar, pero también los había llevado a este punto de estancamiento.

Mientras montaba su primer proyecto en Pixar, Bird reveló su plan para afrontar la crisis de creatividad: «Denme a la oveja negra. Quiero artistas frustrados. Quiero a los que tienen otra forma de hacer las cosas y que nadie está escuchando. Denme a todos los que probablemente estén a punto de salir por la puerta». En resumen, esto quería decir: Dame a tus artistas «no filtrados». Sé que están locos. Eso es exactamente lo que necesito.

El nuevo equipo de animación de Bird conocido como los «doce sucios» (Dirty Dozen) no solo hizo una película diferente. Cambiaron la forma de trabajar de todo el estudio:

Dimos a las ovejas negras la oportunidad de demostrar sus teorías, y cambiamos la forma de hacer varias cosas aquí. Por menos dinero por minuto del que se gastó en la película anterior, *Buscando a Nemo*, hicimos una película que tenía el triple de decorados y tenía todo lo que era difícil de hacer. Todo esto porque los responsables de Pixar nos dieron permiso para probar ideas locas.

Ese proyecto fue *Los Increíbles*. Recaudó más de 600 millones de dólares y ganó el Oscar a la mejor película de animación.

Los mismos rasgos que hacen que sea una pesadilla tratar con algunas personas pueden ser aquellos que hagan que cambien el mundo.

Las investigaciones demuestran que las personas muy creativas son más arrogantes, poco honestas y desorganizadas. También sacan peores notas en la escuela. Por eso, a pesar de lo que digan los profesores, no les gustan los alumnos creativos porque esos niños no suelen hacer lo que se les dice. ¿Te parece que alguien así será un gran empleado? Difícilmente. Así que no es de extrañar que la creatividad esté inversamente correlacionada con las evaluaciones de rendimiento de los empleados. Las personas creativas tienen menos probabilidades de ser ascendidas a director general.

H. R. Giger, el responsable de los espeluznantes diseños de las criaturas de la franquicia cinematográfica *Alien*, explicó: «En Chur, Suiza, la palabra "artista" es un insulto, que combina las nociones de borracho, putero, vago y simplón en uno».

Pero, como sabe cualquier matemático, los promedios pueden ser engañosos. Andrew Robinson, director general de la famosa agencia de publicidad BBDO, dijo una vez: «Cuando tu cabeza está en un refrigerador y tus pies en un quemador, la temperatura media está bien. Siempre soy cauto con los promedios».

Como regla general, todo lo que esté mejor alineado para adaptarse a un escenario único va a ser problemático en promedio. Y las cualidades que son «genéricamente buenas» pueden ser malas en los extremos. La chaqueta que funciona bien ocho meses al año será una elección terrible en pleno invierno. Del mismo modo, con los intensificadores, las cualidades que parecen universalmente horribles tienen sus usos en contextos específicos. Son los coches de Fórmula 1 que no se pueden conducir en las calles de la ciudad, pero que baten récords en un circuito.

Es una cuestión de estadística básica. Cuando se trata de los extremos del rendimiento, las medias no importan; lo que importa es la varianza, esas desviaciones de la norma. Casi universalmente, los humanos intentamos filtrar lo peor para aumentar la media, pero al hacerlo también disminuimos la varianza. Cortar el lado izquierdo de la campana mejora la media, pero siempre hay cualidades que creemos que están en ese lado izquierdo que también están en el derecho.

Un gran ejemplo de ello es la conexión, a menudo debatida, entre la creatividad y las enfermedades mentales. En su estudio «The Mad-Genius Paradox» (La paradoja del genio loco), el decano Keith Simonton descubrió que las personas medianamente creativas son, en general, más sanas que la media, pero las extremadamente creativas tienen una incidencia mucho mayor de trastornos mentales. Al igual que ocurre con la Teoría de la Filtración del Liderazgo, para alcanzar las cotas de éxito es necesario recurrir a cualidades que de otro modo serían problemáticas.

Esto se observa regularmente en una amplia variedad de trastornos y talentos. Los estudios demuestran que las personas con trastorno por déficit de atención (TDA) son más creativas. El psicólogo Paul Pearson encontró una conexión entre el humor, el neuroticismo y la psicopatía. La impulsividad es un rasgo generalmente negativo que se menciona con frecuencia en la misma frase que «violento» y «criminal», pero también tiene una clara relación con la creatividad.

¿Contratarías a un psicópata? No. Y las investigaciones demuestran que los psicópatas no obtienen buenos resultados en promedio. La mayoría de la gente se quedaría ahí, pero un estudio titulado «Personality Characteristics of Successful Artists» (Características de la personalidad de los artistas de éxito) demostró que los mejores artistas en campos creativos obtienen puntuaciones mucho más altas en las medidas de psicoticismo que los artistas de menor nivel. Otro estudio del *Journal of Personality and Social Psychology* demostró que los presidentes estadounidenses de éxito también muestran puntuaciones más altas en las características psicopáticas.

A menudo, los intensificadores se disfrazan de positivos porque damos a las personas con éxito el beneficio de la duda. Es el viejo chiste de que los pobres están locos y los ricos son «excéntricos». Rasgos como las obsesiones se enmarcan como aspectos positivos para los que ya están en el campo de éxito y negativos para los que no. Todos conocemos a algunos que se benefician del perfeccionismo y a otros que simplemente están «locos».

Malcolm Gladwell popularizó la investigación de K. Anders Ericsson que demuestra que se necesitan aproximadamente diez mil horas de esfuerzo para convertirse en un experto en algo. La reacción natural que surge ante una cifra tan grande es: ¿Por qué demonios haría alguien eso?

Con la idea enmarcada en el término «pericia», nos apresuramos a asociar nociones positivas, como «dedicación» y «pasión», pero no cabe duda de que dedicar tanto tiempo y esfuerzo a cualquier cosa no esencial tiene un elemento de obsesión. Mientras que el mejor estudiante trata la escuela como un trabajo, trabajando duro para sacar sobresalientes y seguir las reglas, el creativo obsesionado tiene éxito al dedicarse a los proyectos que lo apasionan con un celo religioso.

En su memorable estudio titulado «The Mundanity of Excellence» (La mundanidad de la excelencia), Daniel Chambliss examinó la extrema dedicación y las rutinas invariables y monótonas de los nadadores de alto nivel. Teniendo en cuenta que se someten a esto día tras día durante años, la idea de la dedicación suena superficial. Pero la palabra «obsesión» hace que uno asienta con la cabeza.

Quizás estás pensando que los intensificadores solo son relevantes en áreas de destreza y experiencia individual, como los deportes, y que simplemente no son relevantes en el mundo normal. Te equivocas. Piensa en algunas de las personas más ricas del mundo. ¿Ves a personas que siguen las reglas a conciencia, sin rasgos negativos? No.

Cincuenta y ocho miembros de la lista Forbes 400 no fueron a la universidad o la abandonaron a mitad de camino. Estos cincuenta y ocho —casi el 15 % del total— tienen un patrimonio medio de

4.800 millones de dólares. Esta cifra es un 167 % mayor que el patrimonio medio de los cuatrocientos, que es de 1.800 millones de dólares. Es más del doble del patrimonio medio de esos cuatrocientos miembros que asistieron a las universidades de la Ivy League.

El típico empresario enérgico de Silicon Valley se ha convertido en un respetado y admirado icono de la era moderna. ¿Crees que los siguientes calificativos coinciden con el estereotipo? Una bola de energía. Poco necesitado de sueño. Un tomador de riesgos. No se deja engañar. Seguro de sí mismo y carismático, rozando la arrogancia. Ambicioso sin límites. Impulsivo e inquieto.

Por supuesto. También son los rasgos asociados con una condición clínica llamada hipomanía. El psicólogo de Johns Hopkins, John Gartner, ha hecho un trabajo que demuestra que no es una coincidencia. La manía completa hace que las personas sean incapaces de funcionar en la sociedad normal. Pero la hipomanía produce una máquina implacable, eufórica e impulsiva que se dirige directamente hacia sus objetivos mientras se mantiene conectada (aunque sea vagamente) con la realidad.

Con los intensificadores, hay que tomar lo bueno con lo malo. En su artículo «The Economic Value of Breaking Bad: Misbehavior, Schooling, and the Labor Market» (El valor económico de *Breaking Bad*: mal comportamiento, escolarización y el mercado laboral), los autores demostraron que los esfuerzos por reducir la agresividad y el mal comportamiento de los jóvenes mejoraron sus calificaciones, pero también redujeron sus ingresos a lo largo de la vida. Los chicos que se portaron mal acabaron trabajando más horas, siendo más productivos y ganando un 3 % más que los que no lo hicieron.

Es un paralelismo con la industria del capital riesgo. El célebre capitalista de riesgo Marc Andreesen habló en Stanford, diciendo:

> … el negocio del capital riesgo es 100 % un juego de aventureros, es de extremos… Tenemos este concepto, invertir en la fuerza en lugar

de en la falta de debilidad. Y al principio parece lo mismo, pero la diferencia es bastante sutil. Una forma predeterminada de trabajar del capital riesgo es marcar casillas de verificación. Así que «muy buen fundador, muy buena idea, muy buenos productos y muy buenos clientes iniciales. Comprobado, comprobado, comprobado y comprobado. Bien, esto es razonable, voy a invertir dinero en él». Esto es lo que se encuentra con este tipo de acuerdos de casillas de verificación, y es una práctica muy común. Pero lo que se encuentra es que a menudo no tienen algo que realmente los haga notables y especiales. No tienen una fuerza extrema que los convierta en algo excepcional. Por otro lado, las empresas que tienen los puntos fuertes realmente extremos a menudo tienen graves defectos. Así que una de las lecciones de precaución del capital riesgo es: Si no se invierte sobre la base de defectos graves, no se invierte en la mayoría de los grandes ganadores. Y podemos repasar ejemplo tras ejemplo tras ejemplo. Pero eso habría descartado a casi todos los grandes ganadores a lo largo del tiempo. Así que lo que aspiramos a hacer es invertir en las *start-up* que tienen una fuerza realmente extrema. Junto a un carácter importante, estaríamos dispuestos a tolerar ciertas debilidades.

En algunos casos, las mayores tragedias producen los mayores intensificadores.

¿Qué tienen en común las siguientes personas?

- Abraham Lincoln
- Gandhi
- Miguel Ángel
- Mark Twain

Todos ellos perdieron a uno de sus padres antes de cumplir los dieciséis años. La lista de huérfanos que se convirtieron en éxitos espectaculares —o al menos notoriamente influyentes— es mucho más larga e incluye nada menos que quince primeros ministros británicos. No hay duda de que para muchos perder a un padre a una edad temprana es devastador, con profundos efectos negativos. Pero como señala Dan Coyle en *The Talent Code*, los investigadores teorizan que, para algunos, una tragedia de este tipo inculca en el niño la sensación de que el mundo no es seguro y que necesitará una inmensa cantidad de energía y esfuerzo para sobrevivir. Debido a su personalidad y circunstancias únicas, estos huérfanos sobrecompensan y convierten la tragedia en combustible para la grandeza.

Así que, en las circunstancias adecuadas, las cualidades «negativas» pueden tener grandes ventajas. Tus rasgos «malos» pueden ser intensificadores. Pero ¿cómo puedes convertirlos en superpoderes?

En 1984, Neil Young fue demandado por no ser él mismo.

El magnate de la música David Geffen había firmado un contrato con la leyenda del rock and roll, pero no le gustó el primer álbum de Young para la discográfica.

La demanda diría que es «poco representativo». Simple y llanamente, Geffen quería que Neil Young fuera quien siempre había sido, que hiciera lo que siempre había hecho y, francamente, que vendiera muchos discos haciéndolo. En la mente de Geffen, el álbum *Trans* era demasiado country. Neil Young no había hecho un álbum de Neil Young.

En la superficie, eso podría ser cierto. Pero en el fondo era totalmente erróneo.

Neil Young siempre fue un innovador. Eso es lo que realmente era. Como artista, siempre había probado cosas diferentes. No hacía un producto de calidad controlada y constante como la Coca-Cola. Su sonido había evolucionado y seguiría haciéndolo. Neil Young estaba siendo él mismo.

Después de hablar con Gautam Mukunda sobre la Teoría de la Filtración del Liderazgo, hice la pregunta obvia de la que todos querríamos saber la respuesta: «¿Cómo la utilizo para tener más éxito en la vida?». Dijo que hay dos pasos:

Primero, conócete a ti mismo. Esta frase se ha pronunciado muchas veces a lo largo de la historia. Está grabada en piedra en el Oráculo de Delfos. El Evangelio de Tomás dice: «Si sacas lo que hay dentro de ti, lo que saques te salvará. Si no sacas lo que hay dentro de ti, lo que no saques te destruirá».

Si se te da bien seguir las reglas, si te identificas con los mejores estudiantes, si eres un líder filtrado, entonces redobla la apuesta. Asegúrate de tener un camino que funcione para ti. Las personas con un alto nivel de conciencia se desenvuelven muy bien en la escuela y en muchas áreas de la vida donde hay respuestas claras y un camino claro. Pero cuando no las hay, la vida es muy dura para ellos. Las investigaciones demuestran que, cuando están desempleados, su felicidad disminuye un 120 % más que la de aquellos que no son tan conscientes. Sin un camino que seguir están perdidos.

Si eres más bien un *outsider*, un artista, un líder sin filtro, se te hará cuesta arriba si intentas triunfar cumpliendo con una estructura rígida y formal. Al amortiguar tus intensificadores, no solo estarás en desacuerdo con lo que eres, sino que además estarás negando tus principales ventajas.

Aunque la mejora de uno mismo es noble y necesaria, las investigaciones muestran que muchos de los aspectos más fundamentales de la personalidad no cambian. Rasgos como la fluidez verbal, la adaptabilidad, la impulsividad y la humildad son estables desde la infancia hasta la edad adulta.

En *Retos de la gestión para el siglo XXI*, Peter Drucker, probablemente el pensador más influyente en temas de gestión, dice que, para tener éxito a lo largo de toda la vida laboral —que probablemente abarcará numerosos trabajos, múltiples industrias y carreras totalmente diferentes—, todo se reduce exactamente a lo que dijo Mukunda: conocerse a sí mismo. Y conocerse a sí mismo, en términos de lograr lo que se quiere en la vida, significa ser consciente de tus puntos fuertes.

Piensa en esas personas que todos envidiamos y que pueden elegir con confianza algo, decir que van a ser increíbles en eso, y luego ir con calma y ser realmente increíbles en eso. Este es su secreto: no son buenos en todo, pero conocen sus puntos fuertes y eligen cosas en las que encajan bien. En cuanto a conocer tus puntos fuertes, Drucker dice:

> [Esto] permite a la gente decir ante una oportunidad, una oferta o un encargo: «Sí, lo haré. Pero esta es la forma en que debería hacerlo. Esta es la forma en que debería estar estructurada. Esta es la forma en que deberían ser mis relaciones. Este es el tipo de resultados que deberías esperar de mí, y en este plazo, porque así soy yo».

Muchas personas luchan con esto. No están seguros de cuáles son sus puntos fuertes. Drucker ofrece una definición útil: «¿En qué eres bueno que produce sistemáticamente los resultados deseados?».

Para saberlo, recomienda un sistema que llama «análisis de retroalimentación». Es bastante simple, cuando emprendas un proyecto, escribe lo que esperas que ocurra y anota después el resultado. Con el tiempo verás lo que haces bien y lo que no.

Si averiguas que perteneces al bando de los filtrados o de los no filtrados y sabes cuáles son tus puntos fuertes, estarás muy por delante de la media de las personas para alcanzar el éxito y la felicidad.

La investigación moderna de la psicología positiva ha demostrado una y otra vez que una de las claves de la felicidad es hacer hincapié en lo que se llaman «puntos fuertes propios». Las investigaciones de Gallup demuestran que, cuantas más horas al día pasas haciendo lo que se te da bien, menos estresado te sientes y más te ríes, sonríes y sientes que te tratan con respeto.

Una vez que sabes qué tipo de persona eres y cuáles son tus puntos fuertes, ¿cómo puedes prosperar? Esto nos lleva al segundo consejo de Mukunda. Elige el estanque adecuado:

Tienes que elegir los entornos que te funcionen... el contexto es muy importante. El líder sin filtro que es un éxito asombroso en una situación, será probablemente un fracaso catastrófico en la otra. Es demasiado fácil pensar: «Siempre he tenido éxito, soy exitoso, tengo éxito porque soy exitoso, porque se trata de mí, y por lo tanto tendré éxito en este nuevo entorno». Es un error. Tuviste éxito porque te encontraste en un entorno en el que tus prejuicios y predisposiciones y talentos y habilidades se alinearon perfectamente con las cosas que producirían el éxito en ese entorno.

Pregúntate: ¿Qué empresas, instituciones y situaciones valoran lo que hago?

El contexto afecta a todos. De hecho, los estudiantes concienzudos tan buenos para seguir las reglas suelen ser los que más tropiezan aquí. Sin una pasión existente y estando tan ansiosos por complacer, a menudo se dirigen en la dirección equivocada cuando finalmente son libres de elegir. Hablando de los mejores alumnos que estudió, Karen Arnold dijo: «La gente cree que los mejores estudiantes pueden cuidarse a sí mismos, pero el hecho de que puedan sacar sobresalientes no significa que puedan traducir los logros académicos en logros profesionales».

Tanto si se trata de un médico filtrado como de un artista salvaje y sin filtrar, la investigación muestra que el estanque que se elige importa enormemente. Cuando el profesor de la Escuela de Negocios de Harvard Boris Groysberg examinó los principales analistas que abandonaron el barco para trabajar en la competencia, notó algo interesante: dejaron de ser los mejores analistas. ¿Por qué? Tendemos a pensar que los expertos son expertos solo por sus habilidades únicas y olvidamos el poder del contexto, del conocimiento de uno mismo, de los equipos que les apoyan y de los atajos que desarrollan juntos con el tiempo. Esa es una de las cosas que descubrió Groysberg: cuando los analistas cambiaban de empresa, pero se llevaban a su equipo, seguían siendo increíbles.

Cuando eliges bien tu estanque, puedes aprovechar mejor la persona que eres, tus puntos fuertes característicos y tu contexto para crear un valor grande. Esto es lo que hace una gran carrera, pero ese autoconocimiento puede crear valor dondequiera que decidas aplicarlo.

La ayuda de Toyota a una organización benéfica es un buen ejemplo de esto. El Banco de Alimentos de Nueva York depende de las donaciones de las empresas para funcionar. Toyota había donado dinero, hasta que en 2011 se les ocurrió una idea mucho mejor. Los ingenieros de Toyota habían dedicado innumerables horas a perfeccionar los procesos y se dieron cuenta de que, aunque cualquier empresa podía donar dinero, ellos tenían algo único que ofrecer: su experiencia. Así que decidieron donar eficiencia.

La periodista Mona El-Naggar describió los resultados:

En un comedor social de Harlem, los ingenieros de Toyota redujeron el tiempo de espera para la cena a 18 minutos, frente a los 90 que duraban. En una despensa de alimentos de Staten Island, redujeron el tiempo de llenado de las bolsas a 6 minutos, en lugar de 11. Y en un almacén de Bushwick (Brooklyn), donde los voluntarios empaquetaban cajas de suministros para las víctimas del huracán Sandy, una dosis de kaizen redujo el tiempo que se tardaba en empaquetar una caja de 3 minutos a 11 segundos.

Tú también puedes hacerlo: conócete a ti mismo y escoge el estanque adecuado. Identifica tus puntos fuertes y elige el lugar adecuado para aplicarlos.

Si sigues bien las reglas, encuentra una organización que se ajuste a tus puntos fuertes y ve a toda máquina. La sociedad recompensa claramente a los que saben cumplir, y estas personas mantienen el mundo un lugar ordenado.

Si eres más del tipo de los no filtrados, prepárate para armar tu propio camino. Es arriesgado, pero para eso estás hecho. Aprovecha los factores que te hacen único. Es más probable que alcances las cotas de éxito —y de felicidad—, si aceptas tus «defectos».

Es como el test de Turing. Durante años, los informáticos han puesto a personas frente a los ordenadores y les han hecho conversar a través del teclado con «alguien». Al cabo de un tiempo se les pregunta: «¿Te has comunicado con un humano o con un programa informático?». El programa que engaña al mayor número de jueces gana el Premio Loebner. Pero también hay otro premio que se entrega en el concurso: el del ser humano más convincente. Cuando los jueces miran lo que la gente teclea, ¿qué persona tiene menos probabilidades de ser confundida con un ordenador inteligente? En 1994 el ganador fue Charles Platt. ¿Parecía tan humano porque sus respuestas eran más realistas desde el punto de vista emocional o porque su uso del inglés era más rico y matizado? Por supuesto que no. Lo hizo por ser «malhumorado, irritable y odioso». Tal vez sea porque nuestros defectos son los que nos hacen más humanos. Charles Platt encontró el éxito a través de los defectos humanos. Y a veces nosotros también podemos hacerlo.

Ahora tienes una idea más clara de quién eres y de cuál es tu lugar. Pero en la vida no todo es tú, tú, tú. Tienes que tratar con los demás. ¿Y cuál es la mejor manera de hacerlo? ¿Los «chicos buenos terminan los últimos»? ¿O hay que cortar por atajos —y tal vez algunas gargantas—, para salir adelante?

Veamos esto a continuación.

2

¿Los chicos buenos
terminan los últimos?

Lo que podemos aprender sobre la confianza, la cooperación
y la bondad... observando a los pandilleros, los piratas
y a los asesinos en serie.

No es raro que la gente muera mientras está bajo el cuidado de un médico. Lo que es bastante raro es que un médico mate deliberadamente a sus pacientes.

Michael Swango no era un médico de éxito. Pero como explica James B. Stewart en su libro *Blind Eye*, Swango fue uno de los asesinos en serie con más éxito de la historia.

En su tercer año en la facultad de medicina, los pacientes que atendía en el hospital morían a tal velocidad que sus compañeros se dieron cuenta. Bromeaban diciendo que la mejor manera de deshacerse de un paciente era asignárselo a Swango. De hecho, le pusieron un apodo irónico: «Doble 0 Swango». Como James Bond, parecía tener licencia para matar.

Pero era un hospital. La gente muere en los hospitales. Es algo que sucede. Así que era fácil señalar las muertes como accidentales. Sin embargo, el número desproporcionado de muertes continuó cuando Swango comenzó su internado de neurocirugía en el estado de Ohio. Después de que

Swango empezara su turno en la novena planta, había más pacientes que requerían reanimación que en el año anterior.

¿Cómo se salió con la suya? ¿Era un genio como Hannibal Lecter? Difícilmente. Mientras que Swango era definitivamente muy inteligente (fue finalista nacional del premio al mérito y se graduó *summa cum laude* en la universidad), decir que no se esforzó mucho por reducir las sospechas sería un gran eufemismo.

Mientras estaba en un McDonald's y un homicidio múltiple aparecía en todas las noticias, le dijo a un colega: «Cada vez que se me ocurre una buena idea, alguien se me adelanta». Guardaba religiosamente un álbum de recortes de artículos periodísticos sobre sucesos violentos. Cuando le preguntaron por qué, dijo: «Si alguna vez me acusan de asesinato [estos] demostrarán que no soy mentalmente competente. Esta será mi defensa».

Finalmente ocurrió un incidente que nadie pudo ignorar. Una enfermera le vio inyectar algo en la vía intravenosa de una paciente, Rena Cooper. Y Swango no era el médico de Cooper. Estuvo a punto de morir, pero los médicos consiguieron salvarle la vida. Una vez estable, se confirmó la implicación de Swango, y rápidamente se abrió una investigación sobre el incidente. Esta es la parte en la que se supone que debo decirles que lo atraparon. Que todos hicieron lo correcto. Que el sistema funcionó.

Que el bien triunfó sobre el mal.

Pero eso no es lo que ocurrió.

La dirección del hospital cerró filas, más preocupada por su reputación que por detener a un asesino. ¿Qué pasaría si el público descubriera que había un asesino trabajando allí? ¿Qué ocurriría con sus puestos de trabajo? ¿Y si Swango presentaba una demanda? ¿Y si los pacientes o sus familias los demandaban? Obstruyeron la investigación policial. Mientras tanto, a Swango se le permitió seguir trabajando. De una forma u otra, su reino del terror continuó... durante quince años.

Se calcula que Swango mató a sesenta personas, lo que le sitúa en lo alto de la lista de asesinos en serie estadounidenses «de éxito», aunque nadie sabe exactamente a cuántas personas mató. Lo más probable es que fueran bastante más.

Muchas personas educadas e inteligentes sabían lo que estaba haciendo y tuvieron la oportunidad de detenerlo. Pero no lo hicieron.

Aunque este no es un libro sobre asesinos en serie con éxito, el caso Swango plantea serias cuestiones que todos nos preguntamos: ¿Las personas que engañan y rompen las reglas tienen más éxito? ¿Es justo el mundo? ¿Pueden las buenas personas salir adelante o están condenadas a ser unos perdedores? ¿Los chicos buenos realmente terminan en último lugar?

Las respuestas no son todas de color de rosa, pero hay muchas buenas noticias que nos dan esperanza.

Aunque tal vez debamos empezar a desentrañar este rompecabezas comenzando por las malas noticias.

A corto plazo, a veces ser malo puede ser muy bueno.

«Trabaja duro, juega limpio y saldrás adelante», dicen. Lo siento, pero hay muchas pruebas que demuestran que esto no es así. Las personas encuestadas señalan que el esfuerzo es el factor número uno para predecir el éxito, pero las investigaciones muestran que en realidad no es así.

En las oficinas y lugares de trabajo, las apariencias parecen triunfar sobre la verdad. Según el profesor de la Stanford Graduate School of Business, Jeffrey Pfeffer, gestionar lo que tu jefe piensa de ti es mucho más importante que el trabajo real que esforzadamente hagas. Un estudio demuestra que quienes dan una buena impresión obtienen mejores evaluaciones de rendimiento que los que trabajan más pero no gestionan tan bien las impresiones.

A menudo esto se reduce a algo con lo que todos estamos muy familiarizados: los besos en el trasero. ¿Es eficaz adular al jefe? Las investigaciones han demostrado que los halagos son tan poderosos que funcionan incluso cuando el jefe sabe que no son sinceros. Jennifer Chatman, profesora de la Universidad de California en Berkeley, hizo un estudio para ver en qué momento las adulaciones se vuelven contraproducentes... pero no pudo encontrar ninguno.

Pfeffer dice que debemos dejar de pensar que el mundo es justo. Lo dice sin rodeos:

> La lección que se desprende de los casos de personas que conservan y pierden su empleo es que, mientras mantengas a tu jefe o jefes contentos, el rendimiento no importa tanto y, por el contrario, si los enfadas, el rendimiento no te salvará.

Para los que esperamos ser recompensados por las largas horas de trabajo y el juego limpio, esto puede ser difícil de digerir. Pero espera, porque se pone aún peor. Los lameculos no son los únicos que prosperan. Los imbéciles o cabrones también lo hacen.

¿Abordas tu negociación salarial con un enfoque *win-win* de ganancia mutua?

Por desgracia, las personas que presionan para conseguir más dinero por interés propio obtienen mejores resultados. La *Harvard Business Review* informa que los hombres con un bajo nivel de «amabilidad», ganan hasta diez mil dólares más al año que los hombres con un alto grado de amabilidad. Las personas groseras también tienen mejores puntuaciones.

Aunque suene triste, parece que todos tendemos a confundir la amabilidad con la debilidad.

El 80 % de nuestras apreciaciones de otras personas se reducen a dos características: cordialidad y capacidad. Y un estudio de Teresa Amabile, de Harvard, titulado «Brillante pero cruel», muestra que asumimos que ambas están inversamente relacionadas: Si alguien es demasiado amable, pensamos que debe ser menos competente. De hecho, ser un cabrón hace que los demás te vean como más poderoso. Los que rompen las reglas son vistos como más poderosos que los que obedecen.

No es solo una cuestión de percepción; a veces los cretinos son mejores en su trabajo que las buenas personas. Las investigaciones demuestran que algunos rasgos negativos pueden aumentar las posibilidades de convertirse en líder. Los directivos que ascendieron más rápido en el escalafón —y que eran los mejores en su trabajo— no eran los que trataban de trabajar en equipo o se centraban en el cumplimiento de las tareas. Eran los que se centraban más en ganar poder.

Para colmo de males, no es solo que a los imbéciles les vaya bien; ser el chico bueno oprimido puede matarte. Sentirse impotente en la oficina —tener poco control o facultad de decisión sobre tu trabajo— es un factor de riesgo de enfermedad coronaria mayor que la obesidad o la hipertensión arterial. ¿Te sientes mal pagado? Eso también aumenta el riesgo de infarto. Mientras tanto, adular a los jefes reduce el estrés en el trabajo, mejorando la felicidad y la salud física.

¿Eres una persona agradable que tiene problemas para procesar todas estas malas noticias? Quizá sea porque no tener un puesto de alto nivel en la oficina contribuye a reducir la función ejecutiva. ¿Te lo digo en castellano? Sentirse impotente en realidad te hace más tonto.

Nos enseñan que el bien lo vence todo, como al final de una película de Disney. Pero, lamentablemente, en muchos escenarios estudiados por los investigadores, no es así. Un estudio titulado rotundamente «Lo malo es más fuerte que lo bueno» muestra que en un número impactante de áreas las cosas malas son más impactantes y duraderas que las buenas: «Las malas emociones, los malos padres, y los malos comentarios tienen más impacto que los buenos, y las noticias negativas se procesan más a fondo que las positivas... Apenas se encuentran excepciones (que indiquen un mayor poder del bien). En conjunto, estos resultados sugieren que lo malo es más fuerte que lo bueno, como principio general en una amplia gama de fenómenos psicológicos». Y no puedo dejar de mencionar que un estudio informal demostró que los libros de ética tienen un 25 % más de probabilidades de ser robados que el libro medio de la biblioteca.

Voy a parar ahora porque mi editor no permite que este libro se venda con antidepresivos.

¿Por qué tienen éxito los cabrones? Seguro que en parte es por hipocresía y maldad, pero hay algo que podemos aprender de ellos con la conciencia tranquila: son asertivos en lo que quieren y no tienen miedo de hacer saber a los demás lo que han conseguido.

¿Suena como si te estuviera animando a ser un idiota? Tranquilo. Solo estamos empezando. Ellos ganan a corto plazo. Ahora tenemos que escuchar el otro lado.

Y todo comienza con lo mismo que tu madre podría decir si le dijeras que vas a mentir, engañar, intimidar y besar el trasero para llegar a la cima: «¿Y si todo el mundo actuara así?».

¿Qué ocurre cuando todos nos volvemos egoístas y dejamos de confiar en los demás? La respuesta a esa pregunta es «Moldavia».

Seguro que muchas veces has pensado que estabas en el lugar más miserable de la Tierra. Ya sea en la escuela primaria cuando eras niño, en un mal trabajo o simplemente en un mal día, probablemente te has sentido en algún momento como si estuvieras en el lugar más infeliz imaginable, pero, a menos que estuvieras en Moldavia, no estabas científicamente en lo cierto.

Ruut Veenhoven, sociólogo holandés conocido como el «padrino de la investigación sobre la felicidad», mantiene la Base de Datos Mundial de la Felicidad. Y cuando analizó todos los países del mundo en términos de felicidad, Moldavia quedó en último lugar.

¿Qué es lo que ha hecho que esta exrepública soviética poco conocida reciba tan triste distinción? Los moldavos sencillamente no se fían unos de otros. Esto ha alcanzado proporciones épicas, hasta el punto de suprimir la cooperación en casi todos los ámbitos de la vida moldava. El escritor Eric Weiner señala que son tantos los estudiantes que sobornan a los profesores para que les aprueben, que los moldavos no acuden a médicos menores de treinta y cinco años, ya que suponen que han comprado sus títulos de medicina.

Weiner resume la actitud moldava con una sola frase: «No es mi problema». Conseguir que la gente actúe colectivamente en beneficio del grupo parece imposible. Nadie quiere hacer nada que beneficie a los demás. La falta de confianza ha convertido a Moldavia en un agujero negro de egoísmo.

La respuesta habitual a la pregunta de mamá «¿Y si todo el mundo hiciera eso?» es sencillamente: «Bueno, todo el mundo no lo hace». Pero eso no es realmente cierto, ¿verdad? Todos conocemos una empresa o un departamento que se precipitó cuesta abajo debido al egoísmo. Las investigaciones coinciden: el mal comportamiento es infeccioso. Se propaga. Pronto no serás el único en engañar.

Las investigaciones de Dan Ariely, de la Universidad de Duke, demuestran que ver a otros hacer trampas y salirse con la suya aumenta el engaño en todos los ámbitos. Empezamos a ver el engaño como una norma social aceptable. Es un concepto con el que todos podemos identificarnos. Después de todo, ¿conduces siempre por debajo del límite de velocidad? ¿Por qué no? Bueno, es como el viejo chiste sobre la ética. Hay tres categorías: «correcto», «incorrecto» y «todo el mundo lo hace». Cuando vemos que otros se salen con la suya, asumimos que está bien. Nadie quiere ser el imbécil que cumple las reglas cuando nadie más lo hace.

Los estudios demuestran que esperar que los demás no sean dignos de confianza crea una profecía autocumplida. Es decir, asumes que se comportarán mal, así que dejas de confiar, lo que significa que dejas de esforzarte y creas un círculo vicioso. No es de extrañar que los equipos de trabajo con una sola manzana podrida experimenten déficits de rendimiento del 30 al 40 %.

Así que, sí, las triquiñuelas individuales pueden ser rentables, pero solo es cuestión de tiempo hasta que los demás empiecen a engañar también. Entonces todo el mundo se ve afectado, porque acabas con una cultura egocéntrica similar a la de Moldavia, en la que no se crea ningún valor por parte de la gente que contribuya al bien común. Ruut

Veenhoven dijo: «La calidad de una sociedad es más importante que tu lugar en esa sociedad». ¿Por qué?

Robert Axelrod, profesor de ciencias políticas de la Universidad de Michigan, explica: «No ser amable puede parecer prometedor al principio, pero a la larga esto puede destruir el entorno que necesitas para tu propio éxito».

En pocas palabras, cuando empiezas a ser egoísta y maquiavélico, los demás acaban por darse cuenta. Si toman represalias antes de que llegues al poder, estás en problemas. Incluso si tienes éxito, todavía tienes un problema. Has demostrado a los demás que la forma de triunfar es romper las reglas, así que ellos también las romperán, porque el mal comportamiento es contagioso y la gente hace lo que funciona. Crearás otros depredadores como tú. Entonces la gente buena se irá. Eso crea un efecto dominó: rápidamente se puede crear un lugar en el que no se quiera trabajar más, como Moldavia. Una vez que la confianza se va, todo se va. ¿Qué cualidad dicen las personas encuestadas en diversos ámbitos —trabajo, equipos deportivos, miembros de la familia— que más desean en los demás? La confianza.

Para hacer crecer realmente el esfuerzo y tener éxito hay que ir más allá del egoísmo, con el fin de crear confianza y lograr cooperación. Irónicamente, incluso si quieres tener éxito en el mal necesitas hacer esto. Así que para saber por qué el egoísmo no funciona a largo plazo en las organizaciones y ver lo esenciales que son la confianza y la cooperación, hay que fijarse en los delincuentes.

Imagina que es tu primer día en la cárcel y estás revisando todas las cosas de tu cesta de regalo. Es en serio. No estoy bromeando.

Como explica David Skarbek, del King's College de Londres, las bandas de las prisiones suelen actuar como comités de bienvenida a los nuevos reclusos que son miembros de su banda, y no es raro que los reclusos de la misma sección hagan regalos para ayudar a los nuevos a instalarse. ¿Qué puede ser más bonito que eso? (No estoy seguro de que los regalos estén a la altura de Martha Stewart, pero no se me ocurre un lugar en el que una cesta de regalos sea mejor recibida).

Pensamos en los miembros de las bandas como si fueran psicópatas sin ley e impulsivos, y seguramente hay muchos que entran en esta categoría, pero saben mucho más de lo que creemos sobre la confianza y la cooperación.

Las bandas no son coaliciones dedicadas a establecer el caos, dirigidas por un nefasto villano de una película de James Bond. De hecho, los datos muestran que las bandas callejeras no crean la delincuencia. Es exactamente al contrario: la delincuencia crea las bandas callejeras. Del mismo modo, la mayoría de las bandas carcelarias de las que se tiene constancia no se crearon como una forma de fomentar el mal, sino como una forma de proporcionar protección a sus miembros mientras estaban encarcelados. Un estudio sobre los miembros de la banda carcelaria Hermandad Aria muestra que, lejos de ser «lo peor de lo peor», los antecedentes penales de sus miembros o el número de encuentros violentos en prisión son casi indistinguibles de los presos no miembros de la banda.

En muchos sentidos, los delincuentes son más conscientes del valor de la confianza y la cooperación que tú y yo. Porque en el mundo en que viven, la confianza no puede darse por sentada. Uno no va a la oficina todos los días y se pregunta si alguien va a apuñalarle en el cuello. Así que lo que está en juego para los delincuentes es la confianza, ya que no pueden llamar a la policía cuando alguien les roba la heroína.

Algunas personas pueden sacudir la cabeza ante esto, pensando que, aunque definitivamente hay una escasez de confianza en la comunidad criminal, se compensa con creces por las mayores opciones que tienen los criminales: si alguien los engaña pueden matarlo, y eso mantendrá a la gente a raya. Pero las investigaciones sobre el crimen organizado demuestran que recurrir a la violencia está muy sobrevalorado. ¿Qué pasa cuando te pones en plan Tony Soprano y empiezas a golpear a todos los que causan problemas? Todo el mundo te respetará, pero nadie querrá trabajar contigo. Por lo tanto, ser un jefe de la mafia demasiado violento tiene una ironía intrínseca. ¿Querrías trabajar para alguien cuya respuesta a los informes de gastos tardíos es dos balas en la cabeza? No lo creo.

Por lo tanto, los delincuentes inteligentes deben encontrar alternativas al uso de la violencia. Necesitan más orden, no menos, para reducir el aumento de opciones que tienen. Como dijo un recluso de la prisión estatal de Corcoran: «Sin orden, tenemos anarquía, y, cuando tenemos anarquía, la gente muere aquí».

¿Qué valor tienen la estabilidad y las normas? Son tan valiosas que, en la cárcel, donde gran parte de la interacción diaria se divide en función de la raza, los blancos en realidad «alientan» a los negros a unirse a las bandas negras. Con más anonimato e independencia, la violencia aumenta entre rejas. En cambio, cuando todo el mundo forma parte del sistema —incluso si eso significa unirse a una banda rival—, la vida es más estable.

¿Quieres hacer un poco de trampa? Bien. Pero si quieres hacerlo todos los días durante años, necesitas un sistema. Preocuparse siempre de que te engañen o te maten hace que las transacciones sean demasiado costosas, impidiendo que los tratos sean eficientes, ya sea que vendas Pepsi o drogas ilegales. Necesitas reglas y cooperación, y eso significa confianza.

Los economistas lo llaman la «disciplina del trato continuo». Cuando se conoce a alguien y se confía en él, la transacción resulta más fluida y rápida. Eso significa que se producen más transacciones, generando un mejor mercado y más valor para todos los implicados. En realidad, no es diferente para las bandas de la cárcel. Piensa en esto como una buena reseña en eBay para tu traficante de heroína. «GRAN VENDEDOR... volvería a comprar».

Con el tiempo, esta escalada de orden, confianza y reglas hace que una banda de prisión se parezca mucho más a una corporación. Los líderes de las bandas («los cabecillas») suelen enviar a los miembros recién encarcelados de su banda cuestionarios de recién llegados. Para ellos es bueno saber qué pueden ofrecer los nuevos empleados. Aunque parezca una locura, funciona. Los países corruptos con grupos de tipo mafioso tienen más éxito económico que los países con delincuencia descentralizada, mostrando mayores tasas de crecimiento. Dan el adjetivo «organizado» al crimen organizado. Y, aunque los grupos delictivos tienen ciertamente efectos negativos en la sociedad, el orden que imponen tiene también repercusiones externas positivas. La presencia de la yakuza en las ciudades japonesas disminuye la cantidad de juicios civiles que se inician. Las investigaciones demuestran que las cárceles de Estados Unidos funcionan mejor con bandas que sin ellas.

No me malinterpreten. Son criminales y están haciendo cosas malas. Pero para que cualquier organización criminal tenga éxito, necesita un nivel de confianza y cooperación en su interior, incluso si sus miembros tienen una mala conducta fuera. Los criminales exitosos saben que el egoísmo, internamente, no triunfa. Con el tiempo, esto puede llevar a que los delincuentes traten a la gente —al menos a los que están dentro de la banda—, bastante bien. (¿Cuándo fue la última vez que tu jefe te envió una cesta de regalo?).

Esto no es algo nuevo. Incluso hace cientos de años, los grupos criminales prosperaron cuidándose los unos a los otros. ¿Y cuál podría ser el mejor ejemplo histórico de cooperación criminal? Los rebeldes de alta mar con un loro al hombro. Los piratas tuvieron tanto éxito porque trataban bien a su gente. Eran democráticos. Confiaban los unos en los otros. Y establecieron un sistema económicamente sólido para asegurarse de que así fuera.

Estos hábiles hombres de negocios de los océanos no eran todos psicópatas enloquecidos con parches en los ojos. De hecho, según el experto en el famoso pirata Barbanegra, Angus Konstam, a lo largo de su carrera, mató exactamente a cero personas. Y no hay casos registrados de nadie que haya caminado por la plancha. No. Ni uno solo.

Entonces, ¿por qué tenemos esa impresión de que eran unos salvajes sanguinarios? Se llama marketing. Es mucho más fácil, más barato y más seguro hacer que la gente se rinda rápidamente porque están aterrorizados que luchar en cada batalla, así que los piratas fueron lo suficientemente astutos como para cultivar una imagen de marca de barbarie.

Por supuesto, los piratas no eran todos amables y Barbanegra no era Robin Hood. Cooperaban tan bien no por altruismo, sino porque tenían sentido comercial. Sabían que necesitaban reglas y confianza para tener éxito, y acabaron formando un sistema más justo y atractivo que la vida en los tiránicos barcos de la Marina Real o en los mercantes, donde se explotaba a los trabajadores para maximizar los beneficios. Como escribe Peter Leeson en su libro *The Invisible Hook: The Hidden Economics of Pirates* (El anzuelo invisible: la economía oculta de los piratas): «En contra de la sabiduría convencional, la vida de los piratas era ordenada y honesta».

Puede que tú también seas un pirata de corazón. ¿Alguna vez te has cansado de un jefe abusón y has pensado en independizarte? ¿Crees que todo el mundo debería tener voz y voto en la gestión de la empresa? ¿Crees que una empresa está obligada a cuidar de su gente? ¿Y que el racismo no tiene cabida en las empresas? ¡Felicidades! Eres un pirata.

Al igual que las bandas de presos, los piratas no se unificaron originalmente para hacer el mal. De hecho, se podría argumentar fácilmente que eran una respuesta al mal. Los dueños de barcos mercantiles de la época eran despóticos. Los capitanes abusaban de su autoridad. Podían tomar la parte del botín confiscado de cualquier tripulante o hacer que lo ejecutasen. Como respuesta a esta rapacidad y al deseo de navegar por los mares sin preocuparse por los abusos de la «administración», nació la vida del pirata.

Los barcos piratas eran lugares muy democráticos. Todas las reglas debían ser acordadas por unanimidad. Los capitanes podían ser destituidos por cualquier motivo, lo que los convertía de tiranos en algo más parecido a sirvientes. El único momento en que un capitán tenía autoridad total era en medio de la batalla, cuando la toma de decisiones rápidas era una cuestión de vida o muerte.

Los piratas acabaron formando una «compañía» en la que podrías estar muy feliz de trabajar. Como el jefe podía ser despedido en cualquier momento, se centraba bastante en cuidar bien de sus empleados. Los salarios de los capitanes no eran significativamente mayores que los de los demás. Como explica Leeson: «La diferencia entre el mejor y el peor pagado de esta tripulación pirata era, por tanto, de una sola cuota». Y no recibía prebendas ridículas. Los capitanes piratas no tenían una litera más grande en el barco ni más comida.

La «compañía» de piratas también tenía grandes beneficios. Luchar con valentía o ser el primero en detectar los objetivos era recompensado con bonificaciones. ¿Te has lesionado? Solo tienes que presentar una reclamación. La empresa de piratas tenía efectivamente un plan de incapacidad que cubría las lesiones relacionadas con la batalla. Y estas fantásticas iniciativas de recursos humanos funcionaban. La historia demuestra que los piratas no tenían problemas para conseguir que la gente se uniera a sus filas, mientras que la Marina Real recurría a obligar a los hombres a alistarse.

Incluso tenían un programa de diversidad cientos de años antes de que fuera popular o de que lo exigiera la ley. ¿Por qué? No eran moralmente ilustrados; el racismo simplemente no era un buen negocio, mientras que tratar bien a las personas sí lo era. Esto les daba una ventaja a la hora de reclutar y retener el talento. Se calcula que la media de los barcos piratas era de aproximadamente un 25 % de negros. Todos los miembros de la tripulación, independientemente de su raza, tenían derecho a votar en los asuntos del barco y se les pagaba por igual. Esto ocurría a principios del siglo XVIII. Estados Unidos no abolió la esclavitud hasta más de ciento cincuenta años después.

¿Funcionó? Los economistas elogian a los piratas por su habilidad comercial.

En el artículo «An-arrgh-chy: The Law and Economics of Pirate Organization» (An-arrgh-quía: El derecho y la economía de la organización pirata), Leeson dice que «el gobierno pirata creó suficiente orden y cooperación para hacer de los piratas una de las organizaciones criminales más sofisticadas y exitosas de la historia».

Así que tratar bien a los que te rodean puede conducir a un éxito mucho mayor que el egoísmo, incluso si tu objetivo es hacer fechorías.

Algunos dirán que estoy exagerando. Hablar de bandas de presos o de piratas muertos hace mucho tiempo puede ser original, pero ¿hasta qué punto esto es relevante para la vida actual?

Hemos analizado a los malos egoístas y a los malos que son lo suficientemente inteligentes como para no ser egoístas. Pero ¿qué pasa con los verdaderamente buenos? ¿Qué pasa con los que realmente queremos hacer lo correcto? ¿Tenemos éxito? ¿Pueden los buenos terminar los primeros? Cuando uno hace lo correcto —si pone su vida en juego para salvar a otra persona—, ¿es recompensado?

El joven que está a tu lado tropieza con el andén del metro y cae a las vías. Está incapacitado e indefenso. Puedes sentir el estruendo del tren que se acerca. ¿Te bajas para ayudarlo? Algunos dirán que es menos un acto de altruismo que un acto suicida.

Tus dos hijas pequeñas están a tu lado. ¿Cómo les irá si mueres y ellas pierden a un padre? Dejar morir a un joven es trágico, pero ¿no son más trágicas dos muertes y dos huérfanos? Es una pregunta difícil de responder.

Por suerte, el 2 de enero de 2007, Wesley Autrey no se lo preguntó.

Mientras las luces de la parte delantera del tren número uno parpadeaban en el túnel, saltó a las vías donde Cameron Hollopeter yacía indefenso.

Pero Autrey había calculado mal la velocidad del tren. Venía mucho más rápido de lo que había previsto. Simplemente, no había tiempo para trasladar a Hollopeter a un lugar seguro. Sin embargo, tampoco iba a dejar que el hombre muriera. El chillido de los frenos del tren rasgó el aire, pero el conductor no pudo detener su velocidad a tiempo.

Mientras el sonido del tren que se aproximaba se elevaba a un rugido ensordecedor, Autrey empujó a Hollopeter a una estrecha zanja de drenaje y saltó encima de él, protegiéndolo mientras el tren pasaba por encima de ellos.

Ambos resultaron ilesos, aunque el tren estuvo tan cerca de matarlos que dejó grasa en el sombrero de Autrey. Más tarde dijo: «No siento que haya hecho algo espectacular; solo vi a alguien que necesitaba ayuda. Hice lo que me pareció correcto».

Wesley Autrey actuó de forma altruista ese día. Tenía todo que perder y nada que ganar. Era el tipo de héroe que creemos que solo existe en las películas.

Entonces, ¿este buen chico terminó el último?

Autrey recibió la Medalla de Bronce, el máximo galardón que la ciudad de Nueva York concede a los civiles (entre los ganadores anteriores figuran el general Douglas MacArthur, Muhammad Ali y Martin Luther King Jr.) Sus hijas recibieron becas y material informático. Él recibió pases para el backstage de Beyoncé y un nuevo Jeep; estuvo en el programa de Ellen DeGeneres y recibió abonos para los New Jersey Nets. El 23 de enero, Autrey y sus hijas asistieron al discurso sobre el Estado de la Unión como invitados del presidente George W. Bush, que elogió las acciones desinteresadas de Autrey en la televisión nacional.

Es una historia increíble y, por lo mismo, los cínicos podrían decir al respecto: recordamos historias como esta porque son muy raras.

Cuando dejamos de lado tanto las historias espectaculares como las miradas cínicas, ¿qué nos dicen realmente las estadísticas? ¿Los chicos buenos son los últimos en llegar?

Sí, pero también terminan en primer lugar.

¿Confundido? En realidad tiene mucho sentido. Te lo explico a continuación.

Cuando el profesor de la Wharton School, Adam Grant, analizó quiénes acababan en los últimos puestos de las métricas de éxito, descubrió que había un gran número de personas amables que dan: los «dadores». En los estudios realizados con ingenieros, estudiantes de medicina y vendedores, los que eran más generosos con los demás salían siempre mal parados. No cumplían los plazos, sacaban menos notas y cerraban menos ventas.

Para un tipo como Adam, que ha dedicado gran parte de su investigación a explorar la ética en los negocios y cómo el comportamiento altruista puede conducir al éxito, esto fue mucho más desalentador de lo que podría ser para ti o para mí.

Si hubiera detenido su investigación ahí, habría sido un día muy triste. Pero no se detuvo. Cuando hablé con Adam, me dijo:

> Entonces miré el otro extremo del espectro y me dije que, si los dadores están en la parte inferior, ¿quién está en la parte superior? En realidad, me sorprendió mucho descubrir que, de nuevo, son los dadores. Las personas que buscan constantemente formas de ayudar a los demás están sobrerrepresentadas no solo en la parte inferior, sino también en la parte superior de la mayoría de las métricas de éxito.

Los «comparadores» (personas que intentan mantener un equilibrio entre lo que dan y lo que reciben) y los «tomadores» (personas que, de forma egoísta, siempre intentan obtener más y dar menos) terminan en el medio. Los dadores se encuentran en la parte superior y en la inferior. Esos mismos estudios demostraron que la mayoría de los ingenieros más productivos, los estudiantes con las mejores calificaciones y los vendedores que obtuvieron los mayores ingresos eran dadores.

Cuando se piensa en ello, tiene sentido. Todos conocemos a un mártir que se desvive por ayudar a los demás y, sin embargo, no consigue satisfacer sus propias necesidades o acaba siendo explotado por los tomadores. También conocemos a alguien a quien todo el mundo quiere porque es muy servicial, y tiene éxito porque todos lo aprecian y se sienten en deuda con él.

Ser el más productivo o sacar las mejores notas no es lo único en lo que parecen destacar los dadores. También parece que ser así los hace ricos. Cuando Arthur Brooks estudió la relación entre las donaciones benéficas y los ingresos, descubrió que por cada dólar donado, los ingresos de esa persona aumentaban en 3,75 dólares. Había una clara relación entre lo que se donaba y lo que se ganaba ese año.

Algunos de ustedes pueden estar rascándose la cabeza. Esto parece contradecir gran parte de lo que vimos al principio del capítulo, donde a los cabrones les fue mejor. Sí, en promedio a los cretinos les va mejor, pero en la cima vemos a los dadores.

Quienes confían más en la gente, ganan más que quienes confían menos. En un estudio titulado «The Right Amount of Trust» (La cantidad precisa de confianza), se preguntó a la gente cuánto confiaba en los demás en una escala del uno al diez. Los ingresos fueron más altos entre los que respondieron con el número ocho. Esto coincide con lo que descubrió Adam Grant, con los dadores en la cima de métricas de éxito.

Lo que también coincidió fue que los que respondieron con un número por encima de ocho tenían unos ingresos un 7 % inferiores a los de los ochos. Al igual que los dadores en la parte inferior de los estudios de éxito, estas personas tenían más probabilidades de ser explotadas.

¿Quiénes fueron los más perjudicados? Los que tenían los niveles más bajos de confianza tenían unos ingresos un 14,5 % inferiores a los de los ochos. Esta cantidad perdida equivale a no haber asistido a la universidad.

Seguramente estos dadores no podrán ser líderes, ¿no crees? Se supone que los líderes son duros. Ya hemos visto que algunos rasgos negativos ayudan a las personas que están al mando. Sin embargo, cuando observamos a los líderes de mayor rango en el ejército, donde esperaríamos que se valorara la dureza, ocurre exactamente lo contrario: los que obtienen las mejores puntuaciones son solidarios, no severos.

Aunque algunos de esos estudios afirman que la presión social de ser una persona amable que no tiene poder puede provocar un ataque al corazón, la investigación a gran escala demuestra que la vieja máxima «Los buenos mueren jóvenes», no es cierta. El estudio de Terman, que hizo un seguimiento de muchos sujetos a lo largo de toda su vida, descubrió que las personas que eran amables en realidad vivían más tiempo, no menos. Se podría pensar que recibir ayuda de los demás prolongaría la vida, pero el estudio demostró lo contrario: los que daban más a los demás vivían más tiempo.

Por último, está la cuestión de la felicidad. Mientras que una serie de datos muestran cómo los estúpidos son ascendidos o recompensados económicamente, no están necesariamente más contentos con sus vidas. Pero una nueva investigación ha descubierto que las personas éticas son más felices. Aquellos menos tolerantes con los comportamientos poco éticos tenían un mayor bienestar que los que aceptaban grandes dosis de trampas. El aumento de bienestar era equivalente al incremento de la felicidad que se obtendría con un pequeño aumento de los ingresos, casándose y yendo a la iglesia con regularidad.

Aquí es donde los moldavos se equivocan. Al no confiar, al no ayudar a los demás, se pierden mucho de lo que nos hace felices. Los estudios demuestran que gastar dinero en los demás nos hace más felices que gastarlo en nosotros mismos. El voluntariado, incluso si hace solo dos horas a la semana, provoca un aumento de la satisfacción vital. Y lo que es más sorprendente, los que donan su tiempo para ayudar a los demás se sienten menos ocupados y con más tiempo libre.

En muchos escenarios a corto plazo, un poco de trampa y de intimidación puede dar resultados. Pero con el tiempo, se contamina el entorno social y pronto todo el mundo cuestiona a todo el mundo y nadie quiere trabajar por el bien común. Ser un tomador tiene beneficios a corto plazo, pero es inherentemente limitado. Al final, nadie quiere ayudarte porque saben cómo eres en realidad. ¿Quiénes son los peores enemigos de un tomador? Otros tomadores, dice la investigación de Adam Grant. Mientras que los dadores obtienen muchísima ayuda de otros dadores y reciben protección de los comparadores —que creen que para mantener la equidad los actos bondadosos deben ser recompensados—, solo tienen que preocuparse de los tomadores. Mientras tanto, los tomadores acaban por no gustar a todo el mundo, incluidos los otros tomadores.

A menos que los tomadores aprendan a confiar y cooperar, nunca podrán ampliar sus esfuerzos como lo hace un grupo de dadores. Incluso los comparadores, que sí se benefician de la confianza y la reciprocidad, están intrínsecamente limitados porque suelen esperar a que otra persona inicie un acto bueno, lo que impide intercambios que podrían ser beneficiosos para ambas partes.

Puede que pienses que estoy pasando por alto el hecho de que muchos de los dadores terminan en el último lugar. La diferencia entre los dadores que triunfan y los que no lo hacen no es aleatoria. Adam Grant señala que los dadores totalmente desinteresados se agotan ayudando a los demás y son explotados por los tomadores, lo que les lleva a obtener malos resultados en las métricas de éxito. Hay una serie de cosas que los dadores pueden hacer para establecer límites para sí mismos y asegurarse de que no se exceden. ¿Ese voluntariado de dos horas a la semana? No hagas más. Las investigaciones de Sonja Lyubomirsky demuestran que las personas son más felices y están menos estresadas cuando «fragmentan» sus esfuerzos para ayudar a los demás frente a un «rociado» incesante de ayuda. Así, al realizar todas sus buenas acciones un día a la semana, los dadores se aseguran de que la ayuda a los demás no obstaculice sus propios logros. Cien horas al año parece ser el número mágico.

Grant también señala el otro as bajo la manga que tienen los dadores: los comparadores. Quieren ver el bien recompensado y el mal castigado, por lo que los comparadores se esfuerzan por castigar a los tomadores y proteger a los dadores del daño. Cuando los dadores están rodeados por un grupo de comparadores, no tienen que temer tanto la explotación.

Esto puede parecer un poco confuso. A corto plazo, ser un cabrón tiene beneficios, pero a la larga envenena el pozo, y los demás se convierten en cabrones a tu alrededor. A largo plazo, ser un dador es muy rentable, aunque corres el riesgo de agotarte ayudando a los demás. En la guerra entre el bien y el mal, ¿hay un claro ganador? ¿Existe una forma evidente de comportarse que te permita salir adelante y dormir por la noche sintiéndote una persona decente?

De hecho, la hay.

Don Johnson ganó 6 millones de dólares en una noche. No, no estoy hablando del actor de *Corrupción en Miami*. Este Don es un apostador. Y se lo llevó todo del casino Tropicana. Pero ahí no finalizó su racha ganadora. Terminó llevándose mucho más de los casinos de Atlantic City.

Es un viejo dicho en la industria del juego: la casa siempre gana. Y, durante unos meses en 2011, Don Johnson se convirtió en la casa.

Es una de las historias de éxito más sensacionales de las apuestas. Johnson no hacía trampas ni contaba cartas, pero nadie gana tanto dinero por pura suerte. Johnson sabía de cartas. Y, lo que es más importante, sabía de matemáticas. Su trabajo diario era dirigir una empresa que calculaba las probabilidades de las carreras de caballos.

Los mejores jugadores de blackjack no juegan. Conocen las probabilidades y no juegan directamente. En realidad, negocian las reglas con la casa: «Si pierdo X cantidad, me rebajas un porcentaje de la misma». O «El crupier tiene que acertar en X en lugar de Y». Después de la recesión de 2008, los casinos estaban en mal estado y, como una cantidad desproporcionada de los ingresos de los casinos proviene de los grandes apostadores, ofrecían a estos jugadores descuentos de hasta el 20 %. Cuando Johnson terminó de negociar, no solo el casino ya no tenía ventaja en la mesa, sino que Johnson había reducido sus pérdidas a solo ochenta centavos por dólar. Mientras no cometiera ningún error estratégico durante el juego, llevaba la delantera. Se convirtió en la casa. En las cartas, nunca puedes estar seguro de ganar una mano en particular, pero una vez que las probabilidades te favorecen, los dioses de las matemáticas decretan que, cuanto más tiempo te quedes, mejor te irá.

Con este conocimiento, Don se puso a trabajar. Jugando casi una mano de blackjack por minuto y apostando 100.000 dólares por mano, empezó a arrasar en el Tropicana. En un momento dado ganó 800.000 dólares en una sola mano. Haciendo tratos similares con otros casinos, ganó 5 millones de dólares del Borgata y 4 millones del Caesars. En seis meses, levantó de los casinos de Atlantic City la friolera de 15 millones de dólares.

No fue magia, ni suerte, ni trampa. Y no ganó todas las manos que jugó. Pero al cambiar las probabilidades a su favor y jugar bien, a la larga salió ganando.

Tratemos el tema de la ética de la misma manera que tan maravillosamente Don Johnson abordó en el juego del blackjack. Pongamos la ventaja de la casa a nuestro favor. No te preocupes, no tendrás que hacer ningún cálculo pesado. El sistema en sí es algo con lo que estás familiarizado desde que eras un niño. Y funciona.

Llegados a este punto, sabes que la cooperación es vital, pero ¿te van a engañar? ¿Debes confiar? Si no lo haces, corres el riesgo de convertirte en un moldavo. Si lo haces, podrías acabar siendo un tonto. ¿Cómo manejas el dilema de confiar o no?

Cuando los científicos estudian la cuestión de la confianza, recurren a un juego llamado el Dilema del Prisionero. Así es como funciona: supongamos que tú y tu amigo robáis un banco, y que no sois muy buenos robando bancos, así que os pillan. La policía os detiene a los dos y os pone en habitaciones separadas para interrogaros. No tienes forma de comunicarte con tu amigo. La policía te ofrece un trato: si testificas que tu amigo fue el autor intelectual y él no testifica contra ti, tú quedas libre y él recibe cinco años de prisión. Si no testificas contra tu amigo y él lo hace contra ti, te caen cinco años y él queda libre. Si ambos testificáis contra el otro, los dos recibís tres años. Si ambos se niegan a testificar, los dos reciben un año.

Si los dos supieran que pueden confiar el uno en el otro, la respuesta sería simple: los dos mantienen la boca cerrada y reciben un año. ¿Pero puedes confiar en tu amigo? ¿La policía lo está asustando? ¿Testificará él mientras tú guardas silencio? Eso significa que él sale libre y a ti te caen cinco años de cárcel. En una partida única, testificar parece la decisión más inteligente, pero ¿qué pasa cuando juegas la partida veinte veces? Esto es más parecido a la vida, ¿no? Nuestro destino rara vez depende de una sola decisión.

En este punto es donde empezó Robert Axelrod su investigación. En plena Guerra Fría entre Estados Unidos y la URSS, quiso explorar qué se necesita para que la gente confíe y coopere, qué estrategia es la más eficaz. Así que decidió organizar un torneo en el que diferentes programas informáticos con distintas estrategias jugaran juntos al Dilema del Prisionero para ver cuál acumulaba más puntos.

Investigadores de psicología, economía, matemáticas, sociología y otras disciplinas enviaron un total de catorce algoritmos más un programa que se comportaría de forma aleatoria. Uno de los programas era increíblemente bueno: siempre confiaba en su oponente incluso después de haber sido engañado. Otro de los programas —llamado ALL D— era todo lo contrario: siempre traicionaba a su oponente, sin falta. Otros programas se encontraban en un punto intermedio. Algunos de los programas más complejos se mostraban amables en la mayoría de los casos, aunque de vez en cuando intentaban colar algún engaño para obtener ventaja. Un programa llamado Tester vigilaba los movimientos del otro jugador para ver cuánto podía conseguir y luego echarse atrás si era sorprendido traicionando a su oponente.

¿Qué sistema ético reinó al final? Sorprendentemente, el programa más sencillo de los presentados ganó el torneo. Solo tenía dos líneas de código y corresponde a un concepto que todos conocemos: el ojo por ojo.

Lo que hizo el programa llamado TFT (del inglés «tit for that», que se puede traducir ojo por ojo en español) fue cooperar en la primera ronda del Dilema del Prisionero, y luego, en cada ronda subsiguiente, hizo lo que el oponente había hecho previamente, es decir, si en la ronda anterior el oponente cooperó, cooperó en la siguiente ronda; si el oponente traicionó, traicionó en la siguiente ronda.

Este sencillo programa destruyó a la competencia. Así que Axelrod volvió a organizar el torneo. Recurrió a más expertos y esta vez tuvo sesenta y dos participantes. Algunos algoritmos eran más complejos y otros eran variantes del TFT.

¿Quién ganó? Un simple ojo por ojo. Otra vez.

¿Qué poder mágico tenía esta pequeña y humilde estrategia? Axelrod determinó que se reducía a algunas claves que hacían que esas dos líneas de código fueran tan especiales. Observó lo mismo que notamos nosotros al analizar métodos altruistas como ser un dador: al principio, los buenos fueron derrotados. Al igual que en el estudio «Lo malo es más fuerte que lo bueno», los malos se impusieron rápidamente en la interacción inicial. Incluso el TFT, el ganador final, siempre se llevó la peor parte al principio porque cooperó inicialmente. Pero con el paso del tiempo, los malos no pudieron igualar los grandes logros de los cooperadores. Cuando el TFT se encontraba con un programa que cooperaba en cada movimiento, los avances eran enormes. Incluso programas como Tester (el que se echó atrás) aprendieron que seguir la corriente era más beneficioso que las ganancias insignificantes obtenidas por desertar.

TFT tenía varias cosas a su favor. Al cooperar inicialmente, mostró buena voluntad. Con otros programas «buenos», rápidamente empezó a cooperar y a aumentar su valor. Con los programas de castigo, se convirtieron efectivamente en programas buenos. Con programas como Tester, TFT mostró su disposición a darles un puñetazo en la nariz si los traicionaban. No era tonto. Así que el resto de programas se pusieron a la cola.

TFT también mostró algo vital: el perdón. Al no ser complejo, al recordar solo lo que el otro jugador había hecho más recientemente, TFT fue capaz de sacar lo mejor de casi cualquier programa que no fuera totalmente malvado o completamente arbitrario. El TFT no solo era un cooperador y un castigador, sino también un maestro. Mostraba a los demás jugadores cómo jugar mejor. Axelrod dice que una de las razones por las que los programas no buenos funcionaban tan mal es porque no podían perdonar y quedaban atrapados en espirales de muerte.

Pero Axelrod no se detuvo ahí. Él y otros investigadores exploraron cómo construir un programa aún mejor. El TFT había ganado dos grandes torneos, pero, para derrotar a un depredador supremo, ¿necesitaban añadir más maldad y crear un superprograma? Difícilmente. Lo que necesitaban era mayor cantidad de bien, y concretamente, más perdón.

Axelrod y otros vieron que pasar del ojo por ojo directo al «ojo por ojo dador» (GTFT) hacía que el programa tuviera más éxito. En lugar de repetir siempre el último movimiento del adversario, de vez en cuando perdonaba y cooperaba después de ser traicionado.

Aunque esto hizo que perdiera un par de puntos frente a programas malos como ALL D, estos puntos fueron compensados con creces por las tremendas ganancias del generoso TFT que sacó a programas potencialmente buenos de las espirales de muerte.

Las principales razones del éxito del TFT eran que era agradable, perdonaba, era fácil para los otros competidores tratar con él y tomaba represalias cuando era necesario.

Estoy seguro de que son obvios los paralelismos con las cosas de las que hemos hablado, pero veamos cómo los principios de un simple juego pueden conducir a grandes beneficios en la vida.

Moldavia es como ALL D. Si los chicos buenos de Moldavia se conocieran y trabajaran juntos, en poco tiempo lograrían un equilibrio, pero esto nunca ocurre. Si tuvieran gestos de amabilidad para tratar de encontrar a otros chicos buenos, sería como cuando los pollitos chillan en un nido: eso anima a la mamá pájaro a venir a alimentarlos, pero también delata su ubicación a los gatos hambrientos. Y los gatos superan ampliamente en número a las aves madre en la pobre y triste Moldavia.

Los piratas, en cambio, no tolerarían a ALL D. Un sistema demócrata con reglas que garanticen que las ganancias se reparten casi por igual echaría a ese estúpido del barco. Incluso si ALL D fuera el jefe, no duraría mucho, porque los capitanes estarían sujetos a las mismas reglas que los demás, y las reglas se acordarían por unanimidad. Sería muy difícil que un cabrón así permaneciera a bordo.

¿Y si inyectamos más características de dadores al estilo de Adam Grant? En lugar de robar a todos los que no son piratas, ¿qué tal si empezaran a cooperar, mínimamente al principio, convenciendo a los no piratas para que trabajasen con ellos? ¿Y si en lugar de un solo barco pirata o un pequeño grupo de barcos hubieran creado una red mucho más grande? La Armada Real no habría tenido ninguna posibilidad.

En las estrategias de los malos del torneo había dos suposiciones erróneas. La primera era que las rondas posteriores serían como las anteriores. Sin embargo, muchos programas, incluido el TFT, prestaron atención a las jugadas anteriores y respondieron en consecuencia, castigando finalmente el mal comportamiento. Esto sucede en la vida real. Tenemos una reputación. La mayoría de nuestras relaciones no son anónimas. Casi todos nosotros tratamos con las mismas personas una y otra vez. Si les traicionas, lo recordarán. Un logro conseguido con traición no vale mucho, ya que envenena lo que podría haber sido una relación fructífera a largo plazo.

La segunda suposición errónea era que los juegos son de suma cero. En la vida real, la cooperación puede ser mucho más beneficiosa y mucho menos costosa. ¿Cómo? Bueno, la respuesta tiene que ver con cáscaras de naranja.

Las escuelas de negocios suelen hacer un experimento de negociación en el que se pide a dos grupos que decidan cómo debe repartirse un montón de naranjas que ambos grupos necesitan. Cada grupo recibe detalles específicos que el otro no puede saber. Al igual que en el Dilema del Prisionero, los malos lo hacen fatal. Asumen que el juego es de suma cero: cada naranja que consiguen es una que el otro grupo no consigue. Pero los cooperadores, las personas que comparten y se comunican con rapidez, descubren que las instrucciones especiales que se le dieron a cada persona incluyen un detalle: un grupo solo necesita la pulpa de la naranja; el otro grupo solo necesita las cáscaras. Si los grupos hablan entre sí, pueden conseguir fácilmente todo lo que ambos necesitan. Pero si recurren inmediatamente a la lucha, a ambos grupos les va mal.

La cuestión del largo plazo frente al corto plazo es fundamental. Los vendedores de coches usados piensan que solo verán a un cliente una vez y por eso tienen la reputación que tienen. Mientras tanto, tu madre (con suerte) va a estar contigo mucho tiempo. Por eso las madres tienen la reputación que tienen. Cuanto más tiempo prevemos que vamos a tratar con alguien, mejor es el comportamiento que podemos esperar.

Las investigaciones de Adam Grant también demuestran esta distinción. Los dadores a menudo aceptan perder a corto plazo, pero a largo plazo —cuando pueden conocer a otros dadores y ganarse la protección de los comparadores—, su reputación se da a conocer, y ¡pum!, pasan de la parte inferior de las métricas de éxito a la parte superior.

Pero ¿no es el TFT muy parecido a los comparadores de Adam Grant? Hay dos distinciones fundamentales. El TFT comienza con la cooperación. Los comparadores no necesariamente cooperan. Los comparadores tienden a esperar a que los demás hagan algo bueno antes de responder de la misma manera. Esta actitud pasiva reduce drásticamente el número de interacciones que tienen. Mientras tanto, los dadores van por ahí repartiendo favores, perdiendo un poco con los tomadores, recibiendo una parte justa de los comparadores y ganando la lotería cada vez que se encuentran con otro dador. Los dadores pueden ser grandes *networkers* simplemente siendo ellos mismos, mientras que los vacilantes comparadores esperan una invitación grabada en piedra para sumarse a la fiesta.

Axelrod ofrece cuatro lecciones que podemos aprender del éxito de TFT:

NO SEAS ENVIDIOSO

De nuevo, la mayor parte de la vida no es de suma cero. Que otra persona gane no significa que tú pierdas. A veces esa persona necesita la pulpa y tú la cáscara. Y, a veces, la estrategia que te hace perder poco en esta ronda te hace ganar mucho en la siguiente. Esto es lo más loco: TFT nunca obtuvo una puntuación más alta que la de su homólogo en ninguna partida. Nunca ganó. Pero las ganancias que obtuvo en conjunto fueron mejores que las conseguidas por los «ganadores» que obtuvieron escasas ganancias en muchas sesiones. Axelrod lo explica diciendo: «El *"Tit for that"* ganó el torneo no venciendo al otro jugador, sino provocando un comportamiento en el otro jugador [que] permitió que ambos lo hicieran bien». No te preocupes por lo bien que lo hace el otro; preocúpate por lo bien que lo haces tú.

NO SEAS EL PRIMERO EN DESERTAR

El gurú de la influencia, el profesor Robert Cialdini, dice que no solo es la reciprocidad uno de los elementos clave para ser influyente y ganarse el favor de los demás, también es esencial que empieces tú primero. Los comparadores esperan y pierden demasiadas oportunidades. Y los tomadores cambian las ganancias a corto plazo por las pérdidas a largo plazo. Recuerda que todos los grandes ganadores fueron buenos y todos los grandes perdedores empezaron traicionando.

CORRESPONDER TANTO A LA COOPERACIÓN COMO A LA DESERCIÓN

Nunca traiciones a nadie inicialmente. ¿Por qué hacer que alguien cuestione tus intenciones? Pero si una persona te engaña, no te hagas el mártir. En el torneo, las peleas dan lugar a puntuaciones bajas, pero las represalias aumentan la puntuación.

NO TE PASES DE LISTO

Tester parece una estrategia racional: ver lo que se puede conseguir y no ir más allá. Pero esta estrategia carece de la claridad de TFT, y, aunque Tester consiguió una ganancia aquí y allá, fue a costa de una buena reputación. A ninguno de los otros sistemas complejos le fue muy bien. El TFT era el más sencillo de todos, y añadir algún perdón ocasional era la única forma de mejorarlo. Tienes que ser capaz de enseñar a la gente con la que te relacionas porque quieres que la relación continúe. Si cooperas conmigo, yo coopero contigo. Si me traicionas, te traiciono. Es así de sencillo. Si te pasas de listo, las aguas se enturbian y la otra persona puede rápidamente dudar de ti. Una vez que esa persona ve una causa y un efecto claros, es más probable que sume y se dé cuenta de que todos saldrán beneficiados. Ahora bien, en los juegos de suma cero, como el ajedrez, uno quiere que sus intenciones no sean claras, mientras que en el Dilema del prisionero ya mencionado, es exactamente lo contrario. Quieres que el otro jugador vea lo que estás haciendo para que pueda unirse a ti. La vida se parece más a esto último.

Hemos visto a los cabrones, a los chicos buenos, a las bandas de presos, a los piratas y las simulaciones informáticas. Has aprendido mucho, y eso está muy bien, pero ¿qué reglas puedes sacar de esto y utilizar? Recapitulemos lo que hemos visto hasta ahora para saber cómo ser éticos y exitosos, pero no tontos.

REGLA 1: ELIGE EL ESTANQUE ADECUADO

No te mudes a Moldavia, ni en sentido literal ni figurado. Cuando le pregunté a Bob Sutton, profesor de la Graduate School of Business de Stanford, cuál era el mejor consejo que daba a sus alumnos, me dijo lo siguiente:

Cuando aceptes un trabajo, fíjate bien en la gente con la que vas a trabajar, porque lo más probable es que te vuelvas como ellos; ellos no se van a volver como tú. No puedes cambiarlos. Si el lugar no se ajusta a lo que eres, no va a funcionar.

Como hemos establecido, los malos ambientes de trabajo pueden convertirte en una mala persona y pueden hacerte infeliz. El engaño es contagioso, como demuestra el estudio de Dan Ariely «Contagion and Differentiation in Unethical Behavior: The Effect of One Bad Apple on the Barrel» (Contagio y diferenciación en el comportamiento no ético: El efecto de una manzana podrida en el cajón). Cuando ves a tus compañeros hacer trampas, es más probable que hagas trampas. Y cuando tus compañeros se ven engañar unos a otros, es más probable que todos se salten las normas. Esto es un paso más hacia Moldavia.

Por suerte, la influencia del contexto funciona en ambos sentidos. El Estudio Terman, que siguió a más de mil personas desde su juventud hasta su muerte, llegó a la conclusión de que las personas que nos rodean suelen determinar en quiénes nos convertimos. Cuando vemos a otras personas a nuestro alrededor realizar actos altruistas, es más probable que nosotros mismos actuemos de forma altruista.

Esto también nos permite ser dadores con más seguridad y obtener los beneficios del éxito que obtienen los dadores de alto rango sin el temor de terminar siendo un mártir. Conectar con otros dadores fue lo que permitió el increíble éxito de los programas «buenos» en el torneo de Axelrod. Si ya estás en un mal ambiente, cierra filas con otras personas buenas. Solo hizo falta un 5 % de interacciones entre los programas «buenos» para que los buenos se impusieran a los malos. Puede que esto no se traslade perfectamente al mundo cotidiano, pero sin duda hay un punto de inflexión.

Elegir el estanque adecuado puede incluso ayudarte a conseguir los beneficios que obtienen los cabrones malvados. Adular a tu jefe no es inmoral ni deshonroso si el jefe es alguien a quien realmente respetas. En la próxima entrevista de trabajo, averigua quién va a ser tu jefe. Pide hablar con esa persona e investiga sobre ella. Los estudios demuestran que tu jefe influye mucho más en tu felicidad y éxito que la empresa en general.

REGLA 2: COOPERAR PRIMERO

Todos los programas de éxito en el torneo de Axelrod cooperaron primero. Los dadores superan a los comparadores porque ofrecen ayuda desinteresada sin esperar a ver qué hace la otra persona. Muchas otras investigaciones respaldan esto. Robert Cialdini afirma que ser el primero en ofrecer ayuda es clave para engendrar un sentimiento de reciprocidad, que es una de las piedras angulares de la persuasión y del compañerismo.

Cuando Deepak Malhotra, de la Escuela de Negocios de Harvard, enseña negociación, lo primero que dice no es «Sé duro» o «Demuestra a la otra parte que vas en serio». Su recomendación número uno a los estudiantes es: «Tienes que caerles bien».

Esto no significa que tengas que dar billetes de veinte dólares a todos los que conozcas. Los favores pueden ser muy pequeños. También olvidamos a menudo que algo bastante fácil para nosotros (una presentación de treinta segundos por correo electrónico) puede tener enormes beneficios para otros (un nuevo trabajo). Hacer favores pequeños a nuevos conocidos indica a otros dadores que eres un dador y puede ganarte la protección de los comparadores. Adelante, envía a ese nuevo recluso una cesta de regalo. Cuando los cuchillos salgan a relucir en el patio de la prisión, tendrás a mucha más gente vigilando tu espalda.

REGLA 3: SER DESINTERESADO NO ES DE SANTOS, ES DE TONTOS

Confiar en los demás funciona mejor en general, pero como Don Johnson en la mesa de blackjack, tener ventaja no significa que vayas a ganar cada mano. No se puede predecir el éxito de la cooperación para cualquier interacción específica, pero ganarás más de lo que perderás. Recuerda que las personas con más éxito en ese estudio sobre el poder de la confianza se calificaron a sí mismas con un ocho —y no con un diez—, en cuanto a su grado de confianza en los demás.

De hecho, existe una nueva variante del «ojo por ojo» que, según un investigador, supera al TFT normal y al GTFT. ¿Qué mejora incluye? Si su oponente siempre coopera, no importa cómo, explota al máximo a ese oponente. Es un poco triste que funcione, pero es así y lo entendemos. Es simplemente la naturaleza humana que cuando la gente hace demasiado y nunca se detiene, termina dándose por sentado lo que hacen. Así que, si no eres un santo, no pasa nada; ser un santo es en realidad una estrategia muy pobre para salir adelante. (¿No te sientes mejor ahora?).

Axelrod vio que las represalias eran necesarias para que los programas tuvieran éxito en el torneo. ¿Pero qué significa esto en el mundo real? Resulta que la mejor manera de castigar a los tomadores en el lugar de trabajo es el chismorreo a la antigua. Advertir a los demás sobre el comportamiento de los tomadores te hará sentir mejor y puede ayudar a vigilar su mal comportamiento.

Además, como reconoció Adam Grant, dar demasiado puede llevar al agotamiento. Basta con dos horas semanales de ayuda a los demás para obtener los máximos beneficios, así que no hay necesidad de culparse ni de martirizarse, y no hay excusa para decir que no se tiene tiempo para ayudar a los otros.

REGLA 4: TRABAJA DURO, PERO ASEGÚRATE DE QUE SE NOTE

¿Qué lecciones puedes aprender de los cabrones sin convertirte en uno? Una tendencia común a través de la investigación fue que ellos no tienen miedo de presionar un poco. Se autopromocionan. Negocian. Se hacen notar. Esto se puede hacer sin ser un aprovechador. Tal vez no ganes todo lo que ellos consiguen, pero puedes beneficiarte de ponerte en evidencia, y sin perder tu alma.

Tienes que ser visible. Tu jefe necesita que le gustes. Esto no es una prueba de que el mundo no tenga corazón; es simplemente la naturaleza humana. El trabajo duro no rinde frutos si tu jefe no sabe a quién recompensar por ello.

¿Esperas que un gran producto se venda con cero marketing? Probablemente no.

¿Cuál es el equilibrio? Todos los viernes, envía a tu jefe un correo electrónico en el que resumas tus logros de la semana; nada del otro mundo, pero relata rápidamente el buen trabajo que estás haciendo. Puedes pensar que ya lo saben, pero están ocupados. Tienen sus propios problemas. Lo apreciarán y empezarán a asociarte con las cosas buenas que escuchan (de ti, por supuesto). Y, cuando llegue el momento de negociar ese aumento de sueldo (o de actualizar tu currículum), puedes revisar los correos electrónicos para recordar por qué eres exactamente un buen empleado.

REGLA 5: PIENSA A LARGO PLAZO Y HAZ QUE LOS DEMÁS PIENSEN A LARGO PLAZO

Recuerda que el mal comportamiento es poderoso a corto plazo, pero el buen comportamiento gana a largo plazo. Así que, en la medida de lo posible, haz las cosas a más largo plazo. Incluye más pasos en el contrato. Atrae a los demás con formas en las que puedas ayudarles en el futuro. Cuanto más parezcan las cosas como algo excepcional, más incentivos tendrá la gente para engañarte. Cuantas más interacciones o amistades tengas en común con otras personas, y más probable sea que vuelvas a encontrarlas, más sentido tiene que estas personas te traten bien. Por eso los reyes medievales casaban a sus hijos e hijas con los hijos de otros miembros de la realeza. Ahora somos familia. Vamos a tener nietos en común. Vamos a tener que jugar bien.

Axelrod lo llama «ampliar la sombra del futuro». David DeSteno, director del Grupo de Emociones Sociales de la Universidad de Northeastern, dice: «[La gente] siempre trata de comprender dos cosas: si se puede confiar en un compañero potencial y si es probable que te vuelvas a encontrar con él o ella. Las respuestas a esas dos preguntas, mucho más allá que cualquier otra cosa, determinarán lo que cualquiera de nosotros decida hacer en el momento».

REGLA 6: PERDONAR

¿Recuerdas lo que hizo que el ojo por ojo fuera aún mejor? El perdón ocasional. Evitaba las espirales de muerte.

Aunque los torneos de Axelrod son una abstracción y pueden parecer demasiado simplificados en comparación con la vida real, la lección del perdón es más importante en el comportamiento diario que en el juego. La vida es estridente y compleja, y no tenemos información suficiente sobre los demás y sus motivos. El hecho de descartar a una persona u otra puede deberse simplemente a una falta de transparencia. Asúmelo: ni siquiera puedes confiar siempre en ti mismo. Dices que estás a dieta, luego alguien te trae donuts al trabajo y caes en la tentación. ¿Significa eso que eres una mala persona y que no debes volver a confiar en ti mismo? Por supuesto que no. El TFT nunca salió ganando en una partida, pero ganó en el panorama general del torneo. Una de las razones fue que pudo enseñar a su oponente a comportarse. Eso significa dar segundas oportunidades. Uno no es perfecto, los demás no son perfectos, y a veces la gente se confunde.

Una última cosa antes de seguir adelante. ¿Recuerdas a Michael Swango? ¿El médico asesino? Bueno, lo atraparon.

Finalmente, alguien hizo lo correcto. Jordan Cohen envió un fax sobre él a todas las facultades de medicina de Estados Unidos, lo que llamó la atención del FBI. Swango huyó del país, pero cuando regresó en 1997 fue detenido en el aeropuerto O'Hare de Chicago.

El 6 de septiembre de 2000 se declaró culpable de asesinato y fraude para evitar la pena de muerte. Condenado a tres cadenas perpetuas consecutivas, ahora se encuentra en un centro de máxima seguridad en Florence, Colorado.

Swango era despreocupado y la gente que lo rodeaba era egoísta. A corto plazo eso le funcionó, pero a largo plazo lo atraparon y la reputación de muchas personas quedó manchada. Incluso cuando los otros sean egoístas, ser un asesino en serie no es realmente una buena estrategia a largo plazo para el éxito.

Así que ser una buena persona puede ser una estrategia eficaz. Pero esto plantea otras preguntas: ¿Cómo saber cuánto tiempo hay que aguantar? El viejo refrán dice: «Los que renuncian nunca ganan y los ganadores nunca renuncian». Pero ¿es cierto?

Todos conocemos a alguien que perdió años en algo que no estaba destinado a suceder. (¿Realmente pensaba que dejar su trabajo y convertirse en instructora de yoga iba a funcionar?). Y todos hemos dejado algo demasiado pronto y nos hemos arrepentido de no haber aguantado en los momentos difíciles. (¿Por qué dejé la universidad? Estaría mucho mejor ahora).

Entonces, ¿qué tiene más sentido: la valentía o el abandono? ¿Cómo saber cuándo hay que rendirse y cuándo hay que aguantar? Veamos esto a continuación.

3

¿Los que abandonan nunca ganan y los que ganan nunca renuncian?

Lo que los Navy Seals, los videojuegos, los matrimonios concertados y Batman pueden enseñarnos sobre cómo aguantar cuando el éxito es difícil.

Todo empezó con un cómic.

Cuando joven Alfredo Quiñones-Hinojosa era un niño que crecía en la pobreza en el pequeño pueblo mexicano de Palaco, la historia de Kalimán fue una inspiración para él. Kalimán luchaba por la justicia y, aunque tenía superpoderes, los había conseguido gracias al trabajo duro y la disciplina. Alfredo pasó muchas tardes intentando emular las increíbles —e imposibles— patadas de artes marciales de Kalimán para poder ser como su héroe.

Kalimán es lo que necesita un niño cuando la recesión golpea su país. Cuando su familia pierde la gasolinera que es su medio de vida. Cuando su madre no tiene más opción que hacer trajes para prostitutas en el burdel local para ayudar a alimentar a la familia. Cuando su hermana menor muere de una enfermedad que habría sido fácilmente tratable si vivieran en Estados Unidos, en lugar de a una hora de una clínica rural en México. Alfredo quería una vida mejor. Entonces, un día, se presentó una oportunidad.

Cuando tenía quince años, su tío trabajaba en California y ganaba buen dinero como capataz en un rancho. Alfredo vio su oportunidad. Se unió a su tío durante el verano y trabajó tan duro que adelgazó hasta pesar solo 42 kilos. Pero después de dos meses regresó a su casa en México con suficiente dinero para ayudar a mantener a su familia durante el resto del año.

La respuesta a largo plazo era obvia. Si quería una vida mejor, si quería ayudar a su familia, tendría que volver a cruzar la frontera. Planificó. Esperó. Corrió… y fue rápidamente atrapado por la patrulla fronteriza. Le enviaron de vuelta a casa. Pero tenía que ayudar a sus seres queridos. ¿Dejaría Kalimán que la patrulla fronteriza lo detuviera? No. Y, por lo tanto, tampoco dejaría que Alfredo se detuviera.

Después de mucha más preparación, ejecutó un plan al estilo de *Misión imposible*, cruzó a Estados Unidos y acabó en Stockton, California, donde pudo trabajar y enviar dinero a su familia.

No sabía hablar inglés. Sabía que eso siempre le impediría seguir avanzando, así que, a pesar de trabajar doce horas al día, siete días a la semana, y de vivir inicialmente en su coche, empezó a asistir a clases nocturnas en la universidad comunitaria. Llegaba a las clases oliendo a huevos podridos por haber paleado azufre para cargar a los trenes, pero siempre estaba entre quienes sacaban mejores notas y no tardó mucho en obtener un título universitario.

Con buenas notas y el estímulo de los profesores, ingresó en la Universidad de California en Berkeley, una de las mejores escuelas del país. Se enfrentó a la discriminación. Ahora, en lugar de huevos podridos, llegaba a clase por la noche oliendo a la grasa de pescado que limpiaba en el puerto durante todo el día, pero completó su licenciatura en psicología y se graduó con honores.

Después de pasar toda su vida en México y California, los inviernos en Cambridge parecían horribles, pero Alfredo acabó aprendiendo a lidiar con ellos cuando empezó en la Facultad de Medicina de Harvard. Por si las temperaturas no fueran lo suficientemente desalentadoras, hay que tener en cuenta que hacía pocos años que había aprendido inglés. Sin embargo, encontró tiempo para casarse con la mujer de sus sueños y hacerse ciudadano estadounidense. Cuando aceptó su diploma de la facultad de medicina, lo acompañaba su hija de seis meses, Gabbie.

Hoy en día, el Dr. Q, como se le conoce, es uno de los mejores neurocirujanos de los Estados Unidos y muy probablemente del mundo. Realiza cientos de cirugías al año en el hospital Johns Hopkins, que a menudo se clasifica como el mejor hospital del país. Tiene su propio laboratorio y enseña oncología y neurocirugía en la facultad de medicina. Quizá no salve vidas a base de patadas y puñetazos, pero Kalimán estaría muy orgulloso.

Todo esto plantea preguntas realmente importantes: ¿cómo es posible que un trabajador agrícola inmigrante ilegal, criado en la miseria y en medio de la nada, se convierta en uno de los mejores neurocirujanos del mundo? ¿Cómo se mantuvo a pesar de todo el trabajo duro, el sufrimiento, la discriminación y los contratiempos, cuando ni siquiera habla el idioma nativo? ¿Cómo lo hizo cuando la mayoría de nosotros no podemos seguir una dieta durante más de cuatro días o ir al gimnasio más de una vez al año?

Nuestra cultura nos machaca con la idea de que la perseverancia —seguir con algo, trabajar duro y no abandonar— es el secreto del éxito. A menudo tienen razón. La perseverancia es una de las razones principales por las que vemos niveles de éxito tan diferentes entre personas con los mismos niveles de inteligencia y talento. ¿Recuerdas el promedio de 2,9 de los millonarios en el primer capítulo? Lo interesante es que, a pesar de su falta de capacidad académica, cuando se les entrevista, casi todos los millonarios dicen que sus profesores en la escuela les felicitaron por ser los «más fiables». Tenían perseverancia.

Pero ¿qué pasa con ese grupo de personas notoriamente excéntricas que llamamos artistas? Howard Gardner estudió a los artistas más exitosos para su libro *Creating Minds* (Creando mentes) y descubrió lo siguiente:

Las personas creativas enmarcan sus experiencias. Estas personas son muy ambiciosas y no siempre tienen éxito, ni mucho menos. Pero cuando fracasan, no pierden mucho tiempo lamentándose, culpándose o, lo que sería un extremo, abandonando. En lugar de esto, consideran el fracaso como una experiencia de aprendizaje que incorporan en sus futuros proyectos.

Una vez más, suena muy parecido a la perseverancia.

Y tampoco todo son dólares y céntimos. La investigación de Angela Duckworth en la Universidad de Pensilvania demuestra que los niños con perseverancia son más felices, más sanos físicamente y más populares entre sus compañeros. «La capacidad de seguir intentándolo a pesar de los repetidos reveses se asoció con una visión más optimista de la vida en el 31 % de las personas estudiadas, y con una mayor satisfacción vital en el 42 % de ellas».

Suena bastante concluyente: sé perseverante y tendrás éxito. Lo que nos lleva a una pregunta bastante sencilla: ¿por qué demonios no lo hacemos?

Una de las razones es que todos pensamos que sabemos de dónde viene la perseverancia y, como descubrirás en este capítulo, estamos equivocados. La segunda razón es que, aunque esta puede producir el éxito, hay otra parte de la historia que ningún padre cuenta a sus hijos, ni ningún profesor a sus alumnos: A veces, abandonar es la opción más inteligente. Y renunciar, cuando se hace oportunamente, también puede convertirte en un gran éxito.

Empecemos por la razón número uno: ¿de dónde viene realmente este tesón? La respuesta suele estar en las historias. No es necesario crecer en un pueblo pobre de México, pero puede que necesites un cómic de Kalimán. ¿Te parece una locura? Para averiguarlo, echemos un vistazo a la gente que sabe más que nadie sobre ser duro y no rendirse: los Navy Seals.

James Waters siempre había fantaseado con ser un All-American, pero nunca se había considerado más que un nadador mediocre. Sin embargo, no cejó en su empeño, siempre trabajando duro y siendo optimista sobre su capacidad de mejorar. Y, un día, su capacidad igualó sus sueños.

En su último año en el equipo de natación de la universidad, estaba arrasando en un encuentro contra la Universidad de Brown. Por primera vez, su sueño de alcanzar la gloria de All-American parecía estar a su alcance. Pero al terminar una vuelta, se golpeó contra el borde de la piscina y sintió un fuerte dolor en la mano. Horas después, los rayos confirmaron que estaba rota. No pudo nadar durante dos semanas. Una vez que volvió a la piscina, tuvo que entrenar con una protección que estropeó su brazada. Se retrasó en los entrenamientos. Y cualquier posibilidad de alcanzar sus sueños en la NCAA se esfumó.

Eso no era lo peor. Aunque sus posibilidades se habían desvanecido, el sueño no. James me dijo: «Tuve pesadillas durante dos años. Soñaba que cada vez que tocaba algo, esa parte de mí se rompía. No podía quitármelo de la cabeza».

James tenía asuntos pendientes. Las historias optimistas que se había contado a sí mismo no se ajustaban a la realidad, y necesitaba que lo hicieran. Tal vez no sería un All-American, pero había que cerrar el círculo.

Así es como seis años después y a más de 4.800 kilómetros de distancia se encontró nadando de nuevo, pero en un escenario muy diferente: la agotadora «Semana del Infierno» del entrenamiento BUD/S (Basic Underwater Demolition/SEAL) (en español demolición básica bajo el agua/Seal).

Ciento diez horas sin dormir. Llevar un tronco sobre la cabeza durante horas. Interminables carreras y nados. Con un metro ochenta y siete, cerca de cien kilos, y con hombros anchos, James parece la visión de Hollywood de un Seal. Irónicamente, ese no es el aspecto de la mayoría de los Seals, y esto solo le complicó la vida. Cuando el equipo tenía que correr con un barco en la cabeza, la altura de James hacía que soportara más peso. Y luego estaba la famosa y temida «*pool comp*» (prueba de piscina).

Estás bajo el agua con el equipo de buceo. Un instructor te quita el regulador de la boca. Te ata la manguera de aire con nudos. Te fastidia implacablemente mientras luchas por el aire. Tu cerebro grita: «Vas a morir». Debes seguir el procedimiento correcto para enderezar tu equipo mientras el instructor continúa acosándote, simulando el torbellino con el que un Seal podría encontrarse cuando se enfrente a la poderosa resaca de una corriente marina. Todo el tiempo tu cerebro se acelera por el pánico. A los candidatos al BUD/S se les da cuatro intentos para pasar la prueba de piscina, porque necesitan cuatro intentos. Menos del 20 % puede pasar esta prueba a la primera.

Al día siguiente hay más carreras largas en la arena. Más privación de sueño. Ah, y quizá también saltar de un avión. Muchos de los hombres —estadísticamente la mayoría— tocan la campana y renuncian.

James estaba siendo llevado a sus límites. Pero cada vez pensaba en las pesadillas y en sus sueños, y en la creencia optimista de que podría mejorar. Y volvió al agua.

La clase 264 de los Seals tuvo una tasa de deserción del 94 %. De los 256 hombres que empezaron, solo 16 se graduaron con la clase y tenían el tridente de los Navy Seals prendido en su uniforme.

James Waters era uno de ellos. Y las pesadillas cesaron.

¿Qué hace que algunas personas pasen el BUD/S y otras toquen la campana para abandonar? Sorprendentemente, durante un tiempo ni la Marina lo sabía. Y eso era un gran problema. Después de la tragedia del 11 de septiembre, el ejército necesitaba más Seals, pero rebajar el nivel de exigencia sería ir en contra del propósito inicial. Necesitaban respuestas. ¿A quién debían reclutar? ¿Y qué podían enseñar a los chicos que les ayudara a superar el desafío?

Lo que finalmente descubrieron fue sorprendentemente contrario a la intuición. La Marina no necesitaba más hombres fuertes o «machos». Podría haber sido más inteligente reclutar a muchos más vendedores de seguros. Sí, vendedores de seguros. Recuerda esta idea.

Un estudio de la Armada reveló una serie de acciones que las personas con perseverancia hacen —a menudo sin saberlo—, para seguir adelante cuando las cosas se ponen difíciles. Una de ellas aparece en la investigación psicológica una y otra vez: La «autoconversación positiva». Sí, los Seals de la Marina tienen que ser muy valientes, pero una de las claves es pensar como *La pequeña locomotora que sí pudo.*

En tu cabeza, te dices entre trescientas y mil palabras cada minuto. Esas palabras pueden ser positivas («Puedo hacerlo») o negativas («Oh Dios, no puedo más»). Resulta que, cuando estas palabras son positivas, tienen un enorme efecto en tu fortaleza mental, en tu capacidad para seguir adelante. Estudios posteriores sobre el personal militar lo corroboran.

Cuando la Armada comenzó a enseñar a los aspirantes al BUD/S a hablarse a sí mismos de forma positiva, en combinación con otras herramientas mentales, los índices de aprobación del BUD/S aumentaron casi un 10%.

Pasar por el BUD/S es una gran dificultad física, pero renunciar es mental. ¿Te preguntas qué tiene esto que ver con los vendedores de seguros?

Piensa en cómo suele responder la gente cuando se le pide que piense en los vendedores de seguros: «Puaj». No solo los Seals reciben una paliza; los vendedores de seguros se enfrentan a un rechazo constante.

Aunque se piense que la clave para ser un buen vendedor es el don de gentes o ser extrovertido, las investigaciones demuestran que se puede contratar a vendedores basándose únicamente en el optimismo. Los investigadores descubrieron que «los agentes que puntuaban en el 10% más alto [de optimismo] vendían un 88% más que el décimo más pesimista».

Tiene sentido que el optimismo nos haga seguir adelante, pero es difícil creer que tenga efectos tan poderosos. Para saber por qué, tenemos que mirar al mejor amigo del hombre.

Los perros no se movían. Y los investigadores no podían completar el estudio si los perros se quedaban sentados.

Martin Seligman y otros académicos de la Universidad de Pensilvania estaban realizando un estudio sobre el condicionamiento pavloviano. Los perros estaban en un lado de una caja grande que tenía una pared baja que la separaba de la otra mitad de la caja. Se oía un tono y luego el suelo emitía una leve descarga. Si los perros saltaban el muro bajo hasta el otro lado de la caja, podían evitar la descarga. Los investigadores intentaban que los perros reconocieran que el tono siempre precedía a la descarga, y que si saltaban la pared después de oírlo, podían evitar el dolor por completo. Debería haber sido fácil. Los perros suelen captar estos experimentos rápidamente.

Pero no se movieron. Solo se sentaron y gimieron. Sonó el tono, se produjo la descarga y no hicieron nada. (Estos son los momentos en los que los investigadores se llevan las palmas a la frente y se replantean sus opciones profesionales).

Entonces se encendió una bombilla en la cabeza de Seligman. Se dio cuenta de que, durante las primeras rondas de entrenamiento, los investigadores debían haber metido la pata y no habían dejado suficientemente clara la conexión entre el tono y la descarga. Las descargas les parecían aleatorios a los perros. Así que en lugar de hacer la conexión de que esto era una señal de advertencia, habían aprendido que no tenían ningún control. Estaban indefensos. Tal vez los perros no pensaban entre trescientas y mil palabras por minuto como nosotros, pero tampoco eran tontos: estas descargas van a ocurrir pase lo que pase. ¿Por qué seguir intentándolo?

Los perros habían aprendido el concepto de inutilidad. Se habían vuelto pesimistas. Se rindieron. Así que ese día no se produjeron grandes avances en el condicionamiento pavloviano, pero las implicaciones para entender la valentía fueron enormes. Se han realizado estudios similares con seres humanos, que a menudo reaccionan como lo hicieron los perros.

Es perfectamente racional. Si salieras a tu césped e intentaras volar como Superman y cada vez que lo hicieras acabaras boca abajo en el jardín, no tardarías mucho en llegar a la sabia conclusión de que tú y el Hombre de Acero tenéis una cosa menos en común y, en su lugar, cogerías tu coche para ir al supermercado. «No puedo volar», te dirías.

Esto es a menudo más solapado y menos obvio en la vida diaria. Nos rendimos, racionalizamos, aceptamos nuestro destino… pero luego nos preguntamos de vez en cuando por qué no lo hicimos mejor o hicimos más. Pero no siempre tenemos razón en que «no podemos hacerlo». A veces hay una salida que no vimos porque nos rendimos.

Lo interesante es que, en estudios similares sobre personas, una de cada tres no se sintió inútil. Siguieron intentando averiguar por qué se producían las descargas y qué podían hacer. Pensaron que cada fallo era una anomalía y siguieron adelante. Y es razonable que estas personas acaben o bien (1) completamente delirantes o (2) con mucho más éxito que tú o yo.

Todo se reduce a las historias que te cuentas a ti mismo. Algunos decimos «No estoy hecho para esto» o «Nunca he sido bueno en estas cosas». Otros dicen «Solo tengo que seguir trabajando en ello» o «Solo necesito mejores consejos sobre el modo». En casi cualquier escenario (que no sea el de volar como Superman) se podría aplicar cada una de estas cuatro explicaciones. Es personal cuál de ellas es probable que elijas, cuál es tu opción por defecto, y con qué frecuencia y cuánto varías de tu explicación preferida.

Seligman decidió que lo que estaba en el centro eran el optimismo y el pesimismo: sentir que se pueden cambiar las cosas o sentir que no se puede. La impotencia es el resultado de una actitud pesimista.

Cuando crees que las cosas no van a mejorar, es irracional seguir intentándolo. Te encoges de hombros y te vas a casa. En situaciones en las que realmente no se puede ganar, esta es la opción correcta. Sin embargo, en situaciones difíciles, pero no imposibles, cuando se requiere persistencia, el pesimismo mata la valentía. Dice: «Ríndete y vete a casa», en lugar de «Dame un intento más. Puedo hacerlo».

Seligman se dio cuenta de que en realidad no estaba estudiando la inutilidad. Estaba estudiando el pesimismo. También se dio cuenta de algo más: «La depresión es el pesimismo en grande». Cuando sigues por el camino de sentirte impotente una y otra vez, acabas clínicamente deprimido. Te sientes impotente ante la vida. Te rindes de una forma mucho más global y dejas de hacer cosas.

Lo sorprendente es que, cuando se les pide que hagan predicciones, las personas deprimidas son más precisas que las optimistas. Se llama «realismo depresivo». El mundo puede ser un lugar duro. Los optimistas se mienten a sí mismos. Pero si todos dejamos de creer que algo puede cambiar, nada lo hará. Necesitamos un poco de fantasía para seguir adelante.

Cuando somos optimistas, las investigaciones demuestran que experimentamos una serie de beneficios:

- El optimismo se asocia con una mejor salud y una vida más larga. Los niveles de optimismo pueden incluso predecir qué supervivientes de enfermedades cardiovasculares son propensos a sufrir un segundo infarto.
- Esperar un resultado positivo de las negociaciones hace que los grupos tengan más probabilidades de cerrar un acuerdo y de estar contentos con él.
- Los optimistas tienen más suerte. Los estudios demuestran que al pensar en positivo perseveran y acaban creando más oportunidades para sí mismos.

Para los optimistas esto es muy tranquilizador. Pero ¿y si eres pesimista? ¿Y si siempre has sido pesimista y crees que estás programado para ello? Entonces pon atención, porque la investigación de Seligman demostró que esta actitud no es genética; todo viene de las historias que te cuentas a ti mismo sobre el mundo. Y eso es algo que puedes cambiar.

Los optimistas y los pesimistas configuran sus historias del mundo de forma muy diferente. Seligman lo llamó «estilo explicativo» y se reduce a tres conceptos: permanencia, omnipresencia y personalización. Los pesimistas se dicen a sí mismos que los malos acontecimientos:

- durarán mucho tiempo, o para siempre (nunca lo conseguiré);
- son universales (no puedo confiar en ninguna de estas personas); y
- son su propia culpa (soy terrible en esto).

Los optimistas se dicen a sí mismos que los malos acontecimientos:

- son temporales (esto sucede ocasionalmente, pero no es un gran problema);
- tienen una causa específica y no son universales (cuando el tiempo sea mejor no será un problema); y
- no son culpa suya (soy bueno en esto, pero hoy no era mi día de suerte).

Seligman descubrió que, cuando cambias tu forma de explicar de pesimista a optimista, te sientes mejor y te vuelves más valiente.

Esto no solo es cierto para los individuos. También funciona con los grupos. Seligman analizó las declaraciones en los periódicos de los jugadores de los equipos de la Major League Baseball. ¿Podría la actitud de un año predecir el rendimiento del año siguiente?

Utilizando sus declaraciones, calculamos la forma de explicar de 1985 para los doce equipos de la Liga Nacional. Estadísticamente, en 1986, los equipos optimistas mejoraron sus registros de victorias y derrotas de 1985, y los equipos pesimistas lo hicieron peor que en 1985. Los equipos optimistas en 1985 batearon bien bajo presión en 1986, mientras que el bateo de los equipos pesimistas en 1985 se vino abajo ante la presión en 1986, en comparación con lo bien que batean normalmente ambos tipos de equipos.

¿Suena demasiado bien para ser verdad? Seligman repitió el estudio con las declaraciones de los jugadores de béisbol de 1986 y de nuevo predijeron el logro de 1987. Luego lo hizo con el baloncesto. No fue una casualidad. La forma de explicar optimista predijo el éxito. (Apuestas en Las Vegas, de nada).

El optimismo de James Waters no se rendía. Sus historias eran más fuertes que su cuerpo y le hicieron seguir adelante durante el BUD/S. Y esa persistencia le empujaron a convertirse en comandante de pelotón de los Seals de la Marina. Y a completar un MBA en Harvard. Y a convertirse en subdirector de programación en la Casa Blanca.

Entonces, ¿el coraje es simplemente las historias optimistas que te cuentas a ti mismo sobre el futuro? No, a veces las historias son mucho más profundas que eso. Van más allá de ayudarte a tener éxito: pueden mantenerte vivo cuando estás en el lugar más infernal de la Tierra…

De nuevo, empezamos con una pesadilla.

El hombre daba vueltas en su sueño. Viktor alargó la mano para despertarlo, pero lo pensó mejor. Lo que fuera que el hombre estuviera enfrentando en ese sueño no podía ser peor que la realidad a la que despertaría. Era 1944. Y estaban en Auschwitz.

Mil quinientas personas en un edificio destinado a doscientas. Visible a través de las ventanas, alambre de púas. Torres de vigilancia. Cada prisionero debía subsistir con solo dos piezas de pan a la semana. No es de extrañar que se encontrara un trozo de carne humana en una olla. Los desesperados recurrían al canibalismo.

Los horrores no tenían fin.

Muchos «corrieron hacia el alambre», la valla electrificada. Se suicidaban. Era fácil saber quiénes serían los siguientes: los que fumaban sus cigarrillos. Los cigarrillos eran dinero. Se podían cambiar por comida, por ayuda, por casi cualquier cosa. Lo último que se hacía era fumarlos. Esas personas solo querían un poco de alegría para olvidar el dolor del infierno en el que estaban. Y no duraron mucho.

A diferencia del entrenamiento BUD/S, esto no fue una simulación. Algunas personas vivieron y otras murieron. ¿Quiénes sobrevivieron? Los físicamente fuertes no vivieron más tiempo. Los jóvenes no lo hicieron. Los valientes tampoco. No lo hacían los más flexibles. Lo que Viktor Frankl comprendió fue que en el lugar más horrible de la Tierra, las personas que seguían adelante a pesar de los horrores eran las que daban sentido a sus vidas:

Un hombre que toma conciencia de la responsabilidad que tiene hacia un ser humano que le espera con cariño, o hacia un trabajo inacabado, nunca podrá tirar su vida. Conoce el «porqué» de su existencia, y será capaz de soportar casi cualquier «cómo».

Los que veían que su vida existía por una razón mayor que ellos mismos persistieron, mientras que otros fumaban sus cigarrillos antes de hacer esa carrera final hacia la valla. Viktor siempre pensaba en su mujer. Ni siquiera sabía si estaba viva, pero eso no importaba. Mantenía conversaciones unilaterales con ella mientras trabajaba colocando las vías del tren. Sus historias eran más grandes que su sufrimiento. Y eso le hacía seguir adelante.

Todos hemos trabajado más en algo para otra persona que para nosotros mismos. Las madres hacen cosas por sus hijos por las que no se les podría pagar. Los soldados mueren por su país.

Si la vida se basa en el placer, cuando deja de ser divertida o instantáneamente beneficiosa, renunciamos. Cuando salimos del deseo de comodidad, cuando vivimos para algo más grande que nosotros mismos, ya no tenemos que luchar contra el dolor; aceptamos el dolor como un sacrificio. Frankl dijo: «Lo que ha de dar luz debe soportar el ardor»

Y no nos rendimos.

Son las historias que nos contamos a nosotros mismos las que nos hacen seguir adelante. Pueden ser una verdad superior. O, en muchos casos, no necesitan ser verdades en absoluto.

Las personas con síndrome de Cotard creen que están muertas. Se sentarán frente a ti, te mirarán a los ojos y dirán que han fallecido.

Es una enfermedad mental muy rara. Y buena suerte hablando con ellos de la misma. Siempre tendrán un motivo por el que tú estás equivocado y ellos tienen razón. Y aunque la carne de su brazo no se esté pudriendo y no deambulen por las calles como *The Walking Dead*, dirán que han estirado la pata.

Sus respuestas son algo que los psicólogos llaman «confabulación». No intentan engañarte, y ni siquiera son conscientes de que son incorrectas. Y a veces sus respuestas son totalmente ridículas. Las personas con Alzheimer a menudo confabulan cuando no pueden volver a recordar las cosas. Reconstruyen completamente la realidad para llenar los vacíos. Sus mentes inventan cosas para crear una lógica retroactiva.

Lo que rara vez dicen es «Es una buena observación. No sé por qué lo creo». Y apuesto a que conoces a mucha gente por lo demás normal que no es muy dada a decir «no sé».

Daniel Kahneman ganó el Premio Nobel por su trabajo sobre los sesgos cognitivos. Se trata de pequeños atajos en nuestro cerebro que ayudan a acelerar la toma de decisiones. Suelen ser útiles, pero no siempre racionales. Un ejemplo es la aversión a las pérdidas. Racionalmente, ganar un dólar debería ser tan placentero como doloroso es perderlo. Pero nuestra mente no funciona así. Perder un dólar nos molesta mucho más de lo que ganar un dólar nos hace sentir bien. Tiene sentido; perder demasiado puede significar la muerte, pero ganar mucho… bueno, es agradable, pero rápidamente resulta en una disminución de la rentabilidad. Así que la evolución nos ha llevado a temer las pérdidas mucho más de lo que amamos las ganancias.

Lo curioso es que cuando el profesor de Duke Dan Ariely, que se inspiró en Kahneman, daba conferencias sobre los sesgos, recibía con frecuencia la misma respuesta: «Sí, conozco a muchas otras personas que lo hacen, pero yo no». Qué ironía. Los sesgos cognitivos nos impiden comprenderlos. Así que Ariely modificó un poco sus conferencias. Antes de decir algo sobre nuestros sesgos inherentes, les mostraba a todos ilusiones ópticas. Seguro ya las conoces, dos líneas que parecen tener diferentes longitudes, pero cuando las mides, son iguales. Necesitaba que la gente no solo escuchara, sino que experimentara el hecho de que no siempre puede confiar en su cerebro. Después de que Ariely mostrara a la gente que eran capaces de cometer errores, estaban abiertos a aceptar que los sesgos también se aplicaban a ellos.

Nuestros cerebros están programados para intentar dar sentido a las cosas. El sentido forma parte de nuestro sistema operativo. Necesitamos pensar que el mundo tiene sentido y que tenemos el control. Al cerebro no le gusta el azar.

¿Qué es el significado? El significado, para la mente humana, viene en forma de las historias que nos contamos sobre el mundo. Por eso mucha gente cree en el destino o dice que las cosas «estaban destinadas a ser». Tener una historia sobre el sentido de la vida nos ayuda a afrontar los momentos difíciles. No solo vemos el mundo de esta manera de forma natural, sino que, francamente, no podemos dejar de contar historias. Si te preguntara cómo fue tu día o cómo conociste a tu pareja, ¿qué me contarías? Una historia. ¿Cuál es tu currículum? Una historia. Incluso cuentas historias cuando duermes: los sueños. Y los estudios demuestran que tienes unos dos mil sueños diarios, en los que te cuentas pequeñas historias sobre esto o aquello.

Para casi todas las áreas de tu vida, como la carrera o las relaciones, tienes una historia que te cuentas a ti mismo sobre ella. Pero rara vez se construyen de forma consciente o deliberada.

Esto puede sonar a charla hippie, muy abstracta y fuera de lo común, pero es exactamente lo contrario. Las historias son la corriente subterránea invisible que promueve el éxito en un número sorprendente de las áreas más importantes de la vida.

¿Qué es lo que mejor predice el éxito de las relaciones románticas? No es el sexo, ni el dinero, ni tener los mismos objetivos. El investigador John Gottman se dio cuenta de que el mero hecho de escuchar cómo contaba la pareja su relación, predecía con un 94 % de exactitud si se divorciarían o no.

¿Cuál es el mejor indicador del bienestar emocional de tu hijo? No son los grandes colegios, los abrazos ni las películas de Pixar. Los investigadores de la Universidad de Emory descubrieron que el indicador número uno era si un niño conocía su historia familiar.

¿Quiénes encuentran que su carrera tiene sentido y es satisfactoria? Los limpiadores de hospitales que veían su trabajo como «un simple trabajo» no obtenían ninguna satisfacción profunda de su carrera. En cambio, los limpiadores que se contaban a sí mismos la historia de que su trabajo era su «vocación» y que ayudaba a los enfermos a ponerse mejor veían su trabajo como algo significativo.

Los judíos y los cristianos tienen parábolas. Los hindúes y los budistas tienen sutras. Casi todos los líderes religiosos dan sermones. Historias, cuentos, historias. Nos recuerdan cómo comportarnos y nos ayudan a persistir. Incluso si no somos religiosos, la cultura popular llena este vacío. El profesor de la escuela de cine de la UCLA, Howard Suber, describe las películas como «dramas sagrados para una sociedad secular». Al igual que con las parábolas religiosas, actuamos como los héroes de las historias que contamos. Los estudios demuestran que cuando nos relacionamos con los personajes de las historias de ficción es más probable que superemos los obstáculos para alcanzar nuestros objetivos.

Y luego está la cuestión de la felicidad. Los estudios han demostrado que muchas personas no se sienten bien con su vida porque no ven que los buenos momentos estén alineados con la visión que tienen de sí mismos. Quieren que sus vidas se ajusten a sus historias, así que cuando suceden cosas malas lo ven como algo coherente con lo que son; los momentos alegres son excepciones que hay que ignorar.

Esto es cierto incluso en los ejemplos más profundos y angustiosos de tristeza: los suicidios. Roy Baumeister, profesor de la Universidad Estatal de Florida, descubrió que las personas que se suicidaban, a menudo no se encontraban en las peores circunstancias, pero no habían alcanzado las expectativas que tenían de sí mismas. Sus vidas no coincidían con las historias que tenían en la cabeza. Al igual que Frankl vio en Auschwitz, las historias determinaban quiénes seguirían adelante y quiénes correrían hacia la valla.

Así que no faltan pruebas de que las historias rigen nuestro pensamiento y predicen el éxito en muchos ámbitos. Pero ¿cómo funcionan las historias?

Las investigaciones demuestran que la ficción nos hace más «prosociales», es decir, amables y generosos. Lo hace haciendo que nuestra visión del mundo sea menos fidedigna. Al igual que la religión y las historias con significado personal nos ayudan a sobrellevar la situación, también lo hacen las películas, la televisión y otras historias. Las historias no solo atraen nuestras mentes, sino que también nos ponen un par de gafas de color de rosa en la cabeza.

El profesor de la Universidad George Mason y autor de bestsellers Tyler Cowen está de acuerdo. Cita una investigación en la que la gente, cuando se le pide que describa su vida, suele decir «viaje» o «batalla», pero pocos responden «desorden». Y la vida puede ser un desorden. Dice que las historias son un filtro que impone orden en un mundo a menudo caótico. Las historias eliminan información. Hacen que los recuerdos sean menos precisos. Se construyen deliberadamente, pero la vida a menudo no lo hace.

Tiene razón. Hay un millón de cosas que suceden cada segundo. Seleccionamos ciertos elementos («Esa vez que le di un dólar a un indigente») e ignoramos otros («La vez que empujé a mi primo por las escaleras») para llegar a una historia sobre nuestras vidas («Soy una buena persona»).

En economía, el término «racionalidad limitada» significa básicamente que los seres humanos no son perfectamente racionales porque siempre tienen limitaciones, como la cantidad de información disponible o la cantidad de tiempo que hay para pensar las cosas. Hay demasiados estímulos en el mundo para que nuestros pequeños cerebros puedan procesarlos; debemos destilarlos.

Un estudio demostró que percibimos el sentido de la vida cuando pensamos que nos conocemos a nosotros mismos. La palabra clave es «pensar». Conocerse de verdad a uno mismo no produce sentido, pero sentir que sí lo tiene crea los resultados. La historia no necesita ser exacta para ser efectiva. Esto es un poco desconcertante y quizá incluso deprimente, ¿verdad?

Pero cuando se trata de la valentía, esto puede ser algo bueno. Si tomáramos todas nuestras decisiones basándonos en las probabilidades, nunca conseguiríamos nada arriesgado. Ni siquiera lo intentaríamos. Pero para sobrevivir como lo hizo Viktor Frankl ante tales horrores, las historias pueden hacernos seguir adelante por su inexactitud.

Coincide con lo que vimos en la investigación sobre el optimismo. Los optimistas se contaban a sí mismos una historia que podía no ser cierta, pero que les hacía seguir adelante, permitiéndoles a menudo superar los obstáculos. La psicóloga Shelley Taylor dice que «una mente sana se cuenta a sí misma mentiras halagüeñas». Los pesimistas eran más exactos y realistas, y acababan deprimidos. La verdad puede doler.

Por eso los abogados tienen 3,6 veces más probabilidades de sufrir depresión que las personas de otras profesiones. Para proteger a sus clientes, los abogados deben considerar todas las opciones posibles que pueden salir mal. No pueden contarse a sí mismos historias felices y menos precisas sobre cómo se desarrollará un acuerdo.

Los pesimistas superan a los optimistas en la facultad de Derecho. Y esta misma cualidad les hace muy infelices. La abogacía es la profesión mejor pagada de Estados Unidos y, sin embargo, al ser encuestados, el 52 % de los abogados se declararon insatisfechos con su trabajo. Se puede adivinar qué efectos tiene esto en la perseverancia: la profesión de abogado tiene altas tasas de deserción. Citando a Liz Brown, «el Derecho es la única carrera que conozco que tiene una subprofesión dedicada a ayudar a la gente a salir de ella».

Las historias no son imágenes perfectas del mundo, pero nos permiten tener éxito por esta misma razón. Pueden mantenernos en marcha y convertirse en una profecía. No has «nacido» para hacer nada en particular, pero cuando tu historia dice que has «nacido» para hacer algo, rindes más y persistes. Al fin y al cabo, es tu destino.

Y así es como se conecta con la carrera profesional. Como explica la profesora de Harvard Teresa Amabile en su libro *The Progress Principle* (El principio del progreso), un trabajo con sentido es lo primero que la gente quiere de su trabajo. Sí, por encima del salario y los ascensos. ¿Cómo atrajo Steve Jobs a John Sculley de su gran trabajo como director general de Pepsi? Le preguntó: «¿Quieres pasar el resto de tu vida vendiendo agua azucarada o quieres tener la oportunidad de cambiar el mundo?». Lo significativo no tiene por qué ser salvar huérfanos o curar enfermos. Mientras tu historia sea significativa para ti, tiene poder.

Entonces, ¿cómo encontrar tu historia?

Hay una forma muy sencilla de hacerlo: solo hay que pensar en tu muerte.

Hoy en día, en Estados Unidos parece que nadie quiere pasar tiempo pensando en la muerte. No es divertido. Nos gusta pensar que vamos a vivir para siempre. Pero en muchas culturas la muerte forma parte de la vida y tiene un lugar de respeto o incluso su propia fiesta. México tiene el Día de los Muertos. El cristianismo tiene el Día de Todos los Santos. Japón tiene el Sorei. Los indios celebran el Shraaddha. Y así sucesivamente.

Pensar en la muerte nos recuerda lo que es verdaderamente importante en la vida. David Brooks distingue entre «virtudes del currículum» y «virtudes del elogio de funeral». Las virtudes del currículum son las cosas que aportan éxito externo como el dinero y los ascensos. Las virtudes del elogio tienen que ver con el carácter: ¿soy amable, digno de confianza o valiente? A menudo somos muy de la primera opción. Pasamos cuatro años en la universidad para conseguir ese trabajo, aprendemos a usar Excel o PowerPoint, leemos libros para salir adelante. Pero tendemos a considerar las virtudes del elogio solo en retrospectiva, racionalizando después del hecho: sí, soy una buena persona. Si eres ambicioso (y, como estás leyendo un libro sobre el éxito, probablemente lo seas), no tienes que preocuparte demasiado por prestar atención a las virtudes del currículum. Siempre estás pensando en ellas. Pero para que te sirva para tu carrera y tu vida a largo plazo, tienes que pensar también en las virtudes del elogio. Ahí es donde entra en juego el pensar un poco en la muerte.

Imagina tu funeral. Las personas que te querían se han reunido para presentar sus respetos. Van a elogiar las cualidades que te hacían tan especial, lo que más van a echar de menos. ¿Qué quieres que digan?

Dedicar un tiempo a pensar en esto puede ayudarte a encontrar tus valores de elogio, aquellos que guiarán tus decisiones. En el famoso discurso de graduación que Steve Jobs pronunció en Stanford en 2005 dijo: «Recordar que pronto estaré muerto es la herramienta más importante que he encontrado para ayudarme a tomar las grandes decisiones de la vida».

Aunque la investigación en este campo se conoce formalmente con el nombre totalmente intimidante de «teoría de la gestión del terror», un estudio con el apelativo más entrañable de «El efecto Scrooge» demuestra que, cuando uno se toma un poco de tiempo para pensar en la muerte, se vuelve más amable y generoso con los demás. Dejas de lado por un momento los objetivos a corto plazo y te planteas quién quieres ser realmente. Suena morboso, pero las personas que contemplan el final se comportan de forma más saludable y, por tanto, pueden vivir más tiempo. También se ha demostrado que aumenta la autoestima. ¿Quieres hablar de «visión de conjunto»? No hay nada más grande que esto. Estamos hablando de temas como la suerte y el destino.

A menudo confundimos estas dos palabras y les damos el mismo significado. Pero el profesor de la UCLA Howard Suber aclara la distinción. La suerte es aquello que no podemos evitar. Viene a por nosotros a pesar de que intentemos huir de ella. El destino, en cambio, es lo que debemos perseguir, lo que debemos llevar a cabo. Es por lo que nos esforzamos hasta hacerlo realidad.

Cuando ocurren cosas malas, la idea de la suerte nos hace sentir mejor, mientras que tomarse el tiempo de considerar los valores del elogio nos ayuda a pensar más en el destino. El éxito no viene de encogerse de hombros ante lo malo como algo inmutable y decir que las cosas ya están «destinadas a ser»; es el resultado de perseguir lo bueno y escribir nuestro propio futuro. Menos suerte y más destino.

¿Qué pasa si tienes una historia que no está funcionando? Crees que sabes quién eres y lo que es importante, pero no eres feliz ni llegas a donde quieres. Puede que sea el momento de jugar a ser guionista y dar otra vuelta al guion de tu vida. Los terapeutas ayudan a los pacientes a hacer esto en un proceso acertadamente titulado «edición de la historia». El profesor de la Universidad de Virginia Timothy Wilson realizó un estudio en el que los terapeutas ayudaron a los estudiantes de bajo rendimiento a reinterpretar sus retos académicos, pasando de «no puedo hacer esto» a «solo necesito aprender las reglas». Esto les ayudó a sacar mejores notas el año siguiente y a reducir las tasas de abandono escolar. Los estudios demuestran que esto puede funcionar tan bien como los fármacos antidepresivos y, en algunos casos, incluso mejor.

¿Qué haces con esta historia editada una vez que la tienes? Interpreta el papel. Muchas investigaciones psicológicas demuestran que, en lugar de que el comportamiento siga nuestras creencias, a menudo nuestras creencias provienen de nuestros comportamientos. Como dice el viejo refrán: «Los actos hablan más que las palabras». Wilson lo llama el método «haz el bien, sé bueno». Cuando la gente hace trabajo voluntario, su autopercepción cambia. Empiezan a verse a sí mismos como el tipo de personas que hacen cosas buenas por los demás.

En la clásica novela de Kurt Vonnegut *Mother Night* (Madre noche), Howard W. Campbell Jr. es un espía estadounidense que se hace pasar por propagandista nazi durante la Segunda Guerra Mundial. Se convierte en la «voz» de la Alemania nazi en los programas de radio, cantando aparentemente las alabanzas del Reich mientras que en realidad transmite mensajes codificados a los Estados Unidos. Aunque sus intenciones son buenas, se da cuenta de que sus «falsos» mensajes de inspiración nazi tienen más efecto para motivar al enemigo que sus esfuerzos secretos de inteligencia para ayudar a los aliados. La moraleja de Vonnegut es que «somos lo que aparentamos ser, así que debemos tener cuidado sobre lo que aparentamos ser».

Así que en lugar de centrarte simplemente en las intenciones, asegúrate de que en tus acciones cotidianas estás siendo el protagonista de tu historia perfecta. De este modo, en lugar de acabar como el personaje de Vonnegut, puedes seguir el camino de otro personaje de ficción: Don Quijote. La moraleja de la historia de Cervantes es: «Si quieres ser caballero, actúa como tal».

El sentido nos hace seguir adelante cuando la cruda realidad dice «abandona». A menudo nuestras historias son más fuertes que nosotros, y si son significativas, pueden guiarnos a través de los tiempos difíciles.

Viktor Frankl sobrevivió a Auschwitz. No fumó sus cigarrillos ni corrió hacia la alambrada. Vivió hasta la avanzada edad de noventa y dos años. Fundó un nuevo sistema de psicología que se extendió por todo el mundo. Compartió la historia que le mantuvo vivo, y se convirtió en una que mantiene a otras personas en marcha también.

No podemos evitar contar historias. Pero ¿qué historia te estás contando a ti mismo? ¿Es la que te llevará a donde quieres ir?

La valentía no siempre es tan sombría y seria. De hecho, incluso en las situaciones más graves, el valor no es más que un juego.

Joe Simpson, vestido con el equipo de escalada, estaba sentado en el fondo de una grieta de 30 metros, temblando. Estaba tan oscuro que parecía que el mundo se había bañado en tinta. Tenía frío, pero sus manos temblaban más por el miedo.

«¡Simon!», gritó desesperadamente. No hubo respuesta.

Apenas podía moverse sin que un estremecimiento de dolor recorriera su cuerpo. Una de sus piernas era más corta que la otra, y estaba colocada en un ángulo horriblemente antinatural. Su espinilla había sido golpeada hacia arriba a través de la articulación de la rodilla y en el fémur.

Cuando volvió a gritar, cada vez estaba más claro que estaba solo, que no vendría ninguna ayuda.

Dos días antes, Joe y Simon habían iniciado el ascenso al Siula Grande en los Andes peruanos. Con 6.400 metros, es una de las montañas más grande del hemisferio sur. Su cara oeste de 1.500 metros de altura nunca había sido escalada, y ellos fueron los primeros en hacerlo.

Eufóricos, pero agotados, lo único que necesitaban era volver a bajar. Pero en el montañismo es en la bajada en donde se producen el 80 % de los accidentes... En la mañana del 8 de junio de 1985, Joe tropezó y se deslizó, destrozándose la pierna. Todavía les quedaba mucho camino por recorrer. Romperse una pierna a esta altura de la montaña, sin equipo de rescate disponible, significaba que era solo cuestión de tiempo. Joe moriría. Pero actuaron como si todavía hubiera una oportunidad. Conectado por una cuerda, Simon fue el ancla mientras bajaba a Joe por la montaña. Entonces Joe, casi inmóvil, esperó mientras Simon lo seguía. Avanzaban a un ritmo insoportablemente lento. Pasaba tanta nieve por delante de ellos que Simon ni siquiera podía ver por dónde bajaba a Joe.

La situación continuó así durante horas hasta que, de repente, Joe se deslizó por el borde de la montaña. Todavía conectado por la cuerda,

Simon estuvo a punto de ser arrastrado hacia abajo. Clavó los pies, deteniendo su descenso.

Joe estaba suspendido en el aire, colgado de la cuerda. Ni siquiera podía tocar la montaña. Miró hacia arriba, pero el viento soplaba tanta nieve que no podía ver a Simon. Decenas de metros más abajo, las fauces abiertas de una grieta le miraban fijamente. Estaba indefenso, colgado, y seguía sufriendo un dolor horrible. Cada pocos segundos, la cuerda se sacudía con fuerza. Simón luchaba por evitar que ambos se precipitaran a la muerte.

Y entonces Joe cayó. Imagina un edificio de quince pisos. Así de lejos cayó. Pero no hasta la base de la montaña. Siguió cayendo… dentro de la oscura grieta.

Sorprendentemente, no estaba muerto. Había aterrizado en un montón de nieve en la grieta. Mirando hacia abajo con su linterna, pudo ver que había aterrizado en un puente de hielo. La grieta se elevaba ciento cincuenta metros por encima de él, y, más allá del puente de hielo, continuaba descendiendo hacia la oscuridad. Si hubiera aterrizado solo medio metro a la derecha, no habría aterrizado. Habría seguido cayendo en el abismo, quién sabe hasta dónde.

Todavía estaba atado a la cuerda. Tiró de ella, el otro extremo todavía conectado a Simon… o al cadáver de Simon. Pero mientras Joe febrilmente tiraba de ella, sintió la holgura. Era demasiado fácil tirar. Cuando tuvo el extremo de la cuerda en la mano, entendió claramente lo que ocurría: el extremo había sido cortado. Simon, asumiendo que su compañero de escalada estaba muerto, no iba a venir a salvarlo.

Joe no podía culparlo. Estaba sorprendido de seguir vivo. Una y otra vez intentó subir, pero cada vez su pierna rota se lo impedía paralizándolo de dolor. No había manera de subir… lo que significaba que el único camino era hacia abajo.

Con los dedos negros por las bajas temperaturas, apenas pudo hacer los nudos para el descenso. No se atrevía a mirar hacia abajo. No tenía ni idea de la profundidad de la grieta, pero lo que sí sabía era que la cuerda tenía una longitud limitada.

Normalmente, los escaladores hacen un nudo en el extremo de la cuerda para que, si llegan al final, actúe como freno y no se deslicen. Joe no lo hizo. De esta manera, si se quedaba sin cuerda, su muerte sería rápida. Descendió lentamente en la oscuridad. Pasó el tiempo y lo que encontró le impactó.

La luz del sol. Una pendiente a su derecha conducía hacia arriba y fuera de la grieta. No estaba en un pozo. Era el primer rayo de esperanza que tenía. Si subía la pendiente, podría salir de allí. Pero era un desnivel de 40 metros de altura y en un ángulo de 45 grados. Con la nieve y su pierna rota, sería como nadar por la arena. Pero el hecho de que hubiera una salida lo animó.

Pasaron horas mientras se arrastraba como un niño pequeño, pero finalmente salió de la grieta. La luz del sol lo bañó y se sintió extasiado, pero solo por un momento. Mirando a la base de la montaña, se dio cuenta de que todavía estaba a diez kilómetros del campamento base. No se veía a Simón por ninguna parte. Su pierna seguía palpitando de dolor. Todo lo que había sucedido hasta entonces había sido solo un calentamiento.

Al igual que los perros de Seligman, Joe Simpson no tenía ninguna razón para pensar que debía o podía seguir luchando. Pero lo hizo. ¿Cómo lo hizo? En la situación más peligrosa y de mayor riesgo imaginable, llevó a cabo la mayor locura: la convirtió en un juego. Empezó a fijarse objetivos: ¿puedo llegar a ese glaciar en veinte minutos? Si lo conseguía, estaba eufórico. Si no lo lograba, se sentía frustrado, pero esto solo hacía que quisiera seguir adelante obsesivamente. «Un cosquilleo de excitación recorrió mi espina dorsal. Estaba comprometido con el juego, se había apoderado de mí, y ya no podía elegir abandonarlo».

Levantando su cuerpo destrozado, se esforzó por saltar hacia adelante. Cada paso en falso le producía una paralizante sacudida de dolor… pero solo le quedaban diez minutos para llegar a ese banco de nieve. Tenía que ganar su pequeño juego.

Se esforzó por encontrar la mejor manera de arrastrarse. Sus huellas de la subida aún eran visibles en la nieve. Sonriendo, las siguió como si fueran migas de pan. Pero el viento azotó la nieve sobre ellas, ocultándolas más rápido de lo que podía mover su torturado cuerpo. La desesperación volvió a abrumarle. Pero volvió al juego: fijar la meta. Comprobar el reloj. Seguir jugando. Llegar a la siguiente marca a tiempo. Su ritmo era terriblemente lento, aunque apenas se dio cuenta hasta que la nieve por la que se arrastraba se convirtió en roca. Se estaba acercando. Pero la nieve había sido indulgente. La tierra y las rocas no serían tan amables cuando su pierna chocara inevitablemente con ellas. El dolor era implacable.

Sigue jugando el juego se decía. La siguiente marca más adelante: el lago. Habían acampado cerca de ahí. Su cerebro estaba inundado de esperanza. Puedo lograrlo. Pero ¿habría alguien todavía allí? Habían pasado cuatro días. Simon había cortado la cuerda y seguramente pensaba que Joe estaba muerto. ¿No se habría ido ya Simon? Pronto sería de noche y Joe apenas había dormido. Volvió al juego. Era lo único que podía hacer. En este momento, su único objetivo era no morir solo. Llegar al lago en veinte minutos.

Juega el juego continuaba diciéndose.

Cayó la noche y Joe se desplomó en un montículo, completamente delirante. Tal vez se durmió. Ya era casi imposible distinguir entre estar despierto y dormido. Entonces le despertó un olor terrible. Era... caca. Miró a su alrededor. Estaba en la zona de letrinas del camping. En un instante se despertó de nuevo y gritó: «¡Simón!»

Nada. Pero entonces...

Las luces se encendieron en la distancia, dirigiéndose hacia él. Y voces. Joe gritó. Las luces se acercaron y lo cegaron. Simon agarró a Joe por los hombros y lo sujetó con fuerza.

Joe Simpson había ganado su partido.

Parece una tontería que convertir el problema de Joe Simpson en un juego haya salvado su vida en el Siula Grande, pero después de ver la investigación y entrevistando a gente, escuché historias similares una y otra vez.

¿Recuerdas a James Waters, el Seal de la Marina? Cuando hablé con él sobre cómo superar el BUD/S, me dijo lo siguiente: «Mucha gente no reconoce que lo que están haciendo en el BUD/S es evaluar tu capacidad para manejar una circunstancia difícil y seguir adelante. Es un juego. Tienes que divertirte con ello y tienes que mantener la vista en el panorama general».

Cuando las clases y las calificaciones se estructuran como un juego, los alumnos rinden más. Un profesor del Instituto Politécnico Rensselaer rediseñó su clase para que se pareciera a *World of Warcraft*, y los alumnos estudiaron más, se comprometieron más e incluso copiaron menos.

Lo que nos lleva a preguntarnos: ¿Por qué los juegos, que pueden ser agotadores, frustrantes y muy parecidos al trabajo, son tan divertidos mientras que nuestros trabajos, bueno… no son divertidos? ¿Por qué los niños odian los deberes, que son repetitivos e increíblemente difíciles, pero huyen alegremente de ellos para jugar a juegos… que son repetitivos e increíblemente difíciles? ¿Por qué los rompecabezas son divertidos, pero hacer la declaración de impuestos es horrible? ¿Qué es lo que hace que algo sea un juego y no solo un frustrante dolor de cabeza?

Todos hemos experimentado alguna vez el mal funcionamiento de algo y nos sentimos frustrados y enfadados. Pero de vez en cuando un problema nos despierta la curiosidad y nos adentramos en él para salvar los obstáculos e intentar resolverlo, y entonces este «inconveniente» se convierte en diversión. Como un detective que resuelve un misterio.

Al igual que la crítica de Tyler Cowen de que las historias personales filtran el desorden de la vida, los juegos no son más que un marco superpuesto a un conjunto de actividades. Con esa estructura, cosas que parecen totalmente aburridas a primera vista pueden resultar increíblemente divertidas y gratificantes, incluso adictivas.

Por eso, unos pocos elementos pueden convertir el hacer la declaración de impuestos en una experiencia divertida. Uno de ellos es la «revalorización cognitiva», un término elegante para «contarse a sí mismo una historia diferente sobre lo que está sucediendo». Como el bebé que no quiere comer, pero de repente abre la boca cuando la cuchara es un avión. Sí, realmente los adultos no somos muy diferentes de los niños pequeños. (Lo siento).

Probablemente todos hemos oído hablar del estudio del malvavisco de Walter Mischel, pero generalmente en términos de fuerza de voluntad. (Resumen rápido: se prometió a los niños dos malvaviscos si podían resistirse a comer uno. Los niños que se resistieron, demostrando una mayor fuerza de voluntad, tuvieron mucho más éxito en la vida). Pero otro elemento interesante de ese estudio es la cantidad de niños que se resistieron a la tentación. La mayoría no se limitó a aguantar, apretar los dientes y mostrar una fuerza de voluntad sobrehumana. En realidad, se dedicaron a la reevaluación cognitiva. Miraron su situación a través de otra lente o la convirtieron en un juego. Mischel explica: «Cuando los niños transforman los malvaviscos en nubes hinchadas que flotan en el aire en lugar de pensar en ellos como deliciosas golosinas masticables, los he visto sentarse en su silla con las golosinas y la campana delante de ellos hasta que mis estudiantes de posgrado y yo no pudimos soportarlo más».

Al realizar una reevaluación cognitiva y contarnos a nosotros mismos una historia diferente sobre lo que está sucediendo, podemos subvertir todo el paradigma de la fuerza de voluntad. Algunas investigaciones han demostrado que la fuerza de voluntad es como un músculo, y que se cansa con el uso excesivo. Pero solo se desgasta si hay una lucha. Los juegos cambian la lucha por otra cosa. Hacen que el proceso sea divertido y, como demostró Mischel en su investigación, somos capaces de persistir mucho más tiempo y sin el mismo nivel de agotamiento de la fuerza de voluntad.

He aquí un ejemplo: ¿qué pasaría si pusiera un gran montón de cocaína delante de ti? (Asumiré, por el bien del argumento, que no eres un adicto a la cocaína). La cocaína es placentera. Ya lo sabes. La gente la consume por alguna razón, ¿verdad? Pero probablemente responderías:

«No, gracias». ¿Por qué? Porque no encaja con tu historia. No te ves a ti mismo como el tipo de persona que toma cocaína. Podrías inventar todo tipo de razones. (¿Qué es una razón? Una historia). ¿Tendrías que cerrar los ojos y apretar los puños y rogarme que te quite la cocaína? Probablemente no. No ejercerías ninguna fuerza de voluntad en este caso.

¿Pero ocurriría lo mismo con un jugoso filete? ¿Especialmente si tienes hambre? Digamos que eres el tipo de persona que se da el gusto de comer un filete. ¿Y ahora qué pasa? Lucha. Agotamiento de la fuerza de voluntad. A menos que seas un vegetariano. Ya es otra historia. Dirías que no y ejercerías cero fuerza de voluntad. No tendrías problemas en ignorar el filete. Cambia la historia y cambiarás tu comportamiento. Los juegos son otro tipo de historia: una historia divertida.

Toda esta ciencia erudita es genial, pero hablemos de la vida. ¿Por qué tu trabajo no es divertido? La respuesta es muy sencilla: el trabajo, tal y como lo conocemos hoy en día, es un juego pésimo.

David Foster Wallace dijo una vez: «Si eres inmune al aburrimiento, no hay literalmente nada que no puedas lograr». En muchos sentidos, esto es muy cierto. Si nunca te aburrieras, estarías un gran paso más cerca de ser un computador. Los ordenadores hacen todo tipo de cosas aburridas por nosotros, y las hacen bastante bien y muy rápidamente. Los ordenadores no necesitan mecánicas de juego. No se aburren ni se desmotivan. Sin embargo, diseñamos las oficinas como si fuéramos máquinas, pero no lo somos. Jane McGonigal, investigadora y diseñadora de juegos, sostiene que, por su propia naturaleza, la eficiencia implica eliminar la mecánica de juego del diseño del trabajo. En otras palabras, le estamos quitando la diversión.

Karl Marx se equivocó en muchos aspectos en su teoría económica, pero ahora nos damos cuenta de que tenía razón en algunos otros. Cuando se elimina la conexión emocional de las personas con su trabajo y se las trata simplemente como máquinas que producen esfuerzo, se mata el alma.

¿Podemos volver a poner esos elementos emocionales en nuestras actividades? Sin duda, no es tan difícil. El Equipo de Alineación de la Innovación de la Universidad de Yale (parte de la sociedad de estudiantes emprendedores) quería ver si podía aumentar el número de estudiantes que se desinfectan las manos después de comer en una de las cafeterías de la escuela. ¿Bombardearon a los estudiantes con información o presionaron a la administración para que creara normas que los obligaran? No. Decidieron hacerlo de una manera divertida.

Conectaron unos altavoces y un iPod al dispensador de desinfectante. Cuando alguien lo usaba, hacía un sonido divertido. El mismo que hacen los videojuegos cuando un jugador marca un gol. Antes de su instalación, trece estudiantes lo utilizaban. Después, lo hicieron noventa y uno. Un simple ajuste que lo hacía «divertido» aumentó el uso por un factor de siete casi inmediatamente.

Podemos aplicar la mecánica del juego a nuestras vidas y convertir los momentos aburridos en divertidos. ¿Puede esto hacernos más perseverantes en el trabajo y llevarnos al éxito en la vida? Sí. El trabajo no tiene por qué ser un juego malo. Así que aprendamos por qué el trabajo es aburrido, por qué los juegos son increíbles y cómo podemos convertir lo primero en lo segundo. Vamos, «hagamos del sistema un juego».

Aprende este acrónimo GNOR que para recordarlo puedes imaginarte y visualizar a unos GNomos de ORo. Acabas de aprender lo que todos los buenos juegos tienen en común: Son GNOR (Ganable, Novedoso, Objetivo, Retroalimentación). Es decir, son ganables, tienen retos y objetivos novedosos y proporcionan retroalimentación.

Siempre que algo resulte frustrante, es probable que le falte al menos una de las cuatro. Vamos a desglosarlas:

GANABLE

Los buenos juegos son ganables por diseño. No se hacen juegos que no se puedan ganar. Cada juego tiene reglas claras. Eso lo sabemos intuitivamente y nos hace ser muy positivos sobre nuestras posibilidades si persistimos. Tenemos buenas razones para ser optimistas. Los juegos nos convierten en alguien que puede superar el BUD/S, como James Waters.

Este «optimismo justificado» hace que las cosas difíciles sean divertidas. Los juegos suelen ser más difíciles que la vida real, pero son divertidos cuando son difíciles y aburridos cuando son fáciles. La investigación de Nicole Lazarro demostró que fracasamos en los juegos el 80 % de las veces. Jane McGonigal lo explica:

> Aproximadamente cuatro de cada cinco veces, los jugadores no completan el objetivo. Se quedan sin tiempo, no resuelven el puzle, pierden el combate, no consiguen mejorar su puntuación, se estrellan o mueren. Lo que nos lleva a preguntarnos: ¿los jugadores disfrutan realmente fracasando? Resulta que sí... Cuando jugamos a un juego bien diseñado, el fracaso no nos decepciona. Nos hace felices de una manera muy particular: emocionados, interesados y, sobre todo, optimistas.

Desde este punto de vista, utilizar un marco de juego en el BUD/S tiene mucho sentido. El BUD/S se puede ganar. Mucha gente lo consigue. El mismo tipo que tira el regulador de la boca en la «*pool comp*» (prueba de la piscina) está ahí para salvarte si realmente empiezas a ahogarte. ¿Por qué la gente lo falla? Por pánico. Olvidan que es un juego. Creen que van a morir de verdad. Joe Simpson no sabía si sobreviviría a la montaña, pero podía llegar a la siguiente roca en veinte minutos. Ese juego era ganable y le hacía seguir adelante.

Como corolario, en un juego tienes el control. Lo que haces es importante. Tus acciones marcan la diferencia, así que sabes que tu tiempo está bien empleado. Las investigaciones demuestran que la sensación de control mata el estrés. Incluso cuando solo sientes que tienes el control, el estrés cae en picado.

Por otro lado, el trabajo a menudo se siente como un juego que no se puede ganar. No sientes que tienes el control. No sientes que lo que haces marque la diferencia. ¿Quién quiere jugar a ese juego? Una investigación de Dan Ariely demostró que cuando sentimos que lo que hacemos es inútil o sin sentido, la motivación y la felicidad caen en picado. Nos volvemos como los perros del estudio de Seligman.

Pero tú puedes arreglar esto. Tal vez no puedas cambiar la forma en que tu empresa hace las cosas, pero, como Joe Simpson, puedes definir un juego para ti que sea ganable. ¿Es tu juego aprender todo lo posible en la oficina para estar preparado para ese ascenso? ¿Quieres mejorar tus presentaciones o adquirir otra habilidad? Todo esto se puede conseguir.

¿Y si tu jefe te odia? ¿O te enfrentas a la discriminación en el trabajo? Esos juegos no se pueden ganar. Cambia de lugar. Encuentra un juego que puedas ganar.

NUEVOS RETOS

Los buenos juegos tienen continuamente nuevos niveles, nuevos enemigos y nuevos logros. A nuestros cerebros les gusta la novedad, y los buenos juegos hacen que siempre estemos estimulados por algo diferente, agudizan nuestra atención.

Los juegos nos hacen enfrentarnos a retos. Están diseñados para crear lo que el investigador Mihály Csikszentmihályi llama «fluir», que es cuando estamos inmersos en algo lo suficiente como para olvidar el paso del tiempo. Nunca nos aburrimos ni nos agobiamos porque los buenos juegos mantienen un equilibrio perfecto de difícil pero no demasiado difícil; fácil pero nunca demasiado fácil. Y, a medida que mejoramos, los juegos aumentan la dificultad. Siempre estamos ampliando nuestras capacidades, lo suficiente para mantenernos enganchados. McGonigal explica:

La investigación de Csikszentmihályi demostró que el fluir se producía de forma más fiable y eficaz mediante la combinación específica de objetivos elegidos por uno mismo, obstáculos optimizados personalmente y retroalimentación continua que conforman la estructura esencial del juego. «Los juegos son una fuente obvia de flujo», escribió, «y el juego es la experiencia de fluir por excelencia».

Joe Simpson tenía muchos desafíos: una pierna rota, falta de comida y poca agua. La montaña también ofrecía cosas nuevas: una grieta, nieve y rocas. Simpson se enfrentaba continuamente a nuevos «niveles», lo que añadía emoción a su juego.

Piensa en tu primer día de trabajo. Seguro que no fue aburrido. Había mucho que aprender, muchas cosas nuevas y diferentes que dominar. Tal vez era un poco abrumador, pero era novedoso y desafiante. Seis meses después, asumo que la situación cambió. Actualmente, es como jugar el mismo nivel de un juego diez horas al día, cinco días a la semana durante años. Eso no es un juego divertido.

Tu oficina quiere que seas bueno en tu trabajo, y eso es lógico, pero es como un juego en el que eres demasiado bueno. Es aburrido. Los buenos juegos tienen esa tasa de fracaso del 80 % para inspirarte a seguir intentándolo, pero a la oficina no le gusta el fracaso. Cero fracasos significa cero diversión. Y hay tantos trabajos que no ofrecen ningún reto. ¿Cómo puede ser esto atractivo?

La buena noticia es que esto está en parte en nuestras manos. Las investigaciones demuestran que a menudo no hacemos lo que nos hace más felices; hacemos lo que es fácil. Por ejemplo, si no nos apetece salir con los amigos, podemos hacerlo nosotros mismos, y así nos divertimos. Creemos que queremos descansar, pero lo que realmente queremos es otro tipo de reto.

Ansiamos la facilidad, pero la estimulación es lo que realmente nos hace felices. Intentamos restar en el trabajo, hacer menos, irnos. Estos son signos de agotamiento. No hay que restar; hay que añadir retos novedosos para crear compromiso.

He aquí un ejemplo divertido del profesor de Duke Dan Ariely: Pillsbury empezó a fabricar una mezcla instantánea para pasteles en la década de 1940, pero no se vendió muy bien, lo que no tenía ningún sentido. La mezcla facilitaba las cosas. La empresa se dio cuenta entonces de que hacer un pastel no es simplemente un trabajo monótono. Los pasteles tienen un significado, muestran amor. Así que cuando Pillsbury hizo que la mezcla para pasteles fuera menos sencilla —tenías que añadir los huevos tú mismo—, las ventas se dispararon.

Por lo tanto, para que el trabajo sea divertido, hay que añadir retos. Para que algo tenga sentido, en última instancia tienes que dejar tu huella, estar comprometido. Si tu juego es ganable, si tienes el control, si te desafía —sin ser abrumador—, lo disfrutarás más.

OBJETIVOS

Ya sea Mario rescatando a la princesa o un soldado de Operaciones Especiales matando a todos sus enemigos en el último *Call of Duty*, los buenos juegos tienen muy claro lo que hay que hacer para ganar. Sirven para centrarte y guiar la toma de decisiones.

Joe Simpson se fijó un límite de tiempo de veinte minutos para llegar al siguiente objetivo. Esto era arbitrario, pero le daba un marco para evaluar el éxito o el fracaso de su juego. Volviendo a lo que dijo Tyler Cowen, esto convierte el «desorden» de la vida en una historia coherente.

En un entorno de oficina, hay objetivos definidos, pero ¿son tus objetivos? Cuando la empresa consigue lo que quiere, ¿tú siempre consigues lo que quieres? No mucho. No puedes conseguir lo que quieres hasta que te tomas el tiempo de decidir lo que quieres. Los objetivos pueden ser intimidantes. No queremos fracasar, así que a menudo no los fijamos. Pero si haces que tu juego sea ganable, establecer objetivos será menos aterrador. El fracaso está bien en un juego. Como descubrió Nicole Lazarro, el fracaso en un juego hace que las cosas sean más divertidas.

RETROALIMENTACIÓN

Si haces algo bien, un juego te recompensa con puntos o poderes. Si haces algo mal, te penalizan. Y ambas cosas suceden rápidamente. El escritor Aaron Dignan señala que siempre sabes dónde estás en un partido, cómo lo estás haciendo y qué hay que hacer para rendir más.

Las investigaciones demuestran que lo más motivador es el progreso en un trabajo significativo.

Trabajar en un call center puede ser un trabajo monótono. La gente te cuelga y es grosera, y tienes que seguir leyendo el mismo guion una y otra vez a pesar del rechazo. Pero Adam Grant (a quien conociste en el capítulo 2) encontró una forma sencilla de dinamizar a los trabajadores de un call center universitario. Trajo a un estudiante cuya beca había sido concedida gracias a sus esfuerzos. El estudiante les dijo lo mucho que significaba su trabajo y lo agradecido que estaba. Los trabajadores recibieron retroalimentación. Vieron que lo que hacían tenía sentido. ¿Y el resultado? La cantidad de dinero que aportaron con su trabajo después de la visita se quintuplicó.

El progreso que se ve no tiene por qué ser grande. Como descubrió la profesora de Harvard Teresa Amabile: «Nuestra investigación dentro de las empresas reveló que la mejor manera de motivar a la gente, día tras día, es facilitando el progreso, incluso las pequeñas victorias». De hecho, los datos muestran que las pequeñas victorias constantes son incluso mejores para producir felicidad que una gran victoria una vez en la vida: «La satisfacción vital es un 22 % más probable para quienes tienen un flujo constante de pequeños logros que para quienes solo expresan interés por los grandes».

Napoleón dijo una vez: «Un soldado luchará largo y tendido por un poco de cinta de color». La recompensa que ofrecen los juegos a menudo no es más que una simpática insignia o una simple felicitación, pero esas tonterías te hacen seguir jugando.

Celebrar esas «pequeñas victorias» es algo que todos los valientes supervivientes tienen en común. Y es una de las razones del éxito de Alcohólicos Anónimos. Mantenerse sobrio un día tras otro es una pequeña victoria. Y como demostró un artículo en *American Psychologist:* «Una vez que se ha logrado una pequeña victoria, se ponen en marcha fuerzas que favorecen otra pequeña victoria».

Los buenos juegos te mantienen en marcha al ofrecerte una retroalimentación frecuente e inmediata. Pero ¿qué pasa con tu trabajo? Tienes una revisión anual. Como Jane McGonigal informa en su libro, los estudios demuestran que muchos ejecutivos de alto nivel juegan en el computador durante su jornada laboral. ¿Por qué? «Para sentirse más productivos». Parce contradictorio, ¿no?

Así que necesitas una forma mejor de puntuar tu trabajo. Amabile recomienda tomarse un momento al final de cada día para preguntarse: «¿Qué puedo hacer para avanzar en el trabajo importante de mañana?». Esto te da un objetivo al que aspirar. Si te das una idea clara de cómo medirlo o alcanzarlo, como los veinte minutos de Joe Simpson, estarás en el camino de conseguir un sistema motivador.

Si tu objetivo es un aumento de sueldo o un ascenso, busca opiniones. Comunícate con tu jefe de forma constante y comprueba cómo lo estás haciendo. Como viste en el capítulo 2 con el trabajo de Jeffrey Pfeffer, besar el culo ayuda. Pero puedes ser sincero y ganar puntos con *El Jefe* preguntando regularmente cómo lo estás haciendo y cómo puedes hacerlo mejor. Si tú fueras el jefe y un empleado te dijera regularmente: «¿Cómo puedo hacerte la vida más fácil?», ¿cuál sería su reacción? Exactamente.

Convertir el trabajo en un juego es bastante sencillo; no hay que cambiar mucho lo que se hace, solo hay que cambiar la perspectiva. Pero ahí radica la razón por la que muchos no lo hacemos: parece un poco tonto.

Los juegos pueden parecer infantiles y triviales, pero cuando te tomas el tiempo de ver cuántos juegos se esconden ya secretamente en las cosas que haces con tanta pasión, el poder de esta perspectiva parece mucho menos inmaduro. ¿Caminas mucho más gracias a tu Fitbit? ¿Se convierte el *Fantasy Football* en un agradable trabajo a tiempo parcial para ti? Tuve un amigo que voló de vuelta de Japón a California en la dirección «equivocada» deliberadamente porque tenía que conseguir el estatus de pasajero frecuente Ejecutivo Platino y esta era la forma más rápida de hacerlo.

Los juegos se vuelven adictivos. Si conviertes tu trabajo en un juego, puedes encontrar el éxito y la felicidad al mismo tiempo en un bucle de retroalimentación positiva. Como dice McGonigal: «Está claro que es un juego que se gana, aunque se pierda». Puedes utilizar una perspectiva de juego para «subir de nivel» también en otros ámbitos de tu vida. Ser cónyuge, padre, amigo y vecino puede beneficiarse de GNOR, hacer lo que es ganable, ofrece nuevos retos y objetivos, y proporciona retroalimentación. Además, los juegos siempre son más divertidos cuando se juegan con otras personas.

Joe Simpson hizo lo imposible. Durante su periplo en el monte, se enfrentó a dificultades increíbles. Cuando se reunió con Simon, solo pesaba 45 kilos. Su pierna necesitó seis operaciones. Pero Joe volvió a escalar. Eso es valor.

Ya sea el optimismo, el sentido o un simple juego, la historia que te cuentas en tu cabeza es siempre la respuesta a la perseverancia. Sin embargo, antes de cerrar el caso de la valentía, tenemos que ver la otra cara de la moneda.

Como dijo una vez W. C. Fields: «Si al principio no tienes éxito, inténtalo, vuelve a intentarlo... y luego abandona. No sirve de nada ser un maldito tonto al respecto».

Ya hemos visto los beneficios de la valentía. Es hora de ver el lado positivo de la renuncia.

Spencer Glendon es un tipo impresionante. Fue becario Fulbright, se doctoró en economía en Harvard, ayudó a organizaciones benéficas en la zona sur de Chicago y actualmente es socio de uno de los mayores fondos de gestión monetaria de Massachusetts. Pero eso no es lo más impresionante de él.

Lo que es realmente alucinante es que mientras hacía estas cosas estaba casi siempre extremadamente enfermo. En el instituto, Spencer sufría de colitis ulcerosa crónica. Esto le provocó graves problemas hepáticos progresivos. Al final necesitó un trasplante, que consiguió gracias a un buen amigo. Pero los trasplantes de órganos implican un tratamiento inmunosupresor. Básicamente, no tiene sistema inmunológico. Los resfriados que a ti y a mí nos provocarían congestión nasal lo dejaban postrado en la cama durante una semana.

Cuando la mayoría de nosotros nos sentimos mal, seguimos adelante con café y fuerza de voluntad, pero para Spencer no era posible negociar con su cuerpo. Le fallaría y volvería a estar postrado en la cama. Suena horrible, ¿no? Pero esto es exactamente lo que hizo que Spencer fuera increíble.

Como le gusta decir, «he tenido lo que considero la suerte de tener molestias físicas casi toda mi vida».

Probablemente estás pensando lo mismo que yo: ¿Cómo?

Cuando estaba en el instituto y estaba gravemente enfermo, fue a ver a un terapeuta. Quería hacer las cosas que todos los jóvenes quieren hacer: ir a fiestas, tener citas, hacer deporte. A menudo no eran opciones realistas. Y eso le rompía el corazón.

Su terapeuta no podía mentirle. Spencer no podía vivir una vida como la de sus compañeros. Pero eso no significaba que tuviera que ser una vida miserable. El terapeuta le dijo que se concentrara en lograr una cosa al día. Si lograba hacer una sola cosa, podría sentirse bien consigo mismo. Su energía era limitada, pero si se concentraba en una sola cosa, podría hacer algo de lo que quería. Así que eso es lo que hizo.

A veces era simplemente hacer la cena. Si podía preparar la cena esa noche, habría logrado algo. Tuvo que dejar muchas actividades, pero aun así pudo lograr una cosa.

Hacía una cosa ese día, y otra al siguiente, y otra más. Actualmente, cuando está enfermo, sigue haciendo la cena. (Sorprendentemente, también se ha convertido en un gran cocinero).

Asumir su enfermedad le enseñó algo que casi todos pasamos por alto: todo lo que hacemos en la vida es una compensación. Elegir una cosa significa dejar de hacer otra. No había forma de que Spencer dijera «Quiero hacer esto» sin decir también «Y estoy dispuesto a renunciar a esto otro para hacerlo».

Fue una gran ironía que un doctor en economía recibiera una lección tan profundizada de lo que se conoce formalmente como «coste de oportunidad». Como dijo Henry David Thoreau: «El precio de cualquier cosa es la cantidad de vida que se intercambia por ella».

No nos gusta pensar en los límites, pero todos los tenemos. Mientras que la perseverancia a menudo tiene que ver con las historias, el abandono es a menudo una cuestión de límites: empujarlos, optimizarlos y, sobre todo, conocerlos. Spencer no podía negar o ignorar los suyos. Se vio obligado a reconocer las ventajas y desventajas y a centrar su poca energía en las cosas que importaban, y a dejar de hacer todo lo demás.

Muchas personas de éxito adoptan esta perspectiva. Un estudio sobre los deportistas olímpicos citó a un atleta diciendo: «Todo es oportunidad/coste. Si salgo a ver una película en lugar de ir de excursión como mi actividad de ocio, ¿cuál es el coste? Si voy al cine en lugar de ir de excursión, ¿eso ayuda o perjudica a mi forma de progresar? Tengo que juzgar eso».

«Abandonar» no tiene por qué ser lo contrario de «perseverar». Aquí es donde entra en juego el «abandono estratégico». Una vez que has encontrado algo que te apasiona, dejar las actividades de menor importancia puede ser una ventaja, porque te libera tiempo para hacer esa cosa número uno. Siempre que desees tener más tiempo, más dinero, etc., el abandono estratégico es la respuesta. Y si estás muy ocupado, puede ser la única respuesta.

Todos renunciamos, pero a menudo no tomamos una decisión explícita e intencionada de renunciar. Esperamos a que la graduación o mamá nos digan que lo dejemos o nos aburrimos. Tememos perder oportunidades, pero la ironía es que, al no dejar las cosas improductivas lo antes posible, estamos perdiendo la oportunidad de hacer más cosas importantes o de probar más cosas que podrían serlo.

Todos hemos dicho que deberíamos haber dejado ese trabajo o terminado esa relación antes. Si dejas las cosas que sabes que no te funcionan, liberas tiempo para cosas que sí lo hacen. Nos bombardean con historias de persistencia que conducen al éxito, pero no oímos tanto sobre los beneficios de abandonar. Nadie quiere ser el paracaidista que tiró de la cuerda demasiado tarde.

Dicen que el tiempo es dinero, pero se equivocan. Cuando los investigadores Gal Zauberman y John Lynch pidieron a la gente que pensara en cuánto tiempo y cuánto dinero tendrían en el futuro, los resultados no coincidían. Somos siempre conservadores a la hora de predecir cuánto dinero extra tendremos en nuestras carteras, pero cuando se trata de tiempo, siempre pensamos que habrá más mañana. O la semana que viene. O el año que viene.

Esa es una de las razones por las que todos nos sentimos tan apurados, tan cansados y como si no hiciéramos lo suficiente o no avanzáramos lo suficiente. Todos tenemos solo veinticuatro horas al día. Todos los días. Si usamos una hora para esto, no la estamos usando para aquello. Pero actuamos como si no hubiera límites. Cuando elegimos una hora más en el trabajo, estamos, de hecho, eligiendo una hora menos con nuestros hijos. No podemos hacerlo todo y hacerlo bien. Y no habrá más tiempo después. El tiempo no es igual al dinero, porque podemos conseguir más dinero, pero no más tiempo.

Escuchamos una historia tras otra de los grandes y poderosos que persistieron y ganaron. No se cuentan demasiadas historias sobre los grandes renunciantes de la historia. Si la persistencia funciona tan bien, ¿las personas de éxito en el mundo real renuncian alguna vez?

Mihály Csikszentmihályi estaba elaborando un estudio sobre algunas de las personas de éxito más creativas que existen: 275 ganadores del Premio Nobel, ganadores del National Book Award y otras personas claramente en la cima de sus campos. Se trataba de un importante estudio realizado por un investigador de renombre al que se le daría mucha publicidad. El mero hecho de ser invitado era increíblemente halagador. ¿Y qué pasó?

Más de un tercio dijo que no. Muchos más ni siquiera contestaron. Tenían su propio trabajo que hacer. Csikszentmihályi invitó a Peter Drucker y recibió esta respuesta:

Espero que no piense que soy presuntuoso o maleducado si le digo que uno de los secretos de la productividad... es tener una papelera muy grande para encargarse de todas las invitaciones como la suya.

Probablemente, Csikszentmihályi debería haberlo visto venir. La razón por la que se invitó a Drucker a participar en el estudio fue porque era un experto de renombre mundial en ser eficaz y lograr hacer cosas. Drucker pensaba que el tiempo era el recurso más preciado. Y lo primero que recomendaba a la gente no era una mejor organización, sino deshacerse de todo lo que no sumaba a la hora de alcanzar sus objetivos.

En el libro *El Ejecutivo eficaz,* Drucker explica: «El directivo que quiere ser eficaz y que quiere que su organización sea eficaz controla todos los programas, todas las actividades, todas las tareas. Siempre se pregunta: "¿Sigue mereciendo la pena hacer esto?" Y si la respuesta es no, se deshace de ello para poder concentrarse en las pocas tareas que, si se hacen con excelencia, marcarán realmente la diferencia en los resultados de su propio trabajo y en el rendimiento de su organización».

Jim Collins, autor de *Good to Great* (De bueno a excelente), hizo un estudio exhaustivo de las empresas que se transformaron y pasaron de ser fracasos a grandes éxitos. Lo que encontró fue que la mayoría de los grandes cambios que hicieron no tenían que ver con nuevas iniciativas, sino con las malas prácticas que debían dejar de hacer.

Cuando oímos hablar de las diez mil horas de práctica deliberada que realizan los expertos para llegar a ser grandes, la cifra parece exagerada. Pero todo empieza a encajar cuando nos damos cuenta de cuántas otras actividades descartan las personas de éxito para tener más tiempo de mejorar. No es de extrañar que las horas importen.

El mero hecho de saber cuántas horas ha pasado un estudiante estudiando en la universidad predice la cantidad de dinero que ganará más adelante en la vida. No es una gran sorpresa, pero podría haber estado de fiesta, podría haber hecho actividades extracurriculares. Hizo una elección, consciente o no.

Una vez que entras en el mundo laboral, no es tan diferente. Como seguro que has sospechado, las personas de éxito trabajan muchas horas. Cuando el profesor de Harvard John Kotter estudió a los principales líderes empresariales, descubrió que trabajaban una media de sesenta a sesenta y cinco horas a la semana.

Si practicas algo una hora al día, son 27,4 años para alcanzar la marca de diez mil horas de experiencia. Pero ¿qué pasa si dejas algunas cosas menos importantes y lo haces cuatro horas al día? Ahora son 6,8 años. Esa es la diferencia entre empezar a hacer algo a los veinte años y ser un experto a los cuarenta y siete y empezar a los veinte y ser un experto mundial a los veintisiete. El famoso investigador Walter Mischel atribuye su éxito a una palabra en yiddish que le enseñó su abuela: *sitzfleisch*. Significa «posadera». El significado de esta palabra sería: «Pon tu trasero en esa silla y trabaja en lo que es importante».

¿Cuál es el primer paso? Conocer tu prioridad número uno. Después, empieza a dejar las cosas que no son tan importantes y observa lo que pasa. Aprenderás muy rápido si algo es realmente más importante de lo que pensabas.

En la actualidad, Spencer se siente muy bien. Su cuerpo lo trata mucho mejor, pero su actitud hacia su tiempo no ha cambiado. Oportunidad/

coste. Ventajas y desventajas. Hace lo que es importante. (Francamente, me siento halagado por haber pasado el corte, porque si no, no estarías leyendo sobre él).

¿Por qué nos apresuramos a dejar algunas cosas? Nos machacamos diciendo que somos perezosos o débiles, y quizá sea cierto, pero a menudo no lo es. Todo el mundo no puede ser una supermodelo o jugar en la NBA. Muchas de las cosas que deseamos son simplemente inalcanzables. Las investigaciones demuestran que cuando decidimos dejar de perseguir objetivos inalcanzables, somos más felices, estamos menos estresados y enfermamos con menos frecuencia. ¿Qué personas son las más estresadas? Las que no renuncian a lo que no funciona.

El valor no puede existir sin la renuncia. Spencer explicó el lado negativo de la perseverancia: «Conozco a muchas personas para las que la perseverancia es un lastre porque les permite seguir con algo que les hace sentir miserables a ellos o a los demás y sin ningún objetivo claro a largo plazo. La alternativa es lo que más te gustaría hacer, lo que te daría más alegría y podría dar más alegría a otras personas o ser más productivo».

Siempre pensamos que necesitamos más: más ayuda, más motivación, más energía. Pero en nuestro mundo actual la respuesta suele ser exactamente la contraria: necesitamos menos. Menos distracciones, menos objetivos, menos responsabilidades. ¿Es para poder ver más televisión? No. Necesitamos menos actividades para poder centrarnos en nuestras prioridades. La pregunta es: ¿qué vas a hacer menos? ¿A qué vas a renunciar o a qué vas a decir que no para tener tiempo para lo que más importa?

Imagina que eres Spencer en su punto más bajo. ¿Qué harías si estuvieras enfermo y solo pudieras realizar una tarea al día? Felicidades. Ahora sabes qué es lo que más te importa, a qué debes dedicar más horas, qué debe hacerse primero. Sabes dónde debes ponerle empeño y, del mismo modo, a qué debes renunciar. Como dice el viejo refrán: «Puedes hacer cualquier cosa cuando dejas de intentar hacerlo todo».

Te preguntarás: «Pero si sigo abandonando cosas, ¿no me convertiré en un completo bicho raro?». En realidad, ser un bicho raro es otro poderoso secreto del éxito.

Creciendo en Topeka, Kansas, Matt Polly era el clásico alfeñique de 44 kilos, el típico saco de boxeo de patio de colegio. Él soñaba con convertirse en el hombre más rudo del mundo. Un superhéroe.

Un tipo duro. Para la mayoría de los niños, este sueño se queda solo en eso, un sueño. Pero Matt no lo olvidó.

Así que a los diecinueve años hizo una locura total: decidió abandonar Princeton y se trasladó a China para encontrar el Templo Shaolin y dominar el kung-fu.

Sus padres estaban furiosos. Se suponía que iba a estudiar medicina, no a ser Chuck Norris. Era una locura… pero sabía que podía volver a la escuela. Sabía que sus padres le darían la razón. No estaba casado, con un hijo y una hipoteca. Podía dar una oportunidad a esta idea loca y ver qué pasaba.

Era 1992, antes de Internet, antes de Google Maps y de las reseñas de Yelp sobre monasterios de kung-fu. Había estudiado mandarín en la escuela, pero la mayor parte de lo que sabía sobre la cultura asiática procedía del grupo musical Wu-Tang Clan. Ni siquiera sabía dónde estaba el Templo Shaolin. Pero ¿por qué no intentarlo? Lo averiguaría, ¿no? Y así fue como un chico blanco de diecinueve años y dos metros de altura terminó vagando por la plaza de Tiananmen en el frío, con un mapa al revés y preguntando a la gente cómo encontrar el Templo Shaolin.

Finalmente, lo encontró. Los que dirigían el templo parecían más vendedores de coches usados que maestros zen, pero por 1.300 dólares al mes, estaban dispuestos a dejar que un tipo loco de Kansas se entrenara con los monjes.

El choque cultural fue enorme. Un chico estadounidense de clase media-alta, que gozaba de todos los privilegios, vivía ahora en un pueblo con una sola línea telefónica donde la gente se acostaba con hambre por la noche. Era un forastero mimado, un *laowai*. Pero sabía que si realmente quería aprender, si quería convertirse en el hombre más rudo del mundo, tendría que ser aceptado como uno de ellos. ¿Pero cómo?

Tendría que «comer amargo», jerga china para «sufrir». Los monjes entrenaban kung-fu cinco horas al día. Así que él hacía siete. Cada noche se acostaba agotado y se despertaba dolorido. Tenía moretones en lugares que nunca imaginó que se podían tener. Esto no eran vacaciones. Pero los monjes notaron su severo trabajo, y su kung-fu mejoró a pasos y brincos agigantados.

Les dijo a sus padres que estaría fuera solo un año. Pero pasó un año y aún no era un tipo rudo, así que se quedó. Y sus padres dejaron de darle dinero. Pero él siguió entrenando.

Lesiones. Disentería. Ser golpeado en la cabeza una y otra vez. Finalmente, su entrenador lo llevó a un lado para hablar. El Festival Internacional de Shaolin Wushu de Zhengzhou se acercaba. Artistas marciales de todo el mundo competirían, y él quería que Matt representara al Templo Shaolin. Él. El saco de boxeo del patio de la escuela. El *laowai* loco que no podía vivir sin su preciada Coca-Cola. Matt no creía que aguantaría un solo asalto con luchadores clasificados que habían pasado la mayor parte de una década entrenando, pero su entrenador creía en él. Así que aceptó.

Los ocho meses siguientes pasaron en un abrir y cerrar de ojos. Entró nerviosamente en un estadio de diez mil personas, pero ganó sin problemas su primer combate. El occidental de 68 kilos venció a un luchador coreano, dándole una patada en la cabeza que triunfó entre el público.

Pero ese fue el primer combate. Esto era un torneo. Tenía varios combates en un día, y su siguiente combate era contra el actual campeón del festival. Matt y un amigo fueron a ver el primer combate del campeón.

Sus mandíbulas se abrieron simultáneamente cuando el campeón aplastó la nariz de su oponente con un rodillazo en la cara, ganando por knockout. El luchador ruso fue trasladado en camilla.

El amigo de Matt se volvió hacia él: «No te preocupes. No te sacarán en camilla».

«¿No?».

«Eres demasiado alto para las camillas chinas. Te dejarán en la tribuna».

Matt se puso pálido con el mismo miedo del patio de recreo. Corrió al baño, temblando. ¿En qué se había metido? No había ninguna posibilidad de vencer a este monstruo. Tal vez no sería el hombre más rudo del mundo.

Pero quizás eso también estaba bien. Era un experimento loco. Si pudiera llegar hasta el final con el campeón, valdría la pena. Solo necesitaba no morir.

Lo que podría no ser fácil teniendo en cuenta que al salir a su combate, el público gritaba «¡*Da si laowai!*» (¡Golpea al extranjero hasta la muerte!).

Segundos después, se encontraba en un mundo de dolor. Le estaban machacando. Pero no se rindió. Había venido aquí para encontrar su valor y, como Rocky, su único objetivo era llegar hasta el final… y no necesitar esa camilla extra larga.

Matt perdió todos los asaltos. Perdió la pelea. Pero seguía en pie al final del combate. Y su sonrisa era el doble de grande que la del campeón cuando ganó la medalla de plata.

Luego, al igual que con Princeton, lo dejó.

Había perdido la gran pelea, pero había ganado la batalla consigo mismo. Matt se dio cuenta de que nunca sería el hombre más rudo del mundo. Siempre habría alguien más duro. Pero había intentado algo realmente excepcional, había encontrado su valor y había logrado su objetivo. Era el momento de volver a casa. Como había pensado, sus padres lo perdonaron. Y no mucho después, con el diploma de Princeton en la mano, se dirigió a Oxford para ser un becario de Rhodes.

Así que este pequeño desvío salvaje, ¿había sido solo una locura juvenil? No. Acabó cambiando su vida. Años después, Matt escribió un libro. *American Shaolin* tuvo críticas muy favorables. Salió en NPR (radio nacional de Estados Unidos). Un estudio cinematográfico adquirió los derechos y consiguió que Jackie Chan se interesara por él. Su experimento terminó lanzando su carrera como escritor.

Los salones sagrados de Princeton y Oxford no moldearon su futuro. Una locura que hizo a los diecinueve años lo hizo. Así que tal vez no era tan loco después de todo.

Algunos dirán: «Que Matt Polly se convierta en un autor de éxito después de eso fue pura suerte». Pero la cosa es así: la suerte tiene su ciencia.

Richard Wiseman, profesor de la Universidad de Hertfordshire, realizó un estudio sobre personas con y sin suerte para ver si se trataba de una simple casualidad, de magia misteriosa... o si había diferencias reales que provocaban resultados tan distintos en la vida. Resulta que la suerte no es solo casualidad o se debe a lo paranormal. Tiene mucho que ver con las elecciones que hace la gente.

Estudiando más de mil sujetos, Wiseman encontró que las personas con suerte maximizan las oportunidades. El estudio demostró que están más abiertas a nuevas experiencias, son más extrovertidos y menos neuróticos. Escuchan sus corazonadas. Sobre todo, dice Wiseman, la gente con suerte se limita a probar cosas. Tiene un sentido intuitivo: si te encierras en tu casa, ¿cuántas cosas emocionantes, nuevas y geniales te van a ocurrir? No muchas.

¿Es un don genético? Difícilmente. Después de ver que la suerte dependía en gran medida de las elecciones, Wiseman intentó otro experimento: La Escuela de la Suerte. Si conseguía que la gente con mala suerte se comportara más como la gente con suerte, ¿obtendrían los mismos resultados? Ocurrió que sí. Después, el 80 % de los graduados de la Escuela de la Suerte sentían que su suerte había aumentado. Y no solo tuvieron más suerte, sino que también fueron más felices.

¿Intentar todas estas cosas no significa que también le ocurran más cosas malas a la gente con suerte? Seguro que sí. Pero el viejo dicho es cierto: «Uno se arrepiente más de las cosas que no hizo». Thomas Gilovich, de la Universidad de Cornell, descubrió que las personas tienen el doble de probabilidades de arrepentirse de no haber actuado. ¿Por qué? Racionalizamos nuestros fracasos, pero no podemos racionalizar las cosas que nunca intentamos. A medida que envejecemos también tendemos a recordar las cosas buenas y a olvidar las malas. Así que el simple hecho de hacer más cosas se traduce en una mayor felicidad cuando seamos mayores (y en historias más divertidas para los nietos).

Las personas afortunadas no se quedan en el fracaso; ven el lado bueno de lo malo y suelen aprender de ello. Tienen un estilo explicativo optimista muy parecido al de los equipos de béisbol de mentalidad positiva. Muchas investigaciones lo confirman. Un estudio ingeniosamente titulado «¡Cruza los dedos!» demostró que «activar las supersticiones relacionadas con la buena suerte a través de un dicho o acción común (por ejemplo, mantener los dedos cruzados), o un amuleto de la suerte, mejora el rendimiento posterior en el golf, la destreza motriz, la memoria y los juegos de anagrama». Pero no se debe a la magia. Estas acciones dan confianza a la gente, lo que les ayuda a rendir más. (Este optimismo también hace que las personas con suerte sean más valientes y estén más dispuestas a seguir intentando cosas nuevas, lo que con el tiempo significa que les ocurren aún más cosas buenas. Siempre que lo que hagan no sea demasiado arriesgado y racionalicen las cosas malas ocasionales, es una espiral ascendente. Eventualmente tienen éxito).

Así que sigue probando cosas nuevas. Eso te hace más afortunado. Si haces lo que siempre has hecho, conseguirás lo que siempre has conseguido. Cuando no hay un camino claro hacia el éxito, ni un modelo relevante para lo que quieres conseguir, probar cosas locas puede ser la única manera de resolver el problema.

He aquí un ejemplo. Se llama el Problema de los Espaguetis. Es un reto bastante sencillo: construir la estructura más alta que puedas que soporte un malvavisco. Tiene que ser independiente y tu equipo tiene dieciocho minutos para hacerlo. Tienes estas herramientas:

- 20 piezas de espaguetis secos
- 1 metro de cinta adhesiva
- 1 trozo de cuerda
- 1 malvavisco

Peter Skillman (que tiene el impresionante título de Director General de Smart Things en Microsoft) lo diseñó como un ejercicio de creatividad. Llevó a cabo el reto durante más de cinco años, poniendo a prueba a más de setecientas personas, incluyendo grupos de ingenieros, directivos y estudiantes de MBA. ¿Sabes quiénes superaron a todos? Los niños de jardín de infancia. Sí, los niños de seis años ganaron a todos. (De hecho, los estudiantes de MBA fueron el grupo de menor rendimiento). ¿Los niños planificaron más? No. ¿Tenían algún conocimiento especial sobre la comida italiana o la consistencia de los malvaviscos? No. ¿Cuál era su secreto? Simplemente se lanzaron. Como los afortunados de Wiseman: simplemente probaron más cosas. Empezaron a fracasar inmediatamente —y a aprender rápidamente—.

Este era el sistema de los niños: ensayo y error, prototipo y prueba, prototipo y prueba... hasta que se acababa el tiempo. Cuando no hay un camino establecido, este sistema gana. Es un viejo mantra de Silicon Valley: fallar rápido y fallar barato. Las investigaciones demuestran que este método de probar muchos pequeños experimentos para ver qué es lo que mejor funciona también para las personas de más de un metro de altura. Como nosotros.

Entonces, ¿por qué no lo hacemos? En realidad, es muy sencillo. A menudo tenemos miedo al fracaso, pero ¿tener miedo al fracaso tiene realmente mucho sentido?

Para responder a esta pregunta, tenemos que ver algo más en lo que los niños del jardín de infancia piensan mucho: convertirse en Batman. Ahora bien, convertirse en Batman no es fácil, pero ya sabes lo que implicaría: sobre todo estudiar artes marciales sin descanso como hizo Matt. Una pregunta mucho más interesante, relacionada con el éxito, es: ¿cómo te mantienes como Batman? Esto nos dará la respuesta a por qué tenemos tanto miedo al fracaso.

El «Cruzado de la Capa» es uno de los superhéroes más cercanos. No posee ningún superpoder. Ser multimillonario y tener una colección de artilugios geniales ayuda, pero no cambia el único problema primordial de seguir siendo Batman: nunca puede perder una pelea. Mientras que un boxeador profesional con un récord de treinta victorias y una derrota es extremadamente impresionante, para el Caballero Oscuro significa la muerte. Los villanos de ciudad Gótica no permiten que los árbitros detengan los combates. Así que ser Batman significa no perder nunca. Nunca. No puedes permitirte el lujo de fallar. Así que si hicieras todo lo necesario para convertirte en el Caballero Oscuro, ¿cuánto tiempo podrías mantener ese récord perfecto? Por suerte, podemos recurrir a la investigación. Sí, esto ha sido estudiado. (Dios, me encanta la ciencia).

E. Paul Zehr, profesor de la Universidad de Victoria, se fijó en atletas comparables para hacerse una idea aproximada. Estudió los récords de los mejores boxeadores, luchadores de MMA y corredores de la NFL. ¿Cuánto tiempo podían permanecer invictos y sin una lesión que los paralizara? ¿Cuánto tiempo podrían permanecer como Batman?

Tres años. Sí, eso es.

Esperemos que el elemento criminal de ciudad Gótica esté formado por más transeúntes imprudentes y menos cerebros del mal, porque después de su década de entrenamiento, no va a tener mucho tiempo para limpiar la ciudad.

Por suerte, no estás tratando de ser Batman. Pero demasiado a menudo actuamos como si lo fuéramos. Creemos que siempre tenemos que ser perfectos. Un fallo y se acabó. Pero tú no eres Batman. Puedes fallar y renunciar y aprender. De hecho, esa es la única manera de aprender.

Los cómicos lo saben. Por eso la mayor amenaza para su éxito en estos días está en tu bolsillo ahora mismo. Es tu *smartphone*.

De hecho, Dave Chappelle prohíbe los teléfonos en sus actuaciones. Te lo explico a continuación.

A Chris Rock no se le ocurren esos increíbles chistes sobre la marcha. Su especial de HBO no es una hora de improvisación. Es más bien un año entero de experimentos. En el libro *Little Bets*, el excapitalista de riesgo convertido en escritor Peter Sims explica el proceso del cómico. Rock va a un club de comedia local, sin avisar, con un bloc de notas amarillo, y se limita a probar cosas. Luego anota las reacciones. La inmensa mayoría de los chistes fracasan estrepitosamente, obteniendo solo gemidos y silencio. Entonces toma notas en su cuaderno y prueba más cosas. Unas pocas cosas funcionan. El público ruge. Él toma nota y sigue adelante.

El público cree que es él fracasando, pero no es así. Es él ensayando. Probando cosas. Manteniendo lo que funciona, dejando lo que no funciona. Después de seis meses o un año de hacer esto cinco noches a la semana, puedes ver el brillante especial de una hora de duración que es un no parar de reír. En una entrevista, Rock dijo: «Hay unos pocos tipos lo suficientemente buenos como para escribir un acto perfecto y subir al escenario, pero todos los demás lo trabajan y lo trabajan, y puede ser muy complicado… si crees que no tienes espacio para cometer errores, eso te llevará a un *stand-up* más convincente y de calidad».

Por eso, cuando el público saca sus celulares y graba estos experimentos, los cómicos se ven perjudicados. Y los fans que ven esos vídeos en YouTube se ven perjudicados, porque no son actuaciones, sino pruebas. Los cómicos necesitan ver lo que falla para poder cortarlo. Necesitan saber a qué «renunciar». Cuando los comediantes no pueden fallar, no pueden tener éxito. Aquí está Chris Rock de nuevo: «Los comediantes necesitamos un lugar donde podamos trabajar en esas cosas… Ningún cómico ha hecho nunca un chiste que fracase todo el tiempo y siga haciéndolo. Nadie en la historia del *stand-up*. Ni un solo tipo».

A veces Chris Rock se equivoca en el buen sentido. Algunos chistes que cree que van a fracasar inexplicablemente provocan grandes carcajadas. En realidad, confía más en el juicio del público que en el suyo. También hay muchos precedentes de esto. La Viagra comenzó como un tratamiento para la angina de pecho.

Entonces, los creadores del fármaco se dieron cuenta de un interesante efecto secundario.

Peter Sims dice: «La mayoría de los empresarios de éxito no comienzan con ideas brillantes: las descubren... Hacen cosas para descubrir lo que deben hacer».

¿Qué pasa si fracasas en algo? No morirás como Batman, así que no debes actuar como si fueras Batman. Intenta ser más como un comediante o un niño de jardín de infancia. Prueba cosas. Renuncia a lo que falla. Luego, aplica perseverancia.

La investigación coincide con lo que ya saben los comediantes y los niños. Steven Johnson señala que los estudios históricos de los registros de patentes revelan que «la gran cantidad acaba por conducir a la calidad». Probar más cosas. Como el viejo dicho «Cuanto más trabajo, más suerte tengo».

¿A qué conduce todo esto? A combinar el abandono estratégico con tu propio departamento de I+D (investigación y desarrollo).

Ok, probablemente estés enfadado conmigo ahora mismo y pensarás: Primero me hablaste de oportunidad/coste y de dejar cosas para liberar tiempo y centrarme en lo único que importa. Ahora me dices que haga muchas cosas diferentes. ¿Qué sucede?

La respuesta es sencilla: Si aún no sabes a qué dedicarte, tienes que probar muchas cosas —sabiendo que abandonarás la mayoría de ellas— para encontrar la respuesta. Una vez que descubras tu enfoque, dedica entre el 5 y el 10 por ciento de tu tiempo a pequeños experimentos para asegurarte de que sigues aprendiendo y creciendo.

Esto te ofrece lo mejor de ambos mundos. Utiliza la prueba y la renuncia como una estrategia deliberada para descubrir qué merece la pena no abandonar. No estás siendo un completo bicho raro, sino alguien que tantea estratégicamente el terreno.

Las cosas a las que deberías renunciar por oportunidad/coste, a la manera de Spencer, son las que haces cada día o cada semana y que no producen ningún valor. De lo que estamos hablando aquí es de experimentos de duración limitada. Dar una oportunidad a algo. Tomar una clase de yoga, pero no inscribirse en una membresía de un año todavía. Esto es lo que estimula nuevas oportunidades y crea buena suerte. Como dijo Ralph Waldo Emerson: «Toda la vida es un experimento. Cuantos más experimentos hagas, mejor». En otras palabras: fracasa rápido, fracasa barato.

Paradójicamente, incluso la investigadora más destacada en el campo de la perseverancia, Angela Duckworth, está de acuerdo con esto. En su artículo «Grit: Perseverance and Passion for Long-Term Goals» (Valor: perseverancia y pasión por los objetivos a largo plazo), dice: «Un fuerte deseo de novedad y un bajo umbral de frustración pueden ser mecanismos adaptativos en las primeras etapas de la vida: salir de un callejón sin salida es esencial para descubrir caminos más prometedores».

Dedica ese 5 o 10 % de tu tiempo a tratar el dinero como lo hace una empresa de capital riesgo. Las empresas de capital riesgo invierten en cosas que tienen una probabilidad de éxito comparativamente baja pero que, si tienen éxito, podrían convertirse en algo muy, muy grande. Invierten en diez empresas y esperan que siete quiebren, dos se equilibren y una sea el próximo Google o Facebook.

¿Funciona esto para gente como nosotros en el mundo real? Sí. Por ejemplo, cambiar de trabajo, especialmente al principio de tu carrera, puede ser un camino para conseguir más dinero, tu verdadera vocación y un codiciado título de director general. El economista Henry Siu dijo: «Las personas que cambian de trabajo con más frecuencia al principio de su carrera tienden a tener salarios e ingresos más altos en sus primeros años de trabajo. El cambio de trabajo está realmente correlacionado con unos ingresos más altos, porque la gente ha encontrado algo mejor: su verdadera vocación».

Y cambiar de rol es mucho más probable que te lleve a un puesto de liderazgo:

Lazear analizó el número de puestos de trabajo anteriores de 5.000 consultados en una encuesta realizada en 1997 a 12.500 antiguos alumnos del GSB. Entre los que tenían al menos quince años de experiencia laboral, los encuestados que habían desempeñado dos o menos funciones solo tenían un 2 % de posibilidades de llegar a ser un líder de nivel C, mientras que los que habían ocupado al menos cinco puestos tenían un 18 % de posibilidades de llegar a la cima.

¿Qué tal si haces más cosas fuera de tu carrera, como el viaje de Matt a China? Resulta que probar cosas fuera de tu campo de experiencia está correlacionado con grandes logros. Un científico promedio tiene tantas probabilidades de tener una afición como el resto de la población. Sin embargo, los científicos eminentes (miembros de la Real Sociedad o de la Academia Nacional de Ciencias) tienen casi el doble de probabilidades de tener una. ¿Los científicos ganadores del Premio Nobel? Casi tres veces más. Steven Johnson descubrió que lo mismo ocurre con los genios del pasado, como Benjamin Franklin y Charles Darwin. Estos hombres tenían muchas aficiones. Enfrentarse a diferentes retos en distintos contextos les permitió ver las cosas de forma diferente, cuestionar los supuestos y lograr avances. Conseguir que muchas ideas diferentes choquen entre sí resulta ser una de las claves de la creatividad.

Lo mismo ocurre con las empresas de éxito. No se limitan a probar cosas nuevas; a menudo se reinventan por completo cuando sus pequeñas apuestas dan fruto. YouTube comenzó como un sitio de citas, entre otras cosas. eBay se centró originalmente en la venta de dispensadores PEZ. Google comenzó como un proyecto para organizar las búsquedas de libros en las bibliotecas.

Así que no tengas miedo de hacer algunos experimentos y abandonar los que no funcionan. Puede conducir a grandes logros. Hay que dejar algunas cosas para descubrir en qué hay que ser valiente. Y tienes que probar cosas sabiendo que puedes algunas para abrirte a la suerte y a las oportunidades que pueden hacerte triunfar.

Matt sigue probando experimentos locos, por no decir otra cosa. Hace unos años, la familia de su entonces novia le preguntó, como antiguo estudiante de kung-fu Shaolin, cómo le iría en la UFC. Ahora, con más de 30 años y casi 45 kilos más de peso que en China, no creía que le fuera a ir tan bien.

Pero necesitaba una idea para su próximo libro. Y siempre tenía ganas de probar algo nuevo. Y, por otra parte, los chicos hacen mucho por impresionar a una chica. Así que, por decirlo de alguna manera, el viejo pistolero volvió a ponerse las espuelas. Matt pasó los dos años siguientes entrenando con los campeones de la UFC en Nueva York y Las Vegas. Por supuesto, no fue fácil. Más golpes en la cabeza, más «comer amargo». Le llevó tiempo recuperar estas habilidades. (Su entrenador le multaba con 20 dólares cada vez que soltaba las manos en los entrenamientos, dejando la cara al descubierto. Después de seis meses, Matt le debía 580 dólares).

Y en 2011, a la edad de treinta y ocho años, disputó su primer combate de MMA ante trescientos espectadores. Su oponente era dieciséis años más joven que él. En el segundo asalto, una de sus lentes de contacto se rompió. Luchó medio ciego. Pero no era el momento de rendirse, sino de ser valiente. Matt siguió golpeando.

Cuando llegó el momento del tercer asalto, el árbitro negó con la cabeza. TKO (*knockout* técnico). Su oponente no pudo continuar. Matt ganó.

Y escribió un libro sobre ello. Y se casó con su novia. (Tuvo que retrasar la boda un año porque necesitaba mucho más entrenamiento del que había pensado, pero al igual que sus padres, ella le perdonó). Todos tenemos curiosidad por ver cuál será el próximo experimento de Matt. ¿Luchar contra osos polares a los sesenta años? ¿Quién sabe?

Dedicar el 5 % de tu tiempo a probar cosas nuevas, sabiendo que abandonarás la mayoría de ellas, puede dar lugar a grandes oportunidades. (Y no todas tienen por qué implicar conmociones cerebrales).

Ahora ya sabes que hay buenos momentos para perseverar y buenos momentos para abandonar. Ambos pueden conducir al éxito. Lo difícil es saber distinguirlos. ¿Cómo saber cuándo hay que abandonar algo? «¿Debo quedarme o debo irme?», como dice la canción. Veamos esto a continuación. Empezaremos por obtener la respuesta a una pregunta a la que todos nos hemos enfrentado: ¿Cuándo es el momento perfecto para dejar de tener citas y casarse? Sí, la ciencia tiene una respuesta.

De nuevo, nos enfrentamos a la cuestión de los límites. Con las citas, sabes que tienes que dejarlo en algún momento, pero ¿cuándo? Algunos dirían: «Cuando conozca a la persona adecuada». Pero ¿cómo sabes que la siguiente persona no será aún mejor? ¿La respuesta más realista es «Cuando conozca a una persona bastante buena y me canse de esta mierda»?

Lo fascinante es que los matemáticos han resuelto este problema. Existe una fórmula sencilla que da una respuesta exacta sobre el número de citas que hay que tener y cómo elegir a la persona adecuada. Es lo que los matemáticos llaman un «problema de interrupción óptima».

¿Con cuántas personas hay que salir para encontrar la pareja perfecta? Matt Parker explica en su libro *Things to Make and Do in the Fourth Dimension* (Cosas para hacer en la cuarta dimensión). En primer lugar, calcula el número de personas con las que podrías salir. Una suposición aproximada será suficiente. Obviamente, tienes que dormir, probablemente no tendrás una cita cada noche y te gustaría casarte antes de los 112 años, así que el número no es tan grande como podrías pensar. Para simplificar, diremos que es 100.

Necesitamos la raíz cuadrada de ese número. (Sí, la aplicación de calculadora de tu *smartphone* puede ayudarte a encontrar el verdadero amor). En nuestro ejemplo, es 10.

Ahora sal a citas con 10 personas y diles amablemente «No, gracias», pero asegúrate de anotar quién fue la mejor del grupo. Sigue teniendo citas hasta que encuentres a alguien que te guste más que esa persona. Matemáticamente hablando, esta persona es tu pareja. (No, no estás obligado a invitarme a la boda, pero has sido muy amable al preguntar). ¿Qué tan preciso es esto? Bastante exacto. Parker dice que con 100 parejas potenciales, tiene un 90 % de probabilidades de darte el mejor del grupo. Fascinante, ¿verdad? Pero seamos sinceros: no vas a hacer esto. Es lo menos romántico que se puede hacer. Al final, te guiarás por tu intuición. Así son los humanos.

Mucha gente se aferra a la idea de las «almas gemelas»: esa persona ideal para ti que será amable y perfecta, atenta e indulgente, que te colmará de bondades y regalos y que nunca se olvidará de sacar la basura. Pero si las almas gemelas existen, ¿cuál es la probabilidad de que conozcas a la tuya? Randall Munroe, creador del webcomic XKCD y antiguo robotista de la NASA, ha hecho números. No son muy buenos. Tu oportunidad de encontrarte con esa persona perfecta ocurriría en «una de cada diez mil vidas».

Ay. Lo sé, es triste. Pero en realidad es una información muy útil, porque un estudio de Andrea Lockhart muestra que las personas que esperan una relación de cuento de hadas experimentan mucha más decepción que las que no lo hacen.

¿Cuál es el problema? Estamos soñando, pero no estamos teniendo en cuenta la realidad. No estamos pensando en los obstáculos que nos presenta la vida para poder armar un plan sólido para encontrar y permanecer con esa persona especial. Cuando crees que tú y tu pareja estáis «hechos el uno para el otro», es fácil asumir que no hay que trabajar en la relación. Y en una época en la que el divorcio es fácil y las alternativas son abundantes, no es de extrañar que el divorcio —el equivalente en las relaciones a la renuncia—, sea tan común. No dirías: «He conseguido el trabajo de mis sueños. Vaya, ahora puedo dejar de trabajar», pero la gente suele hacer algo parecido con las relaciones porque está «destinado a ser». Hasta que resulta que no lo estaba.

¿Cuál es la respuesta? Es útil mirar el extremo opuesto: los matrimonios concertados. Un momento. No te estoy diciendo que te cases con un extraño. Quédate conmigo un segundo. Al principio, los «matrimonios por amor» son más felices que los concertados, y obtienen una puntuación de 70 sobre 91 en una «escala de amor» académica, frente a 58 sobre 91. No es una sorpresa, ¿verdad? Pero después ocurre algo. Al cabo de una década, los matrimonios concertados obtienen una puntuación de 68 y los basados en el amor un escaso 40.

¿Qué ocurre? Mucho, ciertamente. Un factor clave es que en un matrimonio concertado hay que enfrentarse a la realidad un poco más desde el primer día. No dices «somos almas gemelas» y luego te decepcionas cuando el universo no te da la felicidad conyugal en bandeja de plata. Estás diciendo: «Estoy casado con un extraño y tengo que hacer que esto funcione». Así que, con el tiempo, a menudo lo haces. Y como cualquiera que haya estado casado puede decirte, va a costar trabajo.

Los sueños no son malos, pero necesitamos algo más para alcanzar el éxito en cualquier cosa, ya sean las relaciones o la carrera. Tenemos que afrontar los retos de la vida de frente y no seguir el camino del avestruz y esconder la cabeza en la arena. La investigación lo confirma, y mientras que los cuentos de hadas predicen problemas, ver el amor como un «viaje» es bastante saludable: «Puede ser romántico para los amantes pensar que están hechos el uno para el otro, pero resulta contraproducente cuando surgen conflictos y la realidad destruye la burbuja de la unión perfecta. En cambio, pensar en el amor como un viaje, que a menudo implica giros y vueltas, pero que en última instancia avanza hacia un destino, aleja algunas de las repercusiones de los conflictos relacionales».

¿Cuál es el sistema que funcionará siempre que intentes convertir los sueños en realidad? ¿Cómo saber qué hay que dejar y con qué hay que quedarse? Una investigadora ha ideado un sistema sorprendentemente sencillo. Se llama DROP.

Gabriele Oettingen era escéptica. Como profesora de psicología en la Universidad de Nueva York, no se creía todo eso de que soñar con lo que uno quiere puede hacer que la felicidad llegue pasivamente a la puerta de casa en una caja de FedEx.

Así que hizo algunos estudios y resultó que tenía razón. En realidad, tenía más que razón. Soñar no solo no te acercaba a tus deseos, sino que en realidad perjudicaba tus posibilidades de conseguir lo que querías. No, amigos, *El Secreto* no funciona.

Resulta que tu cerebro no es muy bueno para distinguir la fantasía de la realidad. (Por eso las películas son tan emocionantes). Cuando sueñas, esa materia gris siente que ya tienes lo que quieres y por eso no reúne los recursos que necesitas para motivarte y conseguirlo. En cambio, se relaja. Y haces menos, logras menos, y esos sueños se quedan en meros sueños. El pensamiento positivo, por sí mismo, no funciona.

¿Sueñas con lo esbelta que te verás en ese traje de baño después de la dieta que tienes prevista hacer? Las mujeres que lo hicieron perdieron once kilos menos que las que no lo hicieron. ¿Fantasear con conseguir ese trabajo perfecto? Los que pensaron en ello enviaron menos solicitudes y acabaron recibiendo menos ofertas. Los estudiantes que imaginaron un gran sobresaliente para el semestre dedicaron menos tiempo a estudiar y sacaron peores notas.

Si soñar es tan malo, ¿por qué lo hacemos? Porque es el equivalente mental de emborracharse: se siente muy bien en el momento, pero no conduce a cosas buenas después. Eso es exactamente lo que demostró la investigación de Oettingen: Mientras soñamos, nos sentimos bien; pero soñar acaba aumentando la depresión más tarde. Fantasear nos da la recompensa antes de haber realizado la tarea y nos quita la energía que necesitamos para realizarla. Más sueños ahora significan menos logros después.

Aunque la autoconversación positiva y el optimismo pueden ayudarnos a no abandonar, por sí solos no garantizan que vayamos a alcanzar nuestros objetivos. Ahora bien, soñar no es intrínsecamente malo, pero es solo el primer paso. A continuación, hay que enfrentarse a ese horrible aguafiestas llamado «realidad» y a sus siempre presentes obstáculos.

Después de soñar, piensa: ¿qué se interpone en mi fantasía?

¿Y qué voy a hacer para superarlo? El término psicológico elegante es «intenciones de implementación». Tú y yo podemos llamarlo simplemente «un plan».

En un estudio, Peter Gollwitzer y Veronika Brandstätter descubrieron que el simple hecho de planificar algunos aspectos básicos, como cuándo hacer algo, dónde y cómo, hacía que los estudiantes tuvieran casi un 40 % más de probabilidades de cumplir sus objetivos.

Las dos palabras mágicas son «si» y «entonces». Para cualquier obstáculo, el mero hecho de pensar: «Si ocurre X, lo solucionaré haciendo Y» supone una enorme diferencia. ¿Cómo de poderosas son estas dos simples palabras? Funcionan incluso con personas que tienen problemas de comportamiento muy graves: los drogadictos que pasan por el síndrome de abstinencia. Sin la intención de poner en práctica «si» y «entonces», cero personas consiguieron elaborar un currículum. Pero cuando las dos palabras mágicas se utilizaron con antelación, el 80 % de las personas estaban listas para solicitar un trabajo.

¿Qué es tan poderoso aquí? Estás haciendo que tu mente no consciente se involucre. En lugar de esperar a que surjan los problemas, le estás dando a tu cerebro una respuesta habitual para que actúe en piloto automático.

Las raíces de este método se encuentran en todas partes, desde la filosofía antigua hasta las unidades militares de élite modernas. Los estoicos utilizaban una idea llamada *premeditatio malorum* («premeditación de los males») para prepararse. Consiste en preguntarse: «¿Qué es lo peor que podría pasar?». Al considerar las horribles posibilidades, te aseguras de estar preparado para ellas. Las unidades de las Fuerzas Especiales del Ejército de EE.UU. se toman un tiempo antes de cada misión para utilizar una variante del «si» / «entonces». El autor Dan Coyle lo explica: «Pasan toda la mañana repasando cada posible error o desastre que pueda ocurrir durante la misión. Cada posible error se examina minuciosamente y se vincula a una respuesta adecuada: si el helicóptero se estrella, haremos X; si nos dejan en el lugar equivocado, haremos Y; si nos superan en número, haremos Z».

Oettingen ha elaborado un sencillo sistema para que lo hagas, llamado WOOP. (Sí, el término formal es «contraste mental», pero, vamos, ¿quién no preferiría decir DROP»?). Deseo, Resultado, Obstáculo y Plan es aplicable a la mayoría de tus objetivos, desde la carrera, las relaciones, el ejercicio y la pérdida de peso.

Primero, tienes que soñar. ¿Qué es lo que deseas? ¿Con qué fantaseas? (Quiero un trabajo estupendo). Visualízalo realmente en tu mente y ve el resultado que deseas. (Quiero trabajar como vicepresidente en Google). Entonces es el momento de enfrentarse a la realidad. ¿Qué obstáculo hay en el camino? (No sé cómo conseguir una entrevista allí). A continuación, enfréntate a él. ¿Cuál es tu plan? (Voy a mirar en LinkedIn a ver si conozco a alguien que trabaje allí y pueda ponerme en contacto con Recursos Humanos).

Bastante sencillo, ¿verdad? Lo mejor de todo es que este proceso no te quita el impulso como lo hace el hecho de fantasear. Pero hay una ventaja aún mayor en el DROP, que es clave cuando se piensa en la valentía y la renuncia. Irónicamente, esta ventaja añadida es que el DROP no funciona para todo el mundo, y si funciona no es al azar. En su investigación, Oettingen descubrió que el contraste mental te da un impulso motivacional cuando tu objetivo es algo que puedes lograr, pero no lo hace cuando tu objetivo está fuera del ámbito de las posibilidades. Es como una prueba de fuego de su viabilidad. Cuando lo que quieres es algo razonable (soy un candidato cualificado que quiere un puesto de trabajo en Google pero no estoy seguro del siguiente paso), DROP te dará un plan y la energía para llevarlo a cabo. Pero cuando tu objetivo es más irreal (quiero ser el emperador de Australia el jueves), te encontrarás con menos energía y lo sabrás.

Así que en lugar de decir simplemente «¡Somos almas gemelas!», quizá quieras parar un segundo. ¿Cuál es tu deseo? Un matrimonio perfecto. ¿Y cuál sería ese resultado? Una vida hogareña feliz sin peleas. ¿Y cuál es el obstáculo más probable? Seguimos discutiendo sobre qué comprar en IKEA. ¿Cuál es tu plan? Si empezamos a discutir sobre qué color de ropa de cama comprar, voy a escuchar lo que mi cónyuge tiene que decir y considerar realmente su opinión. Si esto te anima a ir de compras por Suecia con la persona que amas, estás en una buena situación. Si te sientes aún menos motivado para arreglar las cosas con tu cónyuge, bueno, pue-de que la ciencia te haya ahorrado unos cuantos años en una relación que no va a funcionar. No solo te dice cuándo los objetivos son irreales y podría ser el momento de abandonar o, al contrario, de ponerle ganas, sino que dedicar tiempo a realizar el ejercicio mental te ayuda a desvin-cularte de un deseo inalcanzable y a experimentar menos arrepentimien-to cuando lo dejas de lado.

DROP puede indicarte lo que necesitas y ayudarte a reunir el impulso para seguir adelante. Pero también puede decirte qué debes dejar y ayu-darte a manejar esa transición de forma menos dolorosa. No estoy seguro de que los matemáticos familiarizados con el problema de la interrupción óptima tengan matrimonios más felices, pero se puede hacer un DROP para obtener respuestas sobre la perseverancia y el abandono.

Bien, hemos cubierto mucho: templos Shaolin, comediantes, enfer-medades del hígado y matrimonios arreglados. Unamos todo esto para saber por dónde empezar, cuándo abandonar, cuándo perseverar y cómo llegar a donde queremos.

Todos necesitamos modelos de conducta. Yo digo que hay que ser un mapache de Toronto.

Su capacidad para meterse en los cubos de basura demuestra un ni-vel de perseverancia y de ingenio que casi no tiene parangón. Estos pe-queños sinvergüenzas han convertido a los habitantes de la ciudad canadiense en una comunidad de víctimas. Suzanne MacDonald, investigadora que estudia el comportamiento de los mapaches en la Universidad de York, afirma: «Los mapaches de la ciudad son extraordinarios, no solo por su capacidad de acercarse a las cosas, sino porque no tienen miedo y se quedan con ellas, se pasarán horas intentando conseguir comida».

Todos los intentos de contenerlos han fracasado. No se rinden y supe-ran sistemáticamente cualquier intento de detenerlos. Los habitantes de Toronto lo han intentado todo, desde atar las tapas de los cubos de basura hasta ocultar los contenedores, y nada ha sido eficaz. «Hemos ideado todo tipo de formas de proteger nuestra basura, y todas fracasan», dice Michael Pettit, profesor local de psicología.

No es un problema menor. El ayuntamiento de la ciudad lleva más de una década intentando hacer frente a esta plaga. Como informa *The Wall Street Journal*, en 2002 Toronto llegó a financiar el desarrollo de contenedores de basura «a prueba de mapaches». ¿Funcionaron bien? Bueno, digamos que en 2015 la ciudad se gastó otros 31 millones de dólares para crear un nuevo y rediseñado cubo de basura «a prueba de mapaches». No es una buena señal, amigos.

¿Cómo lo consiguen estos pícaros bandidos? A pesar de tener un cerebro más pequeño, muestran muchos de los principios que hemos analizado en este capítulo. Su optimismo es incuestionable. Quizá sea un juego divertido para ellos. Spencer Glendon y Peter Drucker estarían orgullosos de su extrema concentración. Y estos truhanes siempre intentan cosas diferentes cuando se encuentran con los nuevos intentos de obstaculizarlos. Está claro que sus «pequeñas apuestas» dan resultado.

¿Todo este esfuerzo de los habitantes de Toronto ha tenido efectos negativos sobre los malhechores de la madre naturaleza? Difícilmente. Un artículo en la página web de la Asociación Americana de Psicología explica que «los mapaches han despertado interés porque han florecido, en lugar de retroceder, ante la expansión humana». No solo están prosperando estos ladrones de pequeño tamaño, sino que todos estos desafíos han hecho a los mapaches más inteligentes. Suzanne MacDonald estudió la diferencia en la capacidad de resolver problemas entre los mapaches urbanos de Toronto y sus hermanos en la naturaleza. Descubrió que «los urbanos superan a sus primos del campo tanto en inteligencia como en habilidad». Y MacDonald no es solo una investigadora de mapaches; es una víctima. Un pequeño truhan consiguió abrir su garaje para llegar a sus propios cubos de basura.

En lugar de luchar contra ellos, quizá sea el momento de aprender de ellos. En lugar de ver problemas insuperables, puedes ser como un mapache de Toronto y ver cómo los retos a superar te harán más inteligente y exitoso.

Dicho esto, la ciudad de Toronto no se da por vencida en su búsqueda de décadas. El alcalde John Tory dijo a la prensa: «Los miembros de la Nación Mapache son inteligentes, tienen hambre y están decididos... La derrota no es una opción».

Casi puedo ver a los mapaches de Toronto frotándose las patitas en espera del próximo reto a superar. «¿Qué es lo que decís, monos sin pelo? ¿A prueba de mapaches? Muy bien. Tráiganlo».

Vamos a redondear toda esta investigación y a hacerla divertida, incluso convertirla en un juego. Contesta a las siguientes preguntas y seguiremos a partir de ahí.

1. ¿SABES EN QUÉ TIENES QUE SER PERSEVERANTE?

A. ¡Sí!

B. No estoy seguro, pero tengo algunas corazonadas.

C. ¿Cuál era la pregunta? Me distraje.

Si has contestado A, pasa a la siguiente pregunta.

Si la respuesta es B, ha llegado el momento de hacer DROP. Toma cada una de esas corazonadas y pásalas por el proceso de deseo, resultado, obstáculo y plan. La que más energía te dé debería ser considerada seriamente. Las que te dejan sin ganas de nada, las dejas de lado.

Si has respondido C, es el momento de hacer «pequeñas apuestas». Tienes que probar más cosas hasta que algo te entusiasme. A lo que te llame la atención, dale un DROP.

2. ¿ERES OPTIMISTA?

A. ¡Claro que sí!

B. Todos vamos a morir solos y sin nada bueno que ver en la televisión.

Si has contestado A, estás en la cresta de la ola. Pasa a la pregunta 3.

Si has respondido a la letra B, es hora de revisar tu estilo explicativo. El verdadero dilema del pesimismo es que en realidad es más preciso. Sí, los cínicos suelen tener razón. Pero, como aprendimos en el primer capítulo, jugar siempre con las probabilidades puede ser una receta para la mediocridad, especialmente cuando lo que apuestas es a ti mismo. Por ello, Martin Seligman ha desarrollado un gran equilibrio para no caer en el delirio. Lo llama «optimismo flexible». Ser un poco pesimista a veces nos mantiene honestos. Pero cuando los riesgos son muy bajos (lo cual es cierto, francamente, para la mayoría de las cosas), o cuando las recompensas son muy altas (como una carrera a la que podrías querer dedicar tu vida), el optimismo es el camino a seguir. Es un equilibrio. Un equilibrio que puedes lograr con la práctica.

Con las pequeñas cosas, muestra optimismo. ¿Qué puedes perder? Y con las cosas grandes que pueden cambiar tu vida, el optimismo es el combustible para empujar más allá de las probabilidades. Cuando las cosas parecen ser de alto riesgo y baja recompensa, el pesimismo es una herramienta que puedes desempolvar para asegurarte de que no te vuelves muy cándido.

¿Quieres ser perseverante como un increíble vendedor de seguros? Lo siento, eso no es muy atractivo. Bien, intentémoslo de nuevo: ¿quieres ser valiente como un Navy Seal? Tienes que recordar los tres conceptos de Seligman: no veas las cosas malas como permanentes, omnipresentes y personales.

3. ¿TIENES UNA HISTORIA SIGNIFICATIVA?

A. Viktor Frankl estaría orgulloso de mí.

B. Tomé prestada mi historia de una película de Bill Murray.

¿Respondiste A? Pasa a la siguiente pregunta. Lo estás haciendo muy bien. Si la respuesta es B, quizá sea el momento de pensar en el elogio fúnebre. ¿Cómo quieres que te recuerden? ¿Qué cualidades quieres que tus amigos y seres queridos valoren y echen de menos? Te recuerdan quién eres cuando las cosas se ponen difíciles. Las historias no tienen que ser 100 % reales. El objetivo es utilizarlas como trampolín para hacerlas realidad con el tiempo y el trabajo duro.

Y las historias son personales. Pueden provenir de las cosas más serias, como la religión, el patriotismo, la paternidad o los objetivos profesionales, pero no tienen por qué. Simplemente tratan de algo significativo para ti que te impulsa a salir de ti mismo. Las investigaciones demuestran que pensar en superhéroes puede hacerte más fuerte físicamente en el gimnasio. Pero solo si sientes una conexión con los superhéroes. Las historias afectan a los músculos de tu cuerpo y también a la fuerza de voluntad dentro de tu cabeza.

Cuando la historia que te cuentas a ti mismo dice: «Esto vale la pena», trabajarás más duro y te mantendrás a través de los mayores desafíos, como hizo Viktor Frankl. A veces las historias son ciertas, a veces no, pero nos hacen seguir adelante. Para obtener un impulso adicional, prueba a escribir tu historia. Las investigaciones demuestran que puede hacerte un 11 % más feliz con tu vida.

4. ¿LO HAS CONVERTIDO EN UN JUEGO?

A. Llámame Mario.

B. Todavía estoy esperando mi revisión anual.

¿Has contestado A? Ignórame y sigue jugando. Pasa a la siguiente pregunta.

Si te relacionas más con la B, recuerda que a los «GNomos de ORo». Necesitas GNOR, juegos que se puedan ganar, nuevos retos, objetivos y retroalimentación para sentirte comprometido con lo que sea que hagas.

¿Te has preguntado alguna vez por qué es tan fácil ayudar a otras personas con sus problemas, pero a menudo es tan difícil lidiar con los tuyos? Esa distancia que sientes con los problemas de tus amigos hace que pasen de ser problemas emocionalmente difíciles a ser retos divertidos. Pasan de ser granadas de estrés a entretenidos puzles. Reencuadrar los problemas como si fueran retos de un juego aumenta la resiliencia y reduce el estrés.

Freakonomics hizo un experimento fascinante. Observaron el número de cómics de Dilbert en las oficinas y los yuxtapusieron con el nivel de moral de la empresa. La mayor cantidad de cómics de Dilbert colgados en las paredes de los cubículos predecía lo poco comprometidos que se sentían los empleados. Recuerda, es tu juego. No esperes a que otros hagan tu trabajo o tu vida emocionante. Aplica GNOR y toma las riendas. Muchos escuchan la historia de Joe Simpson y se preguntan por qué alguien querría hacer algo tan peligroso como escalar montañas en primer lugar. Buena pregunta. Pero su respuesta fue sencilla: escalar es divertido.

5. ERES UNA MÁQUINA PERSEVERANTE. ¿PIENSAS COMO UN ENFERMO?

A. Sé qué es lo más importante para mí y me centro en ello.
B. No puedo responder ahora mismo. Tengo trescientas cosas en mi lista de tareas.

Si has contestado A, ya sabes lo que tienes que hacer.

Si la respuesta es B, ¿qué viejas actividades y rutinas ocupan un montón de tu tiempo, pero aportan poco valor? Andy Rooney se dio cuenta de que era un poco acaparador y decidió hacer algo al respecto. Sumó lo que le costaba su casa al mes calculando la hipoteca, los servicios públicos, los impuestos, etc. Luego lo dividió por la cantidad de metros cuadrados. Esto le permitió saber cuánto «alquiler» por metro cuadrado debía pagar cualquier objeto de su casa por permanecer en ella. ¿Valía la pena el frigorífico? Sí, proporcionaba mucho valor. ¿Y esa vieja y oxidada máquina de ejercicios en el sótano que nunca usaba? No. Así que se deshizo de ella. Puedes hacer un cálculo aproximado similar con tu tiempo. Deshazte de las actividades que aportan poco valor y no sirven para sus objetivos. Luego, añade esas horas para impulsar el avance hacia las cosas importantes.

No se puede hacer todo y hacerlo bien. Elimina las actividades que no producen resultados y redobla la apuesta por las que sí los producen.

6. YA CASI LO TIENES. ¿HAS AÑADIDO ALGUNAS «PEQUEÑAS APUESTAS»?

A. He hecho las maletas para el templo Shaolin.

B. Ni siquiera pruebo nuevos canales de televisión porque, ¿quién sabe lo que puede haber allí?

¿Contestaste A? ¿Por qué sigues leyendo esto? Ve a conquistar el mundo.

¿Respondiste B? Deja de ser Batman. Deja de intentar ser perfecto en todo. Prueba, fracasa y aprende como esos locos del jardín de infancia que se cargaron a la competencia en el Problema de los Espaguetis. Y lo digo literalmente; un estudio demostró que somos más creativos cuando pensamos como un niño.

No nos gusta admitirlo, pero a menudo no sabemos realmente lo que queremos. Las investigaciones demuestran que «solo el 6 % de las personas trabajan en la profesión a la que aspiraban en la infancia» y un tercio de las personas acaban en una carrera que no tiene nada que ver con su especialidad universitaria. Así que tienes que salir y probar más cosas, como hicieron los afortunados de Richard Wiseman. No es necesario que dejes

Princeton y te mudes a China, pero tampoco es una idea terrible en todo caso.

Historias y límites: A eso se reducen la perseverancia y la renuncia. Concéntrate en estos dos aspectos y podrás ser tan imparable como un mapache de Toronto, pero con tanto éxito que nunca tendrás que comer de un cubo de basura.

Así que ya sabes en qué debes ser valiente, o al menos cómo llegar a serlo. Pero necesitarás ayuda para alcanzar el éxito, ¿verdad? ¿O tal vez solo necesites decirle a todo el mundo que se vaya y luego trabajar duro? ¿Cuál de las dos será? A continuación: ¿El éxito tiene que ver con quién conoces o con lo que sabes? Vamos a averiguarlo.

4

No es lo que sabes, es a quién conoces (a menos que realmente sea lo que sabes)

Lo que podemos aprender sobre el poder de las redes, viendo a los negociadores de rehenes, los mejores cómicos y al hombre más inteligente que jamás haya existido.

El día que nació Paul Erdös, sus dos hermanas, de tres y cinco años, murieron de escarlatina. Su madre tenía tanto miedo de que le pasara algo a él también que no lo dejaba ir a la escuela. Ni salir de casa. No tenía amigos.

Erdös dijo: «Los números se convirtieron en mis mejores amigos».

Hijo de dos profesores de matemáticas, pasaba la mayor parte del tiempo solo en casa rodeado de libros de matemáticas. Pronto demostró ser un prodigio. A los tres años era capaz de multiplicar números de tres cifras. A los cuatro, podía oír la edad de una persona y calcular cuántos segundos llevaba viva. A los veintiún años ya se había doctorado en matemáticas.

De adulto, impulsado por las anfetaminas, pasaba jornadas de diecinueve horas haciendo lo único que le gustaba: matemáticas. Era inhumanamente productivo. Algunos años llegó a producir más de cincuenta artículos académicos, un número que la mayoría de los matemáticos estarían contentos de completar en toda su vida.

Pero, como siempre nos recuerda Spiderman, «un gran poder conlleva una gran responsabilidad», y una gran habilidad matemática conlleva, bueno... una gran rareza. No hay dos maneras de decirlo: Erdös era raro. La revista *Time* incluso publicaría un artículo sobre él titulado «The Oddball's Oddball» (El bicho raro de los bichos raros).

Si eras amigo de Erdös, podría aparecer en tu casa en mitad de la noche con ganas de hacer matemáticas y anunciar: «Mi cerebro está abierto». Y de repente tenías un invitado en casa durante unos días. No quería lavar la ropa. Tenías que hacerlo por él. Si quería trabajar en un teorema a las cinco de la mañana, golpeaba ollas y sartenes hasta que bajabas. Este es un tipo que se refería a los niños como «épsilon» porque en matemáticas épsilon es la letra griega utilizada para «número pequeño».

Trabajaba obsesivamente. Como explicó su colega Paul Winkler, «Erdös vino al bar mitzvah de mis gemelos, con un cuaderno en la mano... mi suegra intentó echarlo. Pensó que era un tipo que venía de la calle, con un traje desaliñado, llevando un cuaderno bajo el brazo. Es muy posible que demostrara un teorema o dos durante la ceremonia». De hecho, no hizo mucho más. No había leído una novela desde los años cuarenta ni había visto una película desde los cincuenta. La vida era matemáticas. Punto y aparte.

No cabe duda de que tuvo éxito. Erdös produjo más artículos durante su vida que ningún otro matemático. Algunos se publicaron incluso a título póstumo, lo que significa que Erdös, técnicamente, siguió publicando siete años después de su muerte. Recibió al menos quince doctorados honoríficos.

Pero sus logros no son la razón por la que se le recuerda. Se trata más bien de lo que hizo con los demás. Más concretamente, el efecto que tuvo en los demás. A diferencia del matemático estereotipado, que no sale de su despacho, encorvado sobre un escritorio, Erdös era el matemático ambulante de las anfetaminas. Le encantaba colaborar. Vivía con una maleta y viajaba habitualmente a veinticinco países, llegando a trabajar con más de quinientos matemáticos de todo el mundo. Colaboró con tanta gente diferente que a veces no podía recordarlos a todos:

En una ocasión, Erdös conoció a un matemático y le preguntó de dónde era. «Vancouver», respondió el matemático. «Oh, entonces debes conocer a mi buen amigo Elliot Mendelson», dijo Erdös. La respuesta fue: «Soy tu buen amigo Elliot Mendelson».

Sí, era brillante, pero no es por eso por lo que muchos toleraban su personalidad excéntrica. Utilizando la terminología de Adam Grant, Erdös era un dador. Quería hacerte mejor. Te animaba, te ayudaba. Que apareciera en tu puerta en mitad de la noche era el equivalente matemático a que apareciera Yoda y te dijera que quería convertirte en un gran Caballero Jedi… de las matemáticas.

Como Erdös sabía mejor que nadie, las matemáticas eran un juego solitario, pero él las convirtió en una búsqueda. Una búsqueda en la que se podía ir con amigos. Como si no bastara con recorrer el mundo, apoyando y colaborando con matemáticos, también los estimulaba con premios. Como si fuera un jefe de la mafia que da un golpe a alguien, Erdös ofrecía premios en metálico de su propio bolsillo —a veces hasta diez mil dólares—, por resolver este difícil problema o aquel teorema irresoluble, dando un incentivo público al solitario trabajo de las matemáticas.

La Medalla Fields es el mayor honor que puede recibir un matemático. Paul Erdös nunca la ganó. Pero algunas de las personas a las que ayudó sí lo hicieron, y eso nos lleva a aquello por lo que Erdös es más conocido: el «número de Erdös». No, no era un teorema ni una herramienta matemática. Era simplemente una medida de lo cerca que estabas de trabajar con Paul Erdös. (Piensa en ello como en los seis grados de Kevin Bacon, pero para cerebritos). Si has colaborado con Erdös en un artículo, tienes un número Erdös de uno. Si colaboraste con alguien que colaboró con

Erdös, tu número Erdös era dos, y así sucesivamente. Paul Erdös fue tan influyente y ayudó a tanta gente que los matemáticos se clasifican según lo cerca que estuvieron de trabajar con él.

La investigación ha demostrado que, en término medio, la proximidad de tu conexión con Erdös predice lo buen matemático que eres. Dos ganadores del Premio Nobel de Física tienen un número de Erdös de dos. Catorce tienen un número de Erdös de tres. Erdös hizo grande a la gente.

El 20 de septiembre de 1996, Paul Erdös murió a la edad de ochenta y tres años. (O, en su propio vocabulario, «se fue». Decía que la gente «moría» cuando dejaban de hacer matemáticas). Técnicamente, el número de Erdös era cero. Puede parecer un número solitario o angustioso, pero me gusta pensar que tiene sentido. Ese cero simboliza cómo Erdös lo dio todo a la gente que le rodeaba. No se trataba de su propio número. Se trataba de la cantidad de números que daba a los demás.

El niño que creció sin amigos creó la mayor red de matemáticas, quizá la mayor que jamás haya existido. El número que lleva su nombre es un legado perdurable por el que se miden todos los matemáticos. Tenía más amigos que nadie en matemáticas; más gente que sigue en deuda con él, que le echa de menos y lo quiere…, e incluso después de su muerte, ese grupo sigue creciendo. Si miramos las cifras de Erdös, se calcula que influyó en más de doscientos mil matemáticos.

Parece que el éxito se basa en las conexiones, ¿verdad? A quién conoces, no lo que sabes. Pero si el éxito depende realmente de las conexiones, ¿deberías ser como Paul Erdös? ¿Los extrovertidos tienen más éxito?

Averigüémoslo.

Mi madre me dijo que fuera una «persona sociable». (Confesión: no lo soy. Vamos, estoy aquí, solo, escribiendo este libro).

Todo el mundo disfruta de la compañía de sus amigos íntimos y todo el mundo necesita un tiempo a solas. Esto es un poco obvio. La pregunta clave es: ¿Cómo recargas tus pilas? ¿Tu idea de diversión es una fiesta o la lectura de un libro? ¿Prefieres estar a solas con amigos íntimos o «cuantos más, mejor»?

La introversión-extroversión es una de las categorías más consolidadas de la psicología, pero todavía se debaten muchos aspectos específicos sobre ella. En realidad, solo nos interesa la parte social y no hay demasiado debate al respecto: los extrovertidos obtienen más «recompensa» de las actividades sociales y de ser el centro de atención.

Algunos teorizan que los introvertidos simplemente tienen más cosas en la cabeza. No es que los extrovertidos sean insulsos (parte de lo que pasa por la cabeza de los introvertidos puede ser negativo, como la ansiedad), sino que esto significa que los lugares ruidosos y concurridos llevan rápidamente a un introvertido hacia la sobreestimulación, mientras que los extrovertidos que carecen de un entorno estimulante se aburren.

Por ejemplo, yo soy bastante introvertido. En la universidad tuve una novia a la que le encantaba ir a bares y fiestas, cuanto más ruidosas mejor. Para ella eso era entretenido. Para mí, era una sobrecarga auditiva. Cuando íbamos en viajes largos, yo ponía podcasts en el coche y me fascinaba. Ella se dormía en treinta segundos. (Seguro que te sorprende saber que ya no estamos juntos).

Ahora bien, hay una razón por la que mamá dijo «Sé una persona sociable», y hay muchas razones por las que es bueno ser extrovertido. El trato con otras personas es una parte importante de lo que hacemos la mayoría de nosotros, y la forma en que nos llevamos con los demás suele ser la clave del éxito. Como vimos en el capítulo 2, Adam Grant y Jeffrey Pfeffer pueden adoptar posturas diferentes sobre la mejor manera de tratar con el resto, pero nadie discute que el trato con los demás suele ser un componente importante para salir adelante.

Bueno, este es un libro sobre el éxito, así que hablemos de dólares y centavos: la investigación muestra de forma bastante consistente que los extrovertidos ganan más dinero. Stanford realizó un estudio de veinte años sobre sus graduados de MBA y descubrió que la mayoría de ellos eran el típico ejemplo de extrovertidos.

Esto se remonta a la infancia. Otro estudio descubrió que «la extroversión en la infancia predice con precisión el éxito extrínseco». Mover a alguien de los cinco últimos lugares de popularidad en su clase de secundaria a los cinco primeros lugares equivale a un aumento del 10 % en los ingresos durante la edad adulta.

Pero el éxito no es solo cuestión de dinero. ¿Quieres que te asciendan? Un estudio dice que «la extroversión se relaciona positivamente con la satisfacción profesional, el nivel salarial y el número de ascensos recibidos a lo largo de la carrera».

Incluso los malos hábitos de los extrovertidos revelan los secretos de su éxito financiero. Si eres de los que les gusta beber y fumar, ¿ganas más dinero? Los bebedores ganan más dinero. Los fumadores no. Los bebedores ganan un 10 % más que los abstemios. Y los hombres que van a un bar al menos una vez al mes ganan otro 7 % más. ¿Por qué el alcohol te hace más rico? A diferencia del tabaquismo, la bebida es principalmente una actividad social. Los autores del estudio especulan con que el aumento del consumo de alcohol conduce a un mayor «capital social»: probablemente se establecen vínculos con otras personas y se crean conexiones.

La mayoría de la gente piensa que los líderes son extrovertidos. Esa percepción se convierte en una profecía que se hace realidad. ¿Quieres ser director general? ¿Quieres ser el jefe? En un estudio sobre cuatro mil directivos, las personas que puntuaban «muy alto» en extroversión estaban desproporcionadamente representadas. Y, cuanto más alto es el escalafón, más frecuentes son. De la población general, el 16 % puntuaba «muy alto» en extroversión, mientras que el 60 % de los altos ejecutivos lo hacía.

¿Por qué puede ser así? La respuesta es un poco aterradora, la verdad. Las investigaciones demuestran que, en realidad, no es necesario saber más para ser visto como un líder. Simplemente por hablar primero y con frecuencia —un comportamiento muy extrovertido—, la gente llega a ser vista como *El Jefe*. Por otra parte, otros estudios demuestran que los que inicialmente actúan con timidez en los grupos son percibidos como menos inteligentes. Como señaló Pfeffer, para salir adelante hay que autopromocionarse. Esto es algo natural para los extrovertidos y, de hecho, es más importante que la capacidad cuando se trata de ser visto como un líder.

Pero ¿qué pasa si estás entre trabajos o quieres cambiar de aires? De nuevo, los extrovertidos tienen ventaja. El innovador trabajo de Mark Granovetter sobre la importancia de los «contactos débiles» demostró que, por lo general, uno no se entera de la próxima gran oportunidad por sus amigos cercanos. Tiendes a enterarte de las mismas cosas que ellos. Las personas que tienen más conocidos periféricos están más conectadas y se enteran de las nuevas posibilidades. Tener una gran red de contactos también vale la pena cuando se consigue ese trabajo. Un estudio reveló que «los análisis multinivel mostraron que la creación de redes está relacionada con el salario concurrente y que está vinculada con la tasa de crecimiento del salario a lo largo del tiempo».

De hecho, se puede argumentar que las empresas serían inteligentes si hicieran del tamaño de la red de contactos de alguien un elemento clave a la hora de determinar a quién contratan, porque puede afectar la rentabilidad. Una investigación del MIT demostró que «cuanto más conectados socialmente estaban los empleados de IBM, mejor era su rendimiento. Incluso pudieron cuantificar la diferencia: de media, cada contacto por correo electrónico valía 948 dólares más en ingresos».

Es bastante difícil subestimar el valor de una gran red. Por ejemplo, divirtámonos un poco y pensemos en el más lucrativo de los negocios que existen, uno en el que hay mucho en juego: el tráfico de drogas. Gran ventaja, enorme desventaja.

Sí, las investigaciones muestran que tener una gran red es importante incluso para las profesiones fuera de la ley. Es curioso que el consejo que siguen la mayoría de los traficantes de drogas es «mantener las cosas pequeñas» para evitar ser arrestados. Pero una investigación de la Universidad Simon Fraser demostró que, al tener una red grande, los traficantes ganaban más dinero y tenían más probabilidades de no ir a la cárcel. El tamaño de la organización criminal no tenía ningún efecto.

Ser un traficante de la calle o un teniente del cártel de Cali no importaba. Lo que sí tenía efecto era el número de personas que el traficante conocía en el negocio:

> Los resultados de estos estudios fueron claros: Los delincuentes que eran mejores en la creación y gestión de su red delictiva ganaban mucho más dinero con la delincuencia que los demás… El tamaño de la principal red delictiva de un traficante estaba significativamente asociado a la supervivencia. El tamaño de la red también aparece como un factor de protección: Cuanto mayor es el tamaño de la red de un traficante, mayor es su supervivencia.

Las amistades fuertes mantenían a los traficantes fuera de la cárcel, mientras que los «contactos débiles» les proporcionaban oportunidades de negocio.

Así que está bastante claro qué lado está ganando la batalla a muerte entre introversión y extroversión. Pero ¿qué pasa cuando salimos del lugar de trabajo y miramos la vida en general?

¿Recuerdas cuando hablamos de la investigación de Richard Wiseman sobre la suerte? Adivina qué: también descubrió que los extrovertidos tienen más suerte. Una gran parte de la ciencia de la suerte consiste en encontrar nuevas oportunidades. De la misma manera que tener una gran red de contactos te abre las puertas a las oportunidades de trabajo, te expone a todo tipo de nuevas posibilidades. Por este motivo los ricos y extrovertidos operadores de bolsa siempre están al teléfono.

Los introvertidos están contra las cuerdas y recibiendo una paliza. Es hora de dar el golpe de gracia. Los extrovertidos son más felices que los introvertidos. Y esto no es un detalle menor: «La relación entre la extroversión y la felicidad o el bienestar subjetivo (*SWB, subjective well-being* en inglés) es uno de los hallazgos más repetidos y sólidos en la literatura del SWB». De hecho, los extrovertidos son incluso más felices que los introvertidos cuando están solos, y un estudio demostró que cuando los introvertidos fingen ser extrovertidos, también son más felices. Ay.

Los extrovertidos ganan más dinero, consiguen más ascensos, tienen más probabilidades de convertirse en líderes, encuentran nuevos trabajos más rápidamente, tienen más suerte y son más felices. Son pruebas bastante contundentes. Después de todo esto, surge una pregunta: ¿por qué querría alguien ser introvertido?

Muy bien, hablemos de introversión. (Está bien. Los extrovertidos probablemente dejaron de leer después del capítulo 2 para ir a pasar el rato con los amigos). Como dice el viejo refrán: «A los callados hay que vigilarlos».

Hemos conocido a Paul Erdös, que se hizo famoso por conocer a todo el mundo en el mundo de las matemáticas. ¿Pero puede un científico triunfar sin conocer a casi nadie? En realidad, sí. No le damos suficiente crédito a Isaac Newton. Este hombre reescribió las reglas de nuestro universo. Y lo hizo casi completamente solo.

Aristóteles, Kepler, Galileo, sí, sí, sí. Hicieron sus aportaciones, pero Newton nos dio una hoja de ruta coherente e integrada sobre el funcionamiento del mundo. Nos llevó de la magia a la ciencia. Antes de él, predecir cómo se moverían las cosas era más una cuestión de conjeturas que de matemáticas. Después de él, supimos que el universo funcionaba con reglas. James Gleick describió a Newton como el «principal arquitecto del mundo moderno».

Nadie tendría tal impacto hasta Einstein, casi doscientos años después. Y aunque Einstein ciertamente cambió la forma en que los científicos pensaban sobre las reglas del universo, no cambió la forma en que la persona promedio ve el mundo que habita día a día. Newton cambió las reglas del juego para todos nosotros.

Incluso el término «cambio de paradigma» parece poco suficiente. Einstein luchó y finalmente fracasó en su teoría del campo unificado, que explicaría cómo todas las ideas de la física podían ser engranadas en un todo coherente. Newton dijo más o menos: «Así es como funciona el mundo» y desentrañó un sistema casi completo.

Desarrolló el cálculo, la óptica y la gravedad cuando aún estaba en sus veintes. Y no había ninguna tecnología sofisticada que le ayudara. Para desarrollar la óptica, este hombre se clavó deliberadamente una aguja en el ojo. ¿Y qué hay de la gravedad? Antes de Newton, no la entendíamos realmente. La gente sabía que las cosas caían a la Tierra y Galileo había estado dejando caer cosas desde la Torre de Pisa, pero no era una regla obvia. Galileo entendía cómo funcionaba la aceleración, pero no tenía ni idea de por qué funcionaba.

Además, Newton hizo todo esto casi completamente solo. Dijo: «Si he visto más allá, es porque me he subido a los hombros de gigantes», pero la verdad es que tuvo muy poco contacto con nadie, grande o pequeño, durante gran parte de su vida.

Si alguien creó el estereotipo del profesor distraído, probablemente fue Newton. A veces no salía de su habitación durante días. Murmuraba para sí mismo y dibujaba ecuaciones en la tierra con un palo durante sus paseos solitarios. ¿El genio solitario? Es difícil pensar en un ejemplo mejor. No tenía las herramientas matemáticas para desentrañar cómo funcionaba el mundo, así que las creó. ¿El cálculo con el que todos luchamos en el instituto? Él lo inventó. Por sí mismo. Tenía pocos amigos, y la correspondencia por carta era a menudo la única forma de comunicarse con los demás. Nunca se casó. De hecho, muchos sospechan que murió virgen.

Todos conocemos la historia de la gravedad del golpe de la manzana en la cabeza, pero esa historia seguramente no sea cierta. En todo caso, probablemente estaba en casa, solo, con la puerta cerrada, cuando ocurrió. Uno puede imaginarse fácilmente a Newton como ese vecino loco que grita a los niños que salgan de su césped. Pero Newton nunca conoció a sus vecinos. Cuando dejó Trinity, en 1696, no fue difícil. A pesar de haber vivido en la ciudad durante treinta y cinco años, no tenía ningún amigo allí.

Como escribe James Gleick en su biografía de Isaac Newton: «Nació en un mundo de penumbra, oscuridad y magia; llevó una vida extrañamente pura y obsesiva, sin padres, amantes ni amigos; discutió amargamente con los grandes hombres que se cruzaron en su camino; estuvo al menos una vez al borde de la locura; ocultó su trabajo en secreto, y, sin embargo, descubrió más del núcleo esencial del conocimiento humano que nadie antes o después».

Si se obligara a alguien a trabajar de la forma en que lo hacía Newton, se calificaría fácilmente de inhumano. Pero él no parecía considerarlo así, se trataba de un confinamiento solitario autoimpuesto. Pascal dijo una vez: «Toda la infelicidad del hombre proviene de una sola cosa: que es incapaz de permanecer tranquilamente en su habitación». Sir Isaac Newton parece ser una prueba de ello.

Si fueras el jefe de Paul Erdös, tratarías de rodearle del mayor número posible de personas inteligentes y le darías un presupuesto ilimitado para viajes. Si fueras el jefe de Newton, sería una buena idea darle más fondos o equipos, pero la regla principal que seguirías para asegurarte de que este genio siguiera produciendo desarrollos increíbles que cambiaran el mundo es obvia: dejarlo en paz.

No cabe duda de que Newton está en la carrera por el título de la persona más inteligente que jamás haya existido. Cuando eres tan incomprensiblemente inteligente, ¿quién necesita ayuda? El resto de los trogloditas solo te retrasará. Pero, dejando a un lado su gran brillantez, ¿hay algo más que podamos sacar de la vida de Newton, por muy extrema que fuera?

¿Recuerdas la teoría de las diez mil horas de experiencia? Pues bien, si nadie te molesta, tienes mucho tiempo para llegar a ser realmente bueno en algo. En esta época de constantes distracciones, todos podemos aprender algo de Newton. Sí, los extrovertidos pueden aprovechar los recursos de una red increíble, pero eso no deja mucho tiempo para algo importante: el trabajo duro y solitario en las trincheras. Verás, el superpoder de los introvertidos es que es mucho más probable que se conviertan en expertos en su campo.

¿Cuánto más probable es? He aquí una cita de un estudio para ti: «La extroversión estaba relacionada negativamente con la capacidad individual». ¿Qué significa eso en español? Cuanto más extrovertido seas, peor eres en tu trabajo. Como hemos visto, tener muchos amigos tiene claros beneficios... pero también puede ser una enorme distracción.

Cuando piensas en un deportista, puedes visualizar al popular capitán del equipo de fútbol americano del instituto. O quizás el carismático jugador de béisbol que te dice que compres maquinillas de afeitar en un anuncio. Es natural pensar que todos ellos son extrovertidos con ganas de fiesta. No podrías estar más equivocado. El autor (y medallista de oro olímpico) David Hemery afirma que casi nueve de cada diez deportistas de élite se identifican como introvertidos. «Un rasgo notablemente distintivo es que una gran proporción, el 89 % de estos deportistas, se clasifican como introvertidos... Solo el 6 % de los deportistas de alto rendimiento se consideraban extrovertidos y el 5 % restante se consideraban "en el medio"».

Los deportistas de equipo pueden pasar mucho tiempo rodeados de gente, pero eso no suele ser lo que les hace grandes. Son las horas solitarias en la jaula de bateo. Hacer un tiro de tres puntos tras otro hasta no poder levantar los brazos. Faltar a la fiesta para hacer unos cuantos *sprints* más después de que se ponga el sol.

¿Músicos de élite? Lo mismo. Cuando K. Anders Ericsson preguntó a los mejores violinistas qué actividad diaria era la más relevante para mejorar sus habilidades, el 90 % respondió: «Practicar solo». ¿Cuál era el mejor predictor de la habilidad de los mejores ajedrecistas? «Estudio serio en soledad». De hecho, entre los jugadores de mayor edad clasificados en torneos, fue el único predictor estadísticamente significativo.

¿Quieres saber quién será mejor en la escuela o quién tendrá más conocimientos? No apuestes por el cociente intelectual. Ser introvertido predice más las buenas notas que la inteligencia. En su libro *Quiet* (Silencioso), Susan Cain informa:

A nivel universitario, la introversión predice el rendimiento académico mejor que la capacidad cognitiva. Un estudio puso a prueba los conocimientos de estudiantes universitarios sobre veinte temas diferentes, desde el arte hasta la astronomía y la estadística, y descubrió que los introvertidos sabían más que los extrovertidos sobre cada uno de ellos. Los introvertidos obtienen un número desproporcionado de títulos de postgrado, puestos de finalista de la Beca Nacional al Mérito y llaves Phi Beta Kappa.

¿Quieres saber quién va a ser un genio creativo más adelante en su vida? Apuesta por el cerebrito impopular:

… el enfoque específico en aquello que se convertirá en una pasión para toda la vida es típico de las personas altamente creativas. Según el psicólogo Mihály Csikszentmihályi —que entre 1990 y 1995 estudió las vidas de noventa y una personas excepcionalmente creativas en las artes, las ciencias, los negocios y el gobierno—, muchos de sus sujetos se encontraban al margen de la sociedad durante la adolescencia, en parte porque «la curiosidad intensa o el interés focalizado parecen extraños para sus compañeros». Los adolescentes que son demasiado gregarios para pasar tiempo a solas no suelen cultivar sus talentos «porque practicar música o estudiar matemáticas requiere una soledad que temen».

¿Quiénes son los mejores banqueros de inversión? Los introvertidos emocionalmente estables. En otras profesiones, como la programación informática y el tenis profesional, ser francamente antipático va unido a mayores ingresos.

Las investigaciones revelan que los introvertidos también tienen éxito en áreas en las que siempre asumimos que los extrovertidos suelen dominar.

Al igual que ocurre con los atletas profesionales, asumimos que los líderes deben ser extrovertidos amantes de la gente. Y, como vimos en la sección anterior, las investigaciones demuestran que los extrovertidos tienen más probabilidades de convertirse en líderes y de ser percibidos como eficaces. Pero ¿son realmente eficaces? Cuando Adam Grant (a quien conocimos en el capítulo 2) analizó el liderazgo, descubrió algo realmente interesante. El hecho de que un introvertido o un extrovertido sea el mejor líder depende de a quién esté dirigiendo. Cuando los empleados son pasivos, los extrovertidos sociales y enérgicos realmente brillan. Sin embargo, cuando se trata de trabajadores muy motivados, los introvertidos lo hacen mejor porque saben escuchar, ayudar y quitarse de en medio.

Y aunque los extrovertidos son más propensos a destacar inicialmente como líderes, con su naturaleza más habladora y su dominio social, los estudios muestran que esto no suele durar mucho. El punto débil de los extrovertidos es la capacidad de escucha que se hace evidente después de asumir un papel de liderazgo; suelen perder el estatus entre los compañeros de trabajo en situaciones de equipo.

Así que, en algunos ámbitos, damos demasiado crédito a los extrovertidos. De hecho, hay muchas desventajas asociadas a la extroversión de las que no se habla tanto. Antes de que empieces a rezar para que tus hijos e hijas sean extrovertidos, considera que la extroversión está relacionada con la delincuencia, la infidelidad, los accidentes de tráfico, el exceso de confianza y la adquisición riesgos financieros. Esto puede resultar impactante. Siempre nos dicen que es bueno ser «una persona popular».

¿Por qué no hemos oído nada sobre los inconvenientes de la extroversión? Francamente, es una cuestión de marketing. Hay muchos más extrovertidos que introvertidos, y los extrovertidos tienen más amigos y hablan más. Como señala Susan Cain, un sesgo extrovertido se ha colado en nuestros lugares de trabajo, escuelas y cultura, especialmente en Estados Unidos.

Hay extrovertidos e introvertidos que tienen éxito y el mundo necesita a ambos, pero lo más probable es que tú no seas ninguno de los dos. Sí, un tercio de las personas son introvertidas a ultranza o extrovertidas las 24 horas del día, pero los dos tercios restantes son lo que se denomina «ambivertidos». Están en un punto intermedio. Es un espectro. Y que estés en el medio no significa que no tengas un superpoder también.

Curiosamente, los ambivertidos son los mejores vendedores. Los extrovertidos, que se podría pensar que tienen ventaja en este aspecto, pueden ser demasiado habladores o prepotentes. Los introvertidos son buenos oyentes, pero pueden carecer de impulso social. Cuando Adam Grant estudió a los vendedores, descubrió que los mejores se situaban en el centro del espectro introversión-extroversión.

Aquí es donde viene la verdadera lección para la mayoría de nosotros. Si no puedes soportar un momento solo, claro, consigue ese MBA y persigue ese puesto de líder sobre una fuerza de trabajo pasiva. Estás hecho para ello. Si la gente te vuelve loco, sumérgete en tu pasión, gana esas diez mil horas y sé reconocido como el mejor en tu campo. Pero la mayoría de nosotros debemos saber cuándo activar nuestro lado extrovertido y construir esa red de trabajo y cuándo cerrar la puerta y desarrollar esas habilidades. Como dijo Adam Grant a *The Wall Street Journal*: «Lee cada situación con más atención y pregúntate: ¿Qué necesito hacer ahora mismo para ser más feliz o tener más éxito?».

El lado introvertido es bastante sencillo: dedicar horas. Pero tanto los introvertidos como los ambivertidos luchan por la mejor manera de hacer contactos. Incluso la expresión «hacer contactos» (*networking*) tiene una connotación negativa, como si fuera poco sincera y falsa, utilizada por políticos aduladores y sórdidos vendedores de coches usados.

La buena noticia es que, aunque los extrovertidos tengan un talento natural para hacer contactos, es una habilidad que cualquiera de nosotros puede desarrollar, y no tiene por qué resultar burda o falsa. Como has visto en esta sección, tanto si buscas un trabajo legal como si intentas vender kilos de cocaína, tener una red de contactos es algo necesario.

Parecía que los bombardeos no iban a terminar nunca. Mientras la Segunda Guerra Mundial hacía estragos, el Reino Unido era bombardeado por los aviones de la Luftwaffe de Hitler. Pero el Reino Unido estaba desarrollando un arma secreta que tenía el poder de cambiar las tornas: un nuevo tipo de radar.

Ya había habido muchas idas y venidas en cuanto al desarrollo de los radares. Los alemanes utilizaban el radar para sus bombardeos en el Reino Unido y, en respuesta, los británicos habían desarrollado formas cada vez más sofisticadas de interferir las señales. Esta lucha tecnológica se ha llamado «La batalla de los rayos».

El Reino Unido había hecho un gran avance llamado «magnetrón de cavidades». Podría sonar como el nombre del dentista de Optimus Prime, pero era algo que la mayoría de nosotros tenemos en nuestra cocina hoy en día: un microondas. El uso del radar de microondas permitiría que las máquinas fueran drásticamente más pequeñas. En lugar de estar alojados en una enorme torre, los radares podrían colocarse en todos los aviones del Reino Unido.

Aunque el Reino Unido había resuelto el problema de la creación de la tecnología, fabricarla a una escala lo suficientemente grande y rápida como para salvar a su país sería imposible. Bajo el incesante bombardeo nazi, no había capacidad para producir miles y miles de dispositivos de radar de microondas en poco tiempo.

Pero había otra manera. La tecnología del radar ya se había beneficiado de la colaboración entre las potencias aliadas; quizás una vez más la colaboración salvaría a Gran Bretaña. En 1940, los líderes militares del Reino Unido llevaron el magnetrón de cavidad a los Estados Unidos y mostraron lo que podía hacer. Los estadounidenses se quedaron boquiabiertos y se comprometieron a dedicar los recursos de desarrollo y fabricación de su país a hacer realidad el sueño.

El Laboratorio de Radiación del MIT dirigió el proyecto. (El nombre que se le dio fue deliberadamente impreciso para ocultar el propósito de su misión. Más tarde se le dio el apodo mucho más *cool* de «Rad Lab»). En el laboratorio trabajaban 350 personas, entre ellas algunas de las mentes más brillantes de aquella generación. Nueve de ellos ganarían más tarde el Premio Nobel por otros trabajos.

Los avances que hicieron fueron espectaculares. Uno de sus sistemas se utilizaría para dirigir el fuego antiaéreo del Reino Unido y fue responsable de eliminar el 85 % de las bombas V-1 alemanas, que habían estado destrozando Londres. Otro tipo de radar era tan sensible que podía detectar los periscopios de los submarinos nazis, lo que permitió a los aliados ganar ventaja en la guerra naval.

Pero antes de que estos tremendos éxitos se hicieran realidad en el campo de batalla, el Laboratorio Rad se enfrentó a un enorme problema: el maldito dispositivo no funcionaba. Al menos no de forma constante. Probando el nuevo radar en el río Charles, en Cambridge, seguían experimentando fallos. Una y otra vez, cuando parecía que conocían la ciencia al dedillo, cuando habían localizado todos los errores, todos los problemas, el radar fallaba por completo. Era inexplicable. Era como si Dios no quisiera que tuvieran éxito, como si un gran poder estuviera trabajando activamente contra ellos.

Tenían razón. Pero no fue Dios. Fue Harvard.

Sin que el MIT lo supiera, el Laboratorio de Investigación de Radio de la Universidad de Harvard había recibido millones de dólares del gobierno estadounidense para desarrollar en secreto tecnología de interferencia de radares, que estaban probando al otro lado del río Charles. (Los estadounidenses deberían haber tomado algunos consejos sobre el poder de la colaboración de sus amigos del Reino Unido). Los esfuerzos de Harvard fueron tan eficaces que una vez interrumpieron todas las comunicaciones del Departamento de Policía de Boston, interfiriendo accidentalmente las radios de los coches patrulla de toda la ciudad.

Por suerte, antes de que los investigadores del MIT se volvieran totalmente locos, la presencia de sus «enemigos» involuntarios al otro lado del río Charles se les dio a conocer, y entonces comenzó un nuevo tipo de poderosa colaboración: una sana rivalidad.

El MIT redobló sus esfuerzos para superar las tecnologías de interferencia de Harvard y esta contraatacó con mejores formas de superar el radar del MIT. El progreso resultante de los dos gigantes académicos fue asombroso.

Con la «ayuda» de Harvard, el radar del MIT se volvió devastador:

En noviembre de 1942, los submarinos se cobraron 117 buques aliados. Menos de un año después, en el bimestre de septiembre a octubre de 1943, solo se hundieron 9 barcos aliados, mientras que un total de 25 submarinos fueron destruidos por aviones equipados con radares ASV.

Y con el «apoyo» del MIT, la tecnología de interferencia de Harvard hizo que los nazis entraran en pánico:

Tan eficaz fue el sistema de interferencia de los Aliados —redujo la eficacia antiaérea alemana en un 75 %—, que al final de la guerra casi el 90 % de los expertos alemanes en radio de alta frecuencia, unos 7.000 hombres, fueron desviados de otras tareas urgentes para dedicarse a la única tarea de encontrar una forma de evitar la interferencia del radar alemán.

Actualmente, muchos creen que el radar fue lo que ganó la guerra.

Cuando colaboramos —incluso en rivalidades sanas—, los beneficios pueden ser exponenciales. Pero, cuando no nos comunicamos, podemos acabar no solo perdiendo esos beneficios, sino también consiguiendo que nuestros amigos «bloqueen» nuestros esfuerzos.

Hemos comprobado que la recompensa del *networking* es enorme. Pero puede parecer egoísta. La investigación de Francesca Gino muestra que, cuando intentamos conocer a alguien solo para obtener algo de él, nos sentimos inmorales. Las personas que menos se sienten mal por el trabajo en red son las más poderosas. Pero las que más necesitan trabajar en red —las menos poderosas—, son las más propensas a sentirse mal por ello. Nos gusta más el trabajo en red cuando es fortuito, cuando se siente como un accidente, no como algo deliberado y maquiavélico.

Esto supone un gran problema para los introvertidos, que no son tan propensos a conocer gente al azar. Incluso crea dificultades para los extrovertidos, que pueden hacer conexiones fácilmente, pero no necesariamente que puedan hacer avanzar sus carreras.

Dado que necesitas tener una red para ser exitoso, ¿puedes construir una y seguir sintiéndote bien contigo mismo? ¿Incluso si eres introvertido?

Para responder a estas preguntas, echemos un vistazo a Adam Rifkin. En 2011, la revista *Fortune* lo nombró el mejor *networker* de Silicon Valley. Adivina. Adam es un tímido introvertido. También es el tipo más simpático que jamás conocerás. De hecho, le apodan «Panda».

¿Cuál es el secreto de Panda para hacer contactos? Ser un amigo. Sí, es así de sencillo. La creación de redes no es una habilidad que cualquiera pueda aprender. Es una habilidad que ya conoces. Haz amigos.

En la terminología de Adam Grant, Panda es un dador. Grant escribió sobre Panda en su bestseller *Give and Take* (Dar y recibir). (Diría que es extraño que tanto Grant como yo conozcamos a Panda, pero reitero, Panda conoce a todo el mundo). Cuando le pregunté a Panda sobre el *networking,* me dijo lo siguiente:

Es mejor dar que recibir. Busca oportunidades para hacer algo por la otra persona, como compartir conocimientos u ofrecer presentarle a alguien que esa persona podría no conocer, pero que estaría interesada en conocer. No seas transaccional en la creación de redes. No ofrezcas algo porque quieres algo a cambio. En su lugar, muestra un interés genuino en algo que tú y la otra persona tengáis en común.

Harvard y el MIT no se comunicaban y eso les causó un montón de problemas. Es bueno conocer a tus vecinos. Es bueno hacer amigos. Pero cuando se trata de amigos en los negocios, usamos la horrible palabra *networking*, y nos hace sentir inmorales. Si te centras en hacer amigos, el problema desaparece. Todo depende de la perspectiva que adoptes.

Otros grandes *networkers* están de acuerdo. El autor de bestsellers Ramit Sethi me dijo:

Todos tenemos amigos con los que es genial estar. Siempre te envían cosas increíbles. «Oye, mira este libro», «Oh, tienes que ver este video que acabo de ver. Toma, aquí tienes una copia». Eso es realmente una red de contactos, porque te están ayudando a ti primero. Ahora bien, si un día vinieran a ti y te dijeran: «Oye, sé que tienes un amigo que trabaja en X compañía. En realidad estoy tratando de conectarme allí. ¿Crees que puedes presentarme?» Por supuesto que dirías que sí. El *networking* se trata de una relación personal.

Si la red de contactos es parecida a la situación de desconfianza que vimos en Moldavia, ¿qué es lo contrario? Islandia. Es uno de los lugares más felices del mundo, y parte de ello se debe a que está muy unido. La población está tan conectada que se encuentra con amigos allá donde vaya. Esto es tan común en Islandia que decir «me encontré con amigos» es una excusa aceptable para llegar tarde al trabajo.

¿Qué pasa aquí? Tenemos esta enorme distinción entre el trabajo y lo personal. Adivina. Tu cerebro no la tiene. Los primeros humanos pasaron la mayor parte de su existencia en pequeñas tribus donde todos se conocían, trabajaban juntos y la mayoría eran parientes de sangre. La distinción entre trabajo y vida personal es nueva, extraña y arbitraria para nuestros cerebros de mamíferos. Por eso lo de *networking* suena mal, pero lo de «familia» suena bien.

Una de las principales razones por las que los humanos han tenido tanto éxito, como señala el investigador israelí Yuval Noah Harari, se debe a lo que se llama «parentesco ficticio». La mayoría de las especies solo se relacionan con la familia. Todos los demás son enemigos potenciales. El *Homo sapiens* ha tenido tanto éxito porque hemos ampliado la definición de familia utilizando historias acordadas mutuamente. Las familias no son solo parientes de sangre. Somos muchas familias: somos estadounidenses. Somos empleados IBM. Estamos en el mismo equipo de softball. Dicho de una forma más sencilla, somos amigos. Los amigos son la familia que elegimos. Esto nos permite colaborar a una escala que es imposible para otros animales. Este es el secreto de nuestro éxito como especie. También es el secreto de tu éxito como individuo: la amistad.

Todo esto es bastante intuitivo, pero aun así puedes sentirte incómodo al acercarte a esa persona que podría ser importante para tu carrera con lo que parece una fina capa de «amistad». Seguimos prefiriendo esa conexión orgánica. Pero esa es también una falsa distinción. Una de las principales cosas que tienen en común todas las parejas no es la magia ni el *je ne sais quoi;* es la proximidad. Es muy difícil enamorarse cuando uno no se encuentra nunca con el otro.

Esto también es cierto en otras relaciones. Uno se hace buen amigo de sus vecinos, ante todo, porque viven cerca de uno. Ahora bien, no tienes que ir a jugar a los bolos con ellos todas las semanas o hacer un juramento de sangre, pero actualmente tienes muchas amistades —más o menos importantes—, basadas en la proximidad, ya sea con los vecinos, con la mujer del cubículo de al lado o con el chico de UPS, y esas conexiones no son malas ni antinaturales. A menudo es solo una cuestión de intentar ser amigos. El Sr. Rogers cantaba: «¿Quieres ser mi vecino?». No te pedía que te mudaras ni nada por el estilo. Solo ser un buen vecino.

Uno hace amigos todo el tiempo basándose en cosas bastante superficiales como la geografía, pero en los negocios es diferente. Es como cuando alguien te pregunta si empiezas con el pie izquierdo o con el derecho cuando caminas, durante un segundo no puedes moverte, porque cuando intentas hacer deliberadamente algo que normalmente haces inconscientemente, se vuelve incómodo.

No hay que tener miedo al *networking*. La verdad es que a menudo subestimamos hasta en un 50 % la disposición de los demás a ayudarnos cuando se les pide. Como hablamos en el capítulo 2, ser desconfiado o suponer que los demás son egoístas puede ser una profecía autocumplida. Recuerda que la regla general es sencilla a la hora de hacer amigos: sé socialmente optimista. Asume que caerás bien a los demás y probablemente lo harás.

Robert Fulghum tuvo un enorme bestseller en los años 80 titulado *All I Really Need to Know I Learned in Kindergarten* (Todo lo que realmente necesito saber lo aprendí en el jardín de infancia). Así que saca tus lápices de colores porque vamos a volver al jardín de infancia. Repasemos algunos de los fundamentos de la amistad, que son intuitivos, pero también están respaldados por la ciencia.

¿TE GUSTA IRON MAN? A MÍ TAMBIÉN ME GUSTA IRON MAN

¿Ves a ese niño jugando con los mismos juguetes que te gustan a ti? Preséntate. Todos elegimos ser amigos de personas que son como nosotros.

Francamente, da miedo el poder de la similitud. Los estudios demuestran que te gustan más los nombres que son similares a los tuyos. Prefieres las marcas simplemente porque comparten tus iniciales. Los cumpleaños son más fáciles de recordar cuando son más parecidos a los tuyos. Incluso prefieres a las personas que se mueven como tú. ¿Por qué los presentadores de noticias y los actores tienen que ser tan guapos? Porque suponemos que las personas atractivas son más parecidas a nosotros (somos muy narcisistas, ¿no?).

Incluso la similitud de las cosas que no te gustan te ayuda a establecer vínculos con los demás. Las investigaciones demuestran que las quejas compartidas nos hacen sentir más cerca del resto. ¿Os disgusta la misma persona? Ese puede ser el camino hacia tu nueva BFF (iniciales en inglés de mejor amiga para siempre). ¿Conoces el viejo dicho «El enemigo de mi enemigo es mi amigo»? Un estudio titulado «I Feel Like I Know You: Sharing Negative Attitudes of Others Promotes Feelings of Familiarity» (Siento que te conozco: Compartir las actitudes negativas de los demás fomenta los sentimientos de familiaridad) demostró que es cierto.

Así que busca en el patio del colegio una similitud con alguien. Ese niño está más inclinado a caerte bien y tú estás más inclinado a caerle bien a él. ¿No ves a nadie que tenga similitudes evidentes? Pues aquí es donde entra en juego un aspecto fundamental.

ESCUCHAR Y ANIMAR A OTROS NIÑOS PEQUEÑOS

¿Quieres descubrir en qué te pareces a otro niño del jardín de infancia? Hazles preguntas y escucha. Es probable que escuches algo con lo que puedas conectar. Más allá de eso, escuchar es vital para crear vínculos y es algo que a la mayoría se nos da mal.

La neurocientífica Diana Tamir descubrió que tu cerebro recibe más placer en hablar de ti mismo que de la comida o el dinero. Por eso deberías dejar de hacerlo y permitir que los que te rodean hablen de ti lo más posible. Las investigaciones de Arthur Aron han demostrado que hacer preguntas a la gente sobre sí misma puede crear un vínculo tan fuerte como una amistad de por vida en un tiempo sorprendentemente corto.

El experto en comportamiento del FBI Robin Dreeke dice que lo más importante es «indagar en los pensamientos y opiniones de los demás sin juzgarlos». Deja de pensar en lo que vas a decir a continuación y céntrate en lo que están diciendo ahora mismo.

¿Has encontrado algo que tienes en común con una persona? Genial. No tengas miedo de hacerle un cumplido sincero. Los estudios demuestran que nos gustan los cumplidos más que el sexo o el dinero. La clave aquí, según el experto en influencia Robert Cialdini, es la sinceridad. No querrás sentirte falso y ellos no querrán que seas falso. Di lo que se te ocurra de forma honesta y positiva. Los estudios demuestran que incluso los halagos obvios y poco sinceros tienen efectos increíbles, pero no estamos vendiendo seguros, así que hay que ser sincero.

No intentes hacerte el interesante o impresionar, ya que puede ser contraproducente. Todos preferimos la calidez a la competencia. De hecho, las investigaciones demuestran que preferimos trabajar con un tonto amable que con un imbécil competente cuando nos dan la opción. Y no ofrezcas consejos ni les digas que están equivocados. Sin embargo, pedir consejo puede ayudar a que los demás se acerquen a ti.

A Dreeke le encanta preguntar sobre los retos a los que se enfrenta la gente. A todos nos gusta quejarnos un poco de las cosas que nos estresan. Eso nos lleva al siguiente punto fundamental.

SÉ UN DADOR. COMPARTE TUS *TWINKIES*

Ofrécete a ayudar a la gente. Haz como Adam Grant, Panda y Paul Erdös, y sé un dador. Cuando la gente diga que tiene problemas con algo, intenta encontrar una forma de ayudar.

No quieres ser un falso *networker* negociador. Quieres que esto se convierta en una amistad orgánica, casual y natural, ¿verdad? Los amigos se hacen favores mutuamente. No tienen un objetivo o una recompensa en mente. Así que confía en el karma. Hay muchas investigaciones que demuestran que intentar hacer felices a los demás en tu red hace que la felicidad vuelva a ti. Los amigos felices hacen que tú tengas un 15 % más de probabilidades de ser feliz también. Incluso si un amigo de un amigo de un amigo se vuelve más feliz, hay un 6 % de posibilidades de que tú te vuelvas más feliz. Así que no te preocupes por la recompensa y no pidas nada. Esto hace que se sientan bien contigo, y tú te sientes bien contigo mismo. Solo estás siendo un amigo. Y, si ofreces ayuda, cúmplela.

(Advertencia: si sigues todo esto, puedes acabar convirtiéndote accidentalmente en una buena persona).

Bien, ya has dejado de lado la idea del incómodo *networking* y te estás enfocando en hacer amigos. Ya tienes la actitud. Pero ¿cómo se empieza realmente? Hay una serie de técnicas estupendas que pueden hacer que el proceso sea más fácil, consuma menos tiempo y no sea tan intimidante.

EMPIEZA CON LOS AMIGOS QUE YA TIENES

Los estudios demuestran que una de las formas más rápidas y sencillas de ampliar tu red de contactos no es repartir tu tarjeta de visita por las esquinas, sino simplemente volver a conectar con viejos amigos. Y no hay nada de malo en ello: ya son tus amigos. Solo que hace un año que no te pones al día con ellos. Es un buen punto de partida y es menos intimidante. Revisa tu lista de amigos de Facebook, tus conexiones de LinkedIn o tu libreta de direcciones y envía unos cuantos correos electrónicos cada semana preguntando «¿Qué tal?». Las investigaciones demuestran que esas amistades «inactivas» pueden ser en realidad mayores impulsores de tu carrera que cualquier nueva conexión que hagas. Además, el neurocientífico John Cacioppo, de la Universidad de Chicago, descubrió que cuando aprovechamos Facebook para organizar reuniones cara a cara, aumenta nuestra felicidad. Sin embargo, cuando lo utilizamos como sustituto, aumenta la soledad.

Sin embargo, una advertencia: No pienses que ser amigos simplemente en las redes sociales realmente cuenta como *networking*. De nuevo, volvamos al jardín de infancia. Tener «amigos» apilados como libros en una biblioteca digital en red no es lo mismo que hablar realmente con la gente y pasar tiempo con ella. Eso no es una relación; es una colección de estampillas virtuales.

ENCUENTRA TUS «SUPERCONECTORES»

No todas las personas de una red son iguales, en lo que respecta a los contactos. Brian Uzzi y Sharon Dunlap investigaron y descubrieron que existe una especie de regla del 80/20 en las redes. Probablemente conociste a la mayor parte de tus amigos a través de un puñado de «superamigos», es decir, los amigos que más se parecen a Panda. Así que cuando se trata de ampliar tu red y hacer nuevos amigos, haz lo que funciona. Si miras a tus amigos de Facebook o a tus contactos de la agenda, verás que has conocido a muchos de ellos a través de un pequeño grupo de personas. Acudir a estos «superamigos» y decirles: «¿A quién conoces que deba conocer?» producirá grandes resultados.

BUSCAR EL TIEMPO Y EL PRESUPUESTO

La gente dice que quiere aumentar su red de contactos, pero son pocos los que realmente le dan la suficiente prioridad, le dedican tiempo o se comprometen a algo específico, como «voy a destinar cincuenta dólares extra a la semana a cafés y almuerzos en los que conecte con la gente». El autor de bestsellers Ben Casnocha observó que los mejores *networkers* se comprometían de antemano a dedicar una determinada cantidad de tiempo y dinero a su objetivo de *networking*, de modo que, cuando surgían oportunidades, no lo dudaban. Los estudiantes universitarios saben que las noches de los viernes y los sábados (y tal vez algunas otras noches) son para las fiestas y no tienen problemas para hacer nuevos amigos. Adopta un enfoque similar.

Los estudios académicos demuestran que la mayor fuente de conflictos entre amigos es sacar tiempo para verse. Como vimos con Spencer Glendon, el tiempo es limitado y valioso. Dedicar tiempo es la forma más fundamental de demostrar que alguien es importante para ti y que te importa. Así que asigna una cantidad de tiempo por adelantado para asegurarte de que el *networking* pasa de ser algo que «te gustaría hacer» a algo que realmente haces. Hay mucho debate sobre si el dinero puede realmente comprar la felicidad, pero las investigaciones son concluyentes en un área: el dinero definitivamente trae felicidad cuando lo gastamos en las personas que amamos. Así que manda un mensaje de texto a un amigo e invítale un café.

ÚNETE A GRUPOS

No, no a un presuntuoso «grupo de *networking*». De nuevo, esto es poco elegante y roza lo vulgar. Organizar una fiesta es bonito, pero probablemente demasiado infrecuente para producir resultados consistentes. ¿Conoces a un grupo de amigos que almuerza cada semana? ¿Qué tal un grupo que ve el fútbol todos los domingos? ¿Un club de lectura en el trabajo? Se trata de formas divertidas y pasivas de asegurarse de permanecer en el grupo y conectar con otros de forma orgánica. Los estudios demuestran que los mejores equipos son una mezcla de viejos amigos y de sangre nueva, y eso también es una ventaja a la hora de establecer contactos. Además, al estar en algunos de estos grupos puedes aumentar fácilmente esa forma científica de «suerte» de la que hablaba Richard Wiseman. La ingeniería de la serendipia mientras te diviertes con gente que te gusta.

No se trata de una teoría absurda que leí en una polvorienta revista académica. Cuando estoy en Los Ángeles, nunca me pierdo la comida semanal de los viernes de mi amigo Andy Walker. Cuando visito San Francisco, me aseguro de ir a las «106 millas» de Panda, reuniones para empresarios de Silicon Valley. Vuelo a Boston un par de veces al año para asistir a las cenas de «gente interesante» de Gautam Mukunda, que reúne a un puñado de personas fascinantes de su red para una noche de vino y conversación. Y prefiero sacrificar un riñón a perderme la reunión anual de blogueros de mi amigo James Clear. Ninguno de estos es un asunto transaccional y desagradable. Son una oportunidad para ver a mis mejores amigos y hacer nuevas amistades en un ambiente relajado.

Las reuniones de este tipo también son formas pasivas de cambiar a mejor. ¿Recuerdas que mamá te dijo que te mantuvieras alejado de ese niño que no paraba de ser castigado? O te dijo: «¿Por qué no puedes pasar el rato con esa buena chica que saca todos los sobresalientes?» Mamá tenía razón. En su excelente libro *The Power of Habit* (El poder del hábito), Charles Duhigg hace referencia a un estudio de Harvard sobre personas que habían cambiado drásticamente sus vidas. A menudo, su secreto no era un cambio trascendental. Era simplemente unirse a un grupo que estaba formado por el tipo de personas en las que querían convertirse.

Por lo tanto, hay que elegir bien esos grupos. El Estudio Terman siguió a más de mil personas desde su juventud hasta su muerte. Esto es lo que dijeron los investigadores sobre con quién relacionarse: «Los grupos con los que te asocias a menudo determinan el tipo de persona en que te conviertes. Para las personas que quieren mejorar su salud, la asociación con otras personas sanas suele ser el camino más fuerte y directo para el cambio».

Las investigaciones también demuestran que formar parte de varios grupos sociales en vez de solo a uno aumenta tu capacidad de resiliencia y te ayuda a superar el estrés. Si no conoces ningún grupo maravilloso de este tipo, la solución más fácil es crear uno y ser el centro de la red. Todos esos otros amigos tuyos que buscan un momento habitual pasar el rato y establecer una red de contactos de una manera que no sea deprimente te lo agradecerán.

HACER SIEMPRE UN SEGUIMIENTO

Todos conocemos a gente, pero rara vez nos tomamos el tiempo de continuar conociéndolos y comenzar una amistad. Analizando ocho millones de llamadas telefónicas entre dos millones de personas, los investigadores de Notre Dame descubrieron que lo que hace que las amistades cercanas perduren es simplemente mantenerse en contacto cada dos semanas. Ahora bien, no es necesario conectar con la gente tan a menudo si no son amigos íntimos, pero el principio sigue siendo el mismo: comprobar de vez en cuando cómo están importa.

Esto no tiene por qué llevar mucho tiempo. Con el tiempo, enviar unos cuantos correos electrónicos cada semana puede suponer una gran diferencia. La red de Panda es gigantesca, pero dedica una cantidad de tiempo sorprendentemente pequeña a mantenerla. La mayoría de las veces busca pequeños favores o presentaciones que pueda hacer por correo electrónico cada semana. Al hacer favores, ayuda a la gente y mantiene las relaciones de forma natural al mismo tiempo (esto también es bastante saludable. Los estudios longitudinales demuestran que las personas que viven más tiempo no son las que reciben más ayuda; son las que dan más ayuda).

¿Y qué pasa con la formación de amistades con los compañeros de trabajo? Esto es otra excelente idea. No se puede confiar en los ejercicios que organiza RRHH de *team-bonding* (unión de equipos); los estudios demuestran que solo son eficaces para crear desconfianza.

Las investigaciones también demuestran que el mejor predictor del éxito de un equipo de trabajo es lo que sienten los miembros del equipo entre sí. ¿Qué es lo que mejora la comunicación y la eficacia del equipo que no leerás en la mayoría de los manuales formales? Bromear con tus compañeros de trabajo.

Para saber quiénes son los que más rinden en el trabajo, fíjate en las mesas del almuerzo. Esto es lo que descubrió la investigación de Ben Waber: «Descubrimos que las personas que se sentaban en las mesas más grandes tenían un rendimiento sustancialmente mayor». Tenían redes más amplias y sabían más sobre lo que hacían sus compañeros.

Tener un grupo diverso de amigos en la oficina también da grandes beneficios: «Aquellos que tienden un puente sobre compartimentos relativamente desconectados de una red ascienden antes y tienen más movilidad en sus carreras porque se enteran de las oportunidades antes que los demás... Tener una epifanía no es gran cosa a menos que puedas motivar a otros para que crean en ella y actúen en consecuencia».

Sí, lo sé. Hay personas con las que trabajas que son unos imbéciles (mi jefe puede ser un idiota total a veces y yo trabajo por cuenta propia). Hay gente en la oficina con la que no te llevas bien. Lo entiendo. Pero cuando hablé con el profesor de la Stanford Graduate School of Business, Jeffrey Pfeffer, le pregunté cuál era el error número uno que cometía la gente cuando intentaba ascender en la oficina. ¿Su respuesta? No participar en la dinámica social de la empresa. Decir: «Sí, sé que las relaciones te ayudan a progresar, pero me niego a entrar en ese juego». El psicólogo clínico y consultor laboral Al Bernstein dice: «No se puede no jugar a la política; solo se puede jugar mal... el único lugar donde las relaciones no importan es en una isla desierta, lejos del resto del mundo». El investigador de Harvard Shawn Achor descubrió que los trabajadores menos propensos a desarrollar amistades en el lugar de trabajo eran también los menos propensos a ser ascendidos. (Siéntete libre de leer esta frase unos cientos de veces más para que la asimiles).

Los chismes de la oficina pueden ser una pesadilla, pero vale la pena formar parte de ellos. Las investigaciones demuestran que entre el 70 y el 90 % de los chismes son ciertos, y esa información no estará en el correo electrónico semanal de la empresa. Tienes que saber lo que pasa si quieres progresar.

Si eres un líder en tu organización, es muy importante que te esfuerces por fomentar las buenas relaciones entre tus empleados. Cuando los trabajadores tienen al menos un amigo cercano con talento en la empresa, su esfuerzo y productividad aumentan un 10 %. ¿Qué te parece esto para motivar?

Parece que la mayoría de nosotros necesitamos una patada en el trasero. En el estudio «Social Isolation in America: Changes in Core Discussion Networks over Two Decades» (Aislamiento social en Estados Unidos: Cambios en las redes de discusión básicas a lo largo de dos décadas), los autores descubrieron que en 1985 la mayoría de las personas afirmaban tener tres confidentes en su vida. En 2004, la respuesta más común era cero: «El número de personas que dicen no tener a nadie con quien discutir temas importantes casi se triplicó». Y tener pocos amigos es más peligroso que la obesidad y es un riesgo para la salud equivalente a fumar quince cigarrillos al día.

Creo que eso lo dice todo. Harvard y el MIT deberían haber compartido sus Twinkies y alguna información sobre lo que estaban trabajando. Les habría facilitado mucho la vida y habría hecho más productivo su trabajo y, oye, hasta es bueno que las universidades tengan amigos, ¿no?

Puede que ya tengas una red de contactos sólida. Sin embargo, hay un tipo especial de relación de red que todos necesitamos para tener éxito. Y merece una atención especial.

Todos queremos ser graciosos. En los años 80, cuando Judd Apatow era joven, se metía hiedra venenosa por la nariz para hacer reír a sus amigos, lo que, como te puedes imaginar, fue una muy mala idea. Su padre siempre ponía discos de comediantes cuando era joven y eso le inspiró. Cuando creció, supo que quería ser comediante.

Veía *Saturday Night Live*, grababa los episodios en una grabadora de vídeo, transcribía las cintas a mano y estudiaba los chistes. Cada semana consultaba la *TV Guide* para ver qué cómicos iban a aparecer en los programas de entrevistas. Escribió un trabajo de treinta páginas sobre los hermanos Marx cuando estaba en quinto grado. No para la escuela, sino para sí mismo.

Necesitas una pasión como esta cuando eres un niño solitario. Cuando se meten contigo. Cuando tus padres están pasando por un divorcio muy difícil. Pero también era solitario tener una pasión que nadie más entendía.

Entonces, ¿cómo se aprende comedia cuando todavía vives en casa y pasas la mayor parte del tiempo haciendo los deberes de geometría? (esto fue mucho antes de Internet). Un amigo de Apatow había estado entrevistando a grupos musicales para la emisora de radio del instituto, WKWZ 88.5 FM. ¿Y si hiciera lo mismo con cómicos profesionales?

Poco sabía Apatow que en ese momento los comediantes no eran gran cosa. Nadie quería entrevistarlos. Así que, cuando llamó a los representantes, esperando que no se rieran y colgaran, pensaron lo mismo que el joven Apatow: ¿por qué no? (Probablemente ayudó que Apatow no mencionara que estarían en una emisora de radio de un instituto y que él tenía quince años). Casi todos los cómicos a los que preguntó aceptaron.

Sí, muchos se sorprendieron bastante cuando se presentó en su puerta, con la cara llena de granos y con la gran grabadora del departamento de audiovisuales del instituto Syosset en la mano, pero así es como un chico solitario y obsesionado con la comedia consiguió entrevistar a los nombres más importantes del sector, desde Jay Leno a Garry Shandling o el cocreador de Los Simpson, James Brooks. Visitó a su abuela en Los Ángeles para poder entrevistar a Jerry Seinfeld. Viajó a Poughkeepsie para hablar con «Weird Al» Yankovic.

De ellos aprendió a escribir chistes, a conseguir tiempo en el escenario, a utilizar experiencias personales en su acto, a adaptar el material a diferentes públicos. Pero, sobre todo, aprendió que no estaba solo. Había mucha gente como él.

Así que empezó a escribir. Cuando estuvo satisfecho con el material, se lo ofreció a Jay Leno. Leno no lo compró, pero le dio su opinión y le animó, igual que George Carlin había hecho con Leno tantos años antes.

Y seis años después de que Apatow lo entrevistara, Garry Shandling contrató a Apatow para que escribiera chistes para la entrega de los Oscars y luego lo contrató como guionista en *The Larry Sanders Show*. Apatow escribió para Roseanne Barr y Tom Arnold. Jay Leno siguió llevándolo a *The Tonight Show* cuando, francamente, no había ninguna razón para hacerlo. Hasta que un día…

Judd Apatow es ahora el aclamado director de *The 40-Year-Old Virgin* (Virgen a los 40) y *Knocked Up* (Ligeramente embarazada). No podría haber llegado hasta ahí sin sus mentores. Todos necesitamos mentores para triunfar (pero, por suerte, no necesitamos meternos hiedra venenosa por la nariz).

Muy bien, ¿quieres ser un verdadero revolucionario? ¿Alguien que cambie el mundo y sea reconocido en los libros de historia?

K. Anders Ericsson, el tipo que creó la teoría de las diez mil horas de experiencia, dice que no hay forma de evitar una cosa: vas a necesitar un mentor. Ericsson afirma: «Estos resultados son coherentes con un estudio sobre atletas, científicos y artistas de éxito internacional, en el que [Benjamin] Bloom (1985) descubrió que, prácticamente sin excepción, cada individuo había sido entrenado por un maestro, que antes había formado a estudiantes para que alcanzaran un nivel internacional».

¿Recuerdas a Mihály Csikszentmihályi, el investigador que entrevistó a más de noventa y una de las personas más creativas del mundo? ¿Qué descubrió que tenían en común esos grandes personajes? Sí, cuando estaban en la universidad, casi todos tenían un mentor importante.

Gerard Roche encuestó a 1.250 altos ejecutivos y descubrió que dos tercios habían tenido un mentor, y los que lo tuvieron ganaron más dinero y estaban más contentos con sus carreras: «El aumento medio del salario de los ejecutivos que han tenido un mentor es del 28,8 %, combinado con un aumento medio del 65,9 % en las primas, para un aumento global del 29,0 % en la compensación total en efectivo». Y, mujeres, esto es aún más importante para vosotras. Todas y cada una de las ejecutivas de éxito del estudio resultó que habían tenido un mentor.

Incluso si estás empezando tu propia empresa y no tienes un jefe, sigue siendo vital. En el estupendo libro de Shane Snow, *Smartcuts* (Atajos), señala una investigación que demuestra que los empresarios con mentores recaudan siete veces más dinero y sus negocios crecen tres veces y media más.

¿Por qué son tan importantes los mentores? No tienes tiempo para cometer todos los errores tú mismo, y, por supuesto, cometer esos errores puede significar el fracaso. Es mejor dejar que otros los cometan y que tú puedas aprender de ellos. Los grandes mentores y los grandes profesores te ayudan a aprender más rápido. Incluso en el instituto, el profesor adecuado marca una gran diferencia. El economista de Stanford Eric Hanushek dice que los malos profesores cubren seis meses de material en un año. Los grandes profesores cubren un año y medio. Estas matemáticas no son difíciles de descifrar, amigos. Significa que es mucho mejor tener un buen profesor en una mala escuela que a la inversa.

Pero hay otro impulso, menos reconocido, que dan los buenos mentores. He hablado mucho de la teoría de las diez mil horas de experiencia y de por qué alguien querría dedicar tanto tiempo a mejorar tanto en algo. En el capítulo 1, viste que una de las razones era un toque de locura y obsesión. Pero esa no es toda la historia. Los mentores hacen que el aprendizaje sea divertido. Añaden una relación al estrés y te ayudan a superar la frustración mientras te empujan a dar lo mejor de ti. Adam Grant dice que los mentores pueden ser lo que te lleve por el camino del valor y la práctica deliberada:

> Resulta que, en realidad, la mayoría de estos artistas de talla mundial tuvieron un primer entrenador, o un primer profesor, que hizo que la actividad fuera divertida. Si uno destaca en algo y experimenta la maestría, a menudo esto hace que sea más divertido y agradable hacerlo. Hemos pasado por alto el efecto contrario, que es que a menudo el interés precede al desarrollo del talento. Tener un entrenador o un profesor que haga que algo sea realmente emocionante es lo que te lleva a menudo a practicar lo necesario para convertirte en un experto en ello.

La diversión no suele estar en la misma categoría que el «trabajo duro», la «experiencia» y «ser el mejor». La diversión es emocional. Ese componente emocional es fundamental. No solo debes preocuparte por tus mentores; los mentores que realmente te hacen triunfar tienen que preocuparse por ti.

Judd Apatow tuvo algunos mentores increíbles, pero una de las razones más sutiles, y sin embargo, la razón fundamental por la que las cosas funcionaron para él de la manera en que lo hicieron es por esa conexión personal. Se dio cuenta de que ellos también habían sido niños solitarios que amaban la comedia. Sentir esa conexión no es solo agradable; es esencial. Las investigadoras Penelope Lockwood y Ziva Kunda descubrieron que la diferencia entre sentirse inspirado por un modelo de conducta y desmoralizarse por otro se reduce a dos cosas: la relevancia y la posibilidad de alcanzarlo. Cuando te relacionas con alguien a quien admiras, te sientes motivado. Y cuando esa persona te hace sentir que tú también puedes hacerlo, ¡bum!, esto produce resultados reales.

Por eso, el programa de mentores de tu empresa, aunque tenga buenas intenciones, no ayuda. Christina Underhill analizó las dos últimas décadas de investigación sobre la tutoría y encontró una sorprendente división. Sí, la tutoría formal supuso una pequeña mejora, pero los verdaderos resultados vinieron de los mentores informales, del tipo que encuentras por tu cuenta. Shane Snow informa: «Cuando los estudiantes y los mentores se reunieron por su cuenta y formaron relaciones personales, los mentorizados obtuvieron resultados significativamente mejores, medidos por los ingresos futuros, la permanencia en el puesto, el número de ascensos, la satisfacción laboral, el estrés laboral y la autoestima».

Así que estamos de acuerdo en que esto es importante, y estamos de acuerdo en que casi todo el mundo se equivoca, en que hay que encontrar un mentor de manera informal. Pero ¿cómo encontrar al adecuado?

Acercarse a un mentor es un poco diferente a la creación de redes en general. Quieres a alguien de primera categoría, lo que por definición significa que esta persona va a estar ocupada. Mucha gente quiere su tiempo. Van a ser exigentes. Tienen que serlo. Como con Spencer Glendon, no pueden perder el tiempo. Tienen un montón de oportunidades, pero solo veinticuatro horas al día.

Entonces, ¿cómo conseguir un mentor increíble que sea adecuado para ti? He aquí cinco principios:

SÉ UN ALUMNO DIGNO, MI PEQUEÑO SALTAMONTES

Hay un viejo dicho: «Cuando el alumno está preparado, el maestro aparece». Si estás haciendo todo lo posible para avanzar en tu carrera, conseguir un mentor no será demasiado difícil. ¿Por qué? Porque si estás haciendo un trabajo increíble, la gente con más éxito que tú se dará cuenta y querrá ayudarte. Los emprendedores con talento y recursos son raros. Si la gente no se da cuenta, algo estás haciendo mal. O no estás trabajando lo suficiente o no estás haciendo la suficiente divulgación.

Existe el viejo dilema del huevo y la gallina: «¿Cómo consigo un trabajo sin experiencia y cómo consigo experiencia sin un trabajo?». Los perezosos argumentarán que es lo mismo: «Me estás diciendo que necesito tener éxito para conseguir un mentor, pero necesito un mentor para tener éxito». Es un error.

Muchas personas quieren un mentor porque son demasiado perezosas para hacer el trabajo duro por sí mismas. Las investigaciones neurocientíficas demuestran que, cuando un experto habla, algunas partes de tu cerebro se apagan:

En un estudio realizado en 2009, científicos de la Facultad de Medicina de la Universidad de Emory, dirigidos por el doctor Gregory Berns, profesor de neuroeconomía y psiquiatría en Emory, descubrieron que las personas dejan de pensar por sí mismas cuando una persona que perciben como experta les ofrece consejo o dirección… «Los resultados de la activación cerebral sugieren que la exención de la toma de decisiones fue impulsada por la confianza en el experto».

Este tipo de reacción está bien para tus profesores en la escuela: a ellos les pagan. Tú, en cambio, estás pidiendo el tiempo de una persona muy ocupada y muy talentosa de forma gratuita. Que la actividad cerebral se apague no es lo que quiere ningún mentor. Lo que quiere es darte la información suficiente para encender un fuego bajo tu trasero, no ser visto como un libro de texto.

¿Qué hace que un mentor quiera hacer un esfuerzo adicional por ti? Cuando demuestras que has explorado todas las vías imaginables y que no puedes ir más allá sin la ayuda del mentor. Ver que has hecho todo lo que está en tu mano demuestra que eres inteligente, que no vas a hacerles perder el tiempo y que eres ingenioso. La mayoría de los mentores también se ven a sí mismos así, por lo que ambos tenéis algo muy importante en común.

En lugar de pensar en lo que necesitas, recuerda lo que probablemente estén pensando ellos: *Soy el mejor en mi campo y estoy ocupado. ¿A quién quiero ayudar gratis en mi tiempo limitado?*

ESTÚDIALOS. NO, ESTÚDIALOS DE VERDAD

Si están en la cima de su campo, seguramente habrá información sobre ellos en Internet. Dedícale tiempo. Conocer íntimamente el trabajo de alguien es poco frecuente y bastante halagador.

Pero halagar a una persona no es ni mucho menos la única razón para hacer esa investigación. Como hemos establecido, necesitas saber que esa persona es el mentor adecuado para ti. Ver una cara bonita de lejos puede ser suficiente para que quieras tener una cita con alguien, pero no es suficiente para que quieras casarte con ella (más vale que no lo sea, por tu bien). Y no te hagas ilusiones, querido lector: esto es un matrimonio, no una aventura de una noche. Quieres saber que la persona es realmente la mejor. Y quieres saber que no es un imbécil. Además, Dan Coyle, autor del bestseller *The Talent Code* (El código del talento), dice que quieres a alguien que te intimide un poco. Sí, tienen que saber lo que hacen, pero también tienen que ser capaces de motivarte.

Y una vez que te conocen, esa investigación da sus frutos, porque es muy bueno para ti que piensen que eres más inteligente que la media. Robert Rosenthal y Lenore Jacobson hicieron un estudio clásico en el que se dijo a los profesores que ciertos alumnos eran «adelantados académicamente» y tenían un potencial muy alto. Al final del año escolar, esos niños fueron examinados y habían ganado una media de 22 puntos de CI. Y esto es lo más interesante: estos estudiantes habían sido elegidos al azar. No eran especiales. Pero el hecho de que los profesores creyeran que eran especiales lo convirtió en una realidad. Los profesores no pasaron más tiempo con estos niños. Rosenthal «cree que los profesores estaban más entusiasmados con la enseñanza de estos estudiantes... Y deben haber comunicado sutilmente el respeto y el entusiasmo por estos alumnos, de modo que los propios alumnos se sintieron más capaces de comprender y anticipar un mejor rendimiento de sí mismos».

PERDER EL TIEMPO DE UN MENTOR ES UN PECADO MORTAL

Sí, les molestará, pero lo más importante es que demuestra que te faltan habilidades básicas. El mentor pensará: «Esta persona no está preparada para mi ayuda».

Escribir un correo electrónico de varias páginas a una persona muy ocupada no demuestra que seas serio, sino que estás loco. Así que respeta su tiempo y empieza con poco.

Hacer grandes preguntas es una forma perfecta de construir una relación. Pero la palabra clave aquí es «grandes». Nunca hagas a un mentor una pregunta que Google pueda responder fácilmente por ti. Graba esto en piedra. Escríbelo con sangre sobre tu escritorio. Tatúatelo. Puedes aprender lo básico de cualquier tema en Khan Academy. Y ya deberías haber hecho todo ese trabajo.

Hacer una pregunta a tu mentor es como un poder especial en un videojuego. No lo desperdicies. Utilízalo cuando realmente cuente.

SEGUIMIENTO

Al principio, no menciones la palabra M: mentor. No le pedirías a alguien que se casara contigo en la primera cita, ¿verdad? Estás tratando de iniciar una relación, no de cerrar una venta. Va a llevar tiempo, pero eso no importa. Vas a tener que hacer un seguimiento. Tú eres el que le pide algo.

El autor de bestsellers Ryan Holiday se ha beneficiado de tener varios mentores, como el escritor Robert Greene. Holiday dice lo siguiente:

Hazte notar. La gente ocupada se olvida fácilmente de ti, recuerda esto. La clave está en encontrar la forma de mantener la relevancia y la frescura. Envía correos electrónicos y preguntas con un intervalo de tiempo que se sitúe en la fina línea que separa lo molesto de lo interesante. Es más fácil mantener algo vivo que revivir a un difunto... pero eres tú quien debe mantener las cosas en movimiento, no el mentor.

Tienes que usar constantemente un desfibrilador de conversación para mantener viva la relación, pero sin ser una molestia. Haz lo que te han dicho, obtén resultados y hazles saber que han marcado la diferencia.

Esto es lo que quieren los mentores. Si se comprometen, puedes seguir con: «He [hecho los deberes] y he descubierto [pasos siguientes realmente impresionantes]. Sería [rellenar el espacio en blanco], pero me encantaría conocer tu opinión. ¿Crees que es mejor [estrategia bien pensada uno] o [estrategia bien pensada dos]?».

Quieres que estas interacciones se conviertan en conversaciones de ida y vuelta, no en algo puntual.

HAZ QUE SE SIENTAN ORGULLOSOS

Es como esas viejas películas de artes marciales: «¡No traigas el deshonor a la Antigua Orden del Ninja!». Ningún mentor quiere sentir que ha perdido su tiempo ayudándote. Al final, tu objetivo y el de tu mentor deberían estar alineados: hacerte una persona increíble. Pero también hay un objetivo secundario: hacerles quedar bien.

El decano Keith Simonton, experto en eminencias, dice que ser considerado un gran mentor es admirable en sí mismo. ¿Y cómo se sabe quién es un gran mentor? Por el éxito de sus alumnos, por supuesto.

Así que piensa en tu carrera, pero piensa también en la de ellos. Como hemos comentado, muchos expertos no son conocidos por su don de gentes. Pero llegar a la cima en su campo y ser alguien que puede enseñar a otros es muy impresionante. Para los altos ejecutivos, ser un reputado formador de talentos que puede preparar a futuros líderes añade mucho a su currículum y puede ser su billete para un puesto de director general.

Puede que encuentres un mentor que te ayude a mejorar tus habilidades, pero que no tenga ni idea de cómo desenvolverse en los conflictos de una oficina. Esto es muy común, pero no es un problema. ¿La solución? Conseguir un segundo mentor. Los mentores son como las patatas fritas: no es suficiente con uno. En los estudios de Roche sobre ejecutivos, el número medio de mentores era de dos, y entre las mujeres, de tres. El decano Keith Simonton lo explica:

Los futuros alumnos deberían recurrir a muchos mentores y no a uno solo. El mismo consejo se ha dado en la elección de modelos a seguir, y por la misma razón. Con muchos mentores en los que basar su crecimiento personal, es menos probable que los jóvenes con talento sigan el peligroso camino de la mera imitación.

En cambio, se verán obligados a sintetizar la diversidad que representa su formación. La síntesis de técnicas, estilos o ideas puede ser la clave de la reputación de un alumno.

Antes de terminar, hay una objeción muy común que debo abordar. Tal vez ya te sientas bastante realizado. Tal vez pienses que has avanzado lo suficiente como para no necesitar un mentor. Te equivocas.

Atul Gawande es cirujano endocrino. Y profesor de la Facultad de Medicina de Harvard. Y escritor del *New Yorker*. Y ha escrito cuatro libros superventas. Y ha ganado una beca Rhodes y una beca MacArthur «Genius». Y está casado y tiene tres hijos (cada vez que miro su currículum pienso: «Dios, ¿y qué demonios he estado haciendo con mi tiempo?) Así que en 2011, ¿qué pensó que era lo siguiente que tenía que hacer? Conseguir un *coach*. Alguien que le hiciera mejorar.

Se puede decir que es paradójico (o el acto de un adicto al trabajo) que alguien con tantos logros sienta que necesita ayuda para mejorar, pero no es así como lo ve Gawande. Todos los atletas profesionales tienen entrenadores. A menudo contratan a varios expertos para que les ayuden con el estado físico, la dieta y determinados aspectos del juego. Si alguien que se gana la vida lanzando una pelota se toma su trabajo lo suficientemente en serio como para contratar a un profesional, ¿quizás un cirujano que abre a la gente todos los días también debería hacerlo? ¿Y qué pasó cuando el renombrado cirujano Robert Osteen aceptó salir de su retiro y ponerse detrás de Gawande en el quirófano, con un cuaderno de notas en la mano? ¿Qué pasó cuando este ganador de la beca MacArthur se sometió humildemente a que le dijeran, con todo lujo de detalles, todos los pequeños errores que cometía? El número de complicaciones postquirúrgicas que sufrían los pacientes de Gawande se redujo. El ya gran cirujano mejoraba aún más.

Todos tenemos cosas que podemos aprender de otra persona. Y es genial hacer un amigo para toda la vida en el proceso. Judd Apatow era un chico solitario con una pasión. Así que tomó una pequeña apuesta, se acercó a potenciales mentores, y cosechó enormes recompensas. También hizo amigos para toda la vida… Pero la cosa no acaba ahí. Apatow ahora lo devuelve:

> La gente fue amable conmigo, como Garry Shandling y James Brooks, y realmente me enseñaron todo lo que sé cuando trabajé en sus programas. Para mí, es la parte normal de esto, donde siempre necesitas ayuda. Así que si estoy trabajando en un programa como *Freaks and Geeks,* necesito un equipo. Y a veces tengo guionistas jóvenes en el equipo y tienen mucho talento, pero aún no saben cómo hacerlo y parte de mi trabajo es enseñarles cómo. Eso me facilita el trabajo. Así que la tutoría es algo que les compensa a ellos, pero también me hace la vida más fácil.

¿Dónde aprendió el valor de devolver la mano? De un mentor, por supuesto. Garry Shandling le dijo: «Cuando veo talentos, quiero que sean todo lo que puedan ser. Quiero ayudar y, al hacerlo, también me ayudan a mí. Siempre que hago de mentor, me doy cuenta de que yo mismo estoy aprendiendo algo».

La investigación respalda a Shandling. Yoda vivió tanto tiempo y era tan calmado por una razón: ser mentor te hace feliz. Ser mentor de un joven predice cuatro veces más la felicidad que tu salud o el dinero que ganas. Así que, si tienes las habilidades, no pienses solo en quién puede ayudarte. Piensa en a quién puedes ayudar tú.

Así que ya sabes cómo establecer una red de contactos, conseguir un mentor y congeniar con la gente. Pero a veces la gente es difícil. A veces se enfadan. ¿Cómo se manejan las situaciones difíciles? Es hora de sacar la artillería pesada.

Aprendamos de las personas que saben cómo conectar con la gente más difícil que se pueda imaginar en las peores situaciones con lo más importante en juego: los negociadores de rehenes.

En los Juegos Olímpicos de 1972, miembros del grupo terrorista palestino Septiembre Negro tomaron como rehenes a once atletas israelíes. La tragedia terminó con un enfrentamiento entre la policía y los terroristas. Pero cuando el humo se disipó, los once israelíes habían muerto, al igual que cinco de los terroristas y un policía alemán. A medida que los ataques terroristas y otras situaciones de crisis se intensificaban en los años 70, la policía se dio cuenta de que necesitaban una forma mejor de manejar estos problemas.

Hasta ese momento, la negociación de crisis era casi inédita. Cuando la policía acudía a incidentes con delincuentes atrincherados, a menudo era el agente que acudía, sin formación formal, el que tenía que tratar con el sospechoso. Irrumpir en el lugar parecía a menudo la única forma de resolver el problema, a pesar de su escaso historial de resultados. Pero dos policías pensaron que podría haber una forma mejor.

Harvey Schlossberg era una anomalía: un detective de policía con un doctorado en psicología. Frank Bolz era un veterano del Departamento de Policía de Nueva York. Creían que hablar con los secuestradores era el camino para reducir el número de víctimas y resolver con más éxito estas complicadas situaciones. Nadie lo había intentado nunca, y sus métodos se encontraron con la resistencia de muchos que consideraban que el uso de la fuerza era la única opción. Elaboraron un manual que la policía de Nueva York podía utilizar para gestionar estos incidentes, pero ¿funcionaría cuando hubiera vidas reales en juego? Su sistema se puso a prueba mucho antes de lo que habían imaginado.

El 19 de enero de 1973, cuatro miembros de un grupo musulmán extremista entraron en John and Al's, una tienda de artículos deportivos del barrio de Williamsburg, en Brooklyn, y tomaron a doce personas como rehenes. Se produjo un tiroteo de tres horas con la policía de Nueva York. Un agente murió, y dos policías y uno de los pistoleros resultaron heridos. Los secuestradores juraron que lucharían hasta la muerte. Había buenas razones para tomarlos en serio: la tienda en la que se encontraban no solo vendía pelotas de baloncesto y raquetas de tenis, sino que también era una auténtica armería, repleta de armas y munición para la venta a cazadores y deportistas.

A pesar de esta tremenda amenaza, en lugar de que un equipo SWAT dirigiera la intervención, se estableció un «grupo de reflexión». La policía de Nueva York no dispararía un solo tiro. La única arma que emplearían sería la psicología. Bolz y Schlossberg llegaron al lugar de los hechos y dieron su sencillo consejo: hablar y esperar. Así que la conversación comenzó. Se prolongaría durante casi un récord de cuarenta y siete horas.

A un ministro musulmán se le permitió entrar en la tienda. Volvió con malas noticias: «Están dispuestos a morir por Alá». Y si esto no era suficiente, la presión sobre la policía provenía de una fuente inesperada: el vecindario. Los secuestradores eran negros, y las fuerzas del orden que respondieron eran mayoritariamente blancas. La tensión racial ya era elevada en Williamsburg, y los agentes temían, comprensiblemente, que la simpatía de la comunidad se decantara por los secuestradores a medida que pasara el tiempo. Pero la policía de Nueva York mantuvo su plan y siguió hablando.

Los secuestradores liberaron a un rehén con un mensaje: Querían comida, cigarrillos y tratamiento médico para su compañero herido. A cambio de otro rehén, le proporcionaron un médico.

Llegó la segunda noche y se desató un torrente de disparos desde la tienda, pero la policía de Nueva York no devolvió el fuego. Entonces ocurrió algo inesperado. Con los pistoleros distraídos por las negociaciones, los nueve rehenes restantes consiguieron escapar. Rompiendo una pared de pladur, se dirigieron a la azotea, donde fueron rescatados por el personal de los servicios de emergencia. Aterrados por haber perdido su ventaja, los secuestradores dispararon a mansalva contra la policía que los rodeaba. La policía de Nueva York pudo finalmente asaltar la tienda sin temor a que hubiera víctimas civiles. Pero no lo hicieron. En su lugar, trajeron a miembros de las familias de los pistoleros para que hablaran con ellos. Cuatro horas después, Salih Ali Abdullah, Shulab Abdula Raheem, Dawd

A. Rahman y el herido Yusef Abdullah Almussudig salieron de la tienda y se rindieron. Todo había terminado.

Los secuestradores habían soltado cientos de balas más desde el tiroteo inicial, pero la policía de Nueva York solo había respondido con palabras. Y nadie más había resultado herido.

La policía de Nueva York envió su manual de negociación al FBI para que lo revisara. No solo fue aprobado, sino que antes de que acabara el año los federales pusieron en marcha su propio programa de negociación de rehenes en Quantico. Hoy en día, aproximadamente el 70 % de los negociadores de la policía están formados con el programa del FBI. Mientras que los asaltos provocan un 78 % de víctimas, los datos del FBI muestran que la negociación en situaciones de rehenes tiene un 95 % de éxito.

¿Sabes cuál es el lema del Equipo de Negociación de Rehenes de la Policía de Nueva York hasta el día de hoy? «Habla conmigo».

Mucha gente, cuando oye hablar de la negociación de rehenes, sacude la cabeza y dice: «¿Por qué no disparan al tipo?». Pero esa gente no conoce las estadísticas. Cuando la policía se lanza al asalto durante una situación de rehenes, es la policía la que sufre la mayor parte de las bajas. Los enfrentamientos pueden acabar con la situación rápidamente, pero las investigaciones demuestran que no acaban bien.

Tú y yo hacemos lo mismo en nuestras relaciones personales. Las cosas se tuercen y a menudo nuestra primera respuesta es pelear. No se trata de violencia física, sino de gritar y discutir en vez de discutir y negociar. ¿A qué se debe esto? El filósofo Daniel Dennett dice que se debe a que la «metáfora de la guerra» está conectada a nuestro cerebro cuando se trata de desacuerdos. Cuando hay una guerra, alguien es conquistado. No es una discusión de hechos y lógica; es una lucha a muerte. No importa quién tenga realmente razón, si tú ganas, yo pierdo. En casi todas las conversaciones, el estatus está en juego. Nadie quiere parecer estúpido. Así que, como explica Dennett, creamos una situación en la que aprender equivale a perder.

Incluso si tienes pruebas sólidas y una lógica impecable, y arrinconas a la otra persona, ¿qué ocurre? Puede que cedan, pero seguro que te odian. Cuando hacemos que se gane o se pierda, todos perdemos.

Al Bernstein, psicólogo clínico, está de acuerdo. Lo llama el efecto «Godzilla contra Rodan». Cuando la otra persona empieza a gritar y tú empiezas a gritar y ambos siguen la metáfora de la guerra, se derriban edificios, se arrasa Tokio, pero se consigue muy poco. Podrías pensar: «Solo estoy tratando de explicar…». Pero Bernstein dice que esto es una trampa. Explicar es casi siempre una dominación encubierta. No se trata de educar, sino de ganar. El subtexto es: «He aquí por qué yo tengo razón y tú estás equivocado». Y eso es exactamente lo que escuchará la otra parte, digas lo que digas.

Las investigaciones de la neurociencia lo confirman. Cuando las personas se enfadan por algo y se les muestran pruebas que entran en conflicto con lo que creen, ¿qué muestra una resonancia magnética? Las áreas de su cerebro asociadas con la lógica literalmente se apagan. Las regiones asociadas con la agresividad se encienden. Para su cerebro, no se trata de una discusión racional, sino de una guerra. El cerebro no puede procesar lo que estás diciendo; es solo tratar de ganar. Tu cabeza funciona igual, a menos que te esfuerces en controlarla.

Estoy seguro de que algunos de los más acérrimos discutidores no están de acuerdo. ¿No puede funcionar la lucha? Claro que sí. Las investigaciones demuestran que si tú tienes poder y la otra persona no, la intimidación puede ser muy eficaz, a corto plazo. Si tu jefe grita, probablemente te sientas intimidado. Pero ¿qué significa esto para la relación? Los jefes que hacen esto con demasiada frecuencia no van a tener mucha suerte a la hora de retener a los empleados que tienen otras opciones. Y no basta con ser el gorila de quinientos kilos; hay que seguir siéndolo. Cuando intimidas a la gente, lo recuerdan. Y si luego pierdes el poder y ellos lo ganan, espera la venganza.

La policía de Nueva York fue lo suficientemente inteligente como para no caer en esta trampa durante la crisis de Williamsburg. Incluso después de que los rehenes escaparan, no recurrieron al enfrentamiento. No era la solución más adecuada. Algunos habrían dicho que la policía debería haber entrado con las armas en ristre, pero ya conocemos las cifras de cómo resulta esto para los agentes.

Las fuerzas de seguridad tratan con la vida y la muerte. La gente normal, como tú y yo, no lo hacemos, pero actuamos como tal. Nuestro «cerebro de dinosaurio» asume que cada disputa es una amenaza existencial: «Esta discusión sobre quién debe sacar la basura es una cuestión de vida o muerte». Sí, muy racional. Pero incluso cuando la vida está en juego, los negociadores de rehenes inteligentes, como la policía de Nueva York, eligen la conversación en lugar de la guerra. Después de los años 70, los negociadores de crisis se centraron en un modelo de negociación. Nada de violencia. «Tú me das los rehenes y yo te doy el dinero». Suena mejor, ¿verdad? Pero esto también tenía sus problemas.

Este estilo experimentó un cambio radical en la década de 1980. La policía se dio cuenta de que, si bien las conversaciones tenían un gran éxito, el modelo de *quid pro quo* al estilo empresarial no era aplicable a muchos de los incidentes con los que se encontraban. En la década de los 70 se había producido un aumento de los secuestros de aviones, dirigidos por terroristas, con demandas claras. Pero el 97 % de lo que la policía estaba viendo en este ámbito en la década de 1980 eran incidentes relacionados con individuos emocionalmente perturbados que no querían dinero y no tenían un objetivo político.

Así que se desarrolló una segunda generación de principios de negociación.

Cuando la lucha y la negociación se quedan cortas, ¿qué es lo que los negociadores de crisis y las fuerzas del orden fuertemente armadas que se ocupan de los delincuentes violentos comprendieron que era la mejor solución? La empatía. Las disputas domésticas y los individuos suicidas no responden bien a las personas que suenan como vendedores. Sin embargo, ser sincero y centrarse en las emociones conduce a resoluciones eficaces.

En su investigación sobre el tema, Michael McMains descubrió que la policía cometía tres grandes errores a la hora de enfrentarse a los incidentes de crisis: lo ponían todo en blanco y negro, querían resolver las cosas inmediatamente y no se centraban en las emociones.

Tú y yo cometemos los mismos errores. Por supuesto, no estamos tratando con personas emocionalmente perturbadas. En realidad, espera. A menudo estamos tratando con personas emocionalmente perturbadas; simplemente las llamamos compañeros de trabajo y miembros de la familia. No son terroristas que hacen demandas (aunque a veces también lo parezca). Por lo general, solo están molestos. Solo quieren ser escuchados.

Los negociadores de rehenes se enfrentan a las situaciones más intensas que se puedan imaginar, pero la actitud que adoptan de principio a fin durante una crisis es de aceptación, cariño y paciencia. De nuevo, volvemos a la amistad. Al igual que la guerra, la amistad es algo que entendemos instintivamente. La aceptación, el cuidado y la paciencia son excelentes para centrarse en ellas porque en muchas situaciones con las personas que amamos, lamentablemente, no se va a resolver nada concreto.

El investigador de relaciones John Gottman descubrió que el 69 % de los problemas de las parejas románticas son permanentes. No se arreglan. Por eso el enfoque de negociación no funciona. Tenemos que escuchar, relacionarnos y comprender, y pese a que estas acciones no funcionen, los matrimonios pueden prosperar. Cuando nos centramos en la negociación en concreto y no en los sentimientos, es cuando las cosas se desmoronan.

Todos hemos experimentado el poder de los sentimientos. Estar de mal humor puede convertirte en una persona totalmente diferente. Como cuando tienes «hambre», entonces comes algo y todo vuelve a estar bien en el mundo y eres mucho más agradable de tratar. Un estudio demostró que la comida es una herramienta de persuasión eficaz: «El consumo de alimentos ofrecidos induce un estado de ánimo momentáneo de conformidad hacia el donante, que es más fuerte en el momento en que se consume el alimento y cuya fuerza disminuye rápidamente después de haberlo consumido». Si comemos una hamburguesa con queso, nos sentimos mejor y es más probable que estemos de buen humor para cerrar un trato.

Las emociones hacen que la gente cambie su comportamiento. En su programa Crowd Control (Control de masas), Dan Pink intentó que la gente dejara de utilizar ilegalmente las plazas de aparcamiento para discapacitados. Cuando el equipo de Dan cambió las señales de minusválidos por la imagen de una persona en silla de ruedas, el aparcamiento ilegal en las plazas no disminuyó, sino que se erradicó por completo. Ver la cara de una persona, pensar en cómo se puede sentir otra, marcó la diferencia.

¿Se puede aplicar en los conflictos de oficina? ¿En negociaciones difíciles? Sí. Recuerda que lo que el profesor de Harvard Deepak Malhotra dice a sus alumnos es la parte más importante de una negociación salarial: tienes que caerles bien.

¿Por qué la amistad es un modelo tan poderoso para tratar con la gente, incluso en los negocios? Se reduce a lo que los negociadores llaman «creación de valor». Cuando estamos en modo de negociación, siempre estamos calculando los costes y los beneficios a corto plazo. Sin la lealtad y la confianza de la amistad, el modelo es competitivo por naturaleza. No queremos que la otra persona obtenga más que nosotros. Pero cuando tratamos la relación como una amistad, intercambiamos más información y podemos explorar nuevas formas de satisfacer las necesidades del otro. Algo que es barato para ti puede ser caro para ellos, y viceversa. En lugar de intentar conseguir el trozo más grande del pastel, podemos intentar repartirlo entre todos. Las investigaciones demuestran que muchos elementos de la amistad favorecen las buenas negociaciones: las personas felices son mejores negociadoras. Cuando las personas se sienten positivas en el proceso de negociación, tienen más probabilidades de cerrar un trato y ambas partes están más contentas con los resultados. Y cuando bromeamos como lo hacen los amigos, se genera confianza.

Para resolver las conversaciones difíciles necesitamos menos Moldavia y más Islandia. He aquí cuatro pasos rápidos adaptados de la negociación con rehenes y la psicología clínica que pueden ayudarte a convertir las guerras en discusiones amistosas:

MANTÉN LA CALMA Y REDUCE LA VELOCIDAD

No te enfades. ¿Cómo se controla la ira? Al Bernstein recomienda fingir que estás hablando con un niño. No intentarías racionalizar con un niño que grita, ni te enfadarías con él por gritar. Simplemente ignorarías la histeria y tratarías el problema de fondo. Recuerda el efecto Godzilla vs. Rodan. La policía de Nueva York enseña a sus negociadores de rehenes que su comportamiento es contagioso.

Cálmate. El enfado de la otra persona se aquietará con el tiempo si no la agravas gritándole. Las prisas provocan presión, y eso solo intensifica la toma de decisiones emocionales, en lugar de racionales. A Al Bernstein le gusta decir «Por favor, hable más despacio. Me gustaría ayudar».

UTILIZAR LA ESCUCHA ACTIVA

Escuchar activamente significa que estás escuchando y que les haces saber que estás escuchando. No hagas declaraciones. Chris Voss, exjefe de negociadores de rehenes del FBI, dice que hay que hacerles preguntas abiertas. Las que empiezan con «qué» o «cómo» son las mejores porque es muy difícil responderlas con un simple sí o un no.

No juzgues nada de lo que dicen. Solo escucha y reconoce. De vez en cuando, parafrasea lo que estás escuchando. Tu objetivo es que te respondan: «Exactamente». Si puedes repetirles lo esencial de lo que dicen, no podrán gritar «¡No lo entiendes! No lo entiendes». Tómalo como un juego. Juega a ser detective.

Suena sencillo, pero puede ser complicado. Tienes que resistir el impulso de abrir la boca cuando dicen algo con lo que no estás de acuerdo.

Además, tu atención puede desviarse. Podemos oír y entender setecientas palabras por minuto, pero la gente solo habla unas cien palabras por minuto. Este desfase puede hacer que tu mente divague. Concéntrate.

El mero hecho de escuchar y reconocer puede suponer una gran diferencia.

¿Qué dijo el experto en relaciones John Gottman que era la cosa número uno para mejorar una relación romántica? Aprender a ser un buen oyente. ¿Y la razón número uno por la que la gente deja su trabajo? No sentían que su jefe les escuchaba.

EMOCIONES DE LA ETIQUETA

Recuerda que debes centrarte en los sentimientos. Responde a sus emociones diciendo «Parece que estás enfadado» o «Parece que esto te molesta mucho». Los negociadores de rehenes utilizan esto para mostrar comprensión y enfriar las emociones intensas. Y las investigaciones neurocientíficas demuestran que dar un nombre a los sentimientos ayuda a reducir su intensidad.

HACERLES PENSAR

Queremos calmar al monstruo de la ira que tienen en la cabeza haciendo que la parte pensante de su cerebro vuelva a funcionar. Una vez más, utiliza preguntas, no afirmaciones. A Al Bernstein le gusta preguntar: «¿Qué quieres que haga?». Esto les obliga a considerar opciones y a pensar en lugar de limitarse a desahogarse.

Finge ser Sócrates. No resuelvas su problema ni les digas lo que tienen que hacer. Eso te sitúa de nuevo en la metáfora de la guerra. Ayúdales a resolver su propio problema haciéndoles preguntas, devolviéndoles sus respuestas y ayudándoles sutilmente a considerar si lo que dicen tiene sentido.

Si se les ocurre una solución, es más probable que la lleven a cabo. No tienen que conceder la derrota y decir: «Tienes razón». Estarán menos a la defensiva si resuelven su propio problema.

Cuando los secuestradores de Williamsburg perdieron a sus rehenes, la policía de Nueva York podría haber asaltado el lugar. No lo hicieron. Trajeron a las familias de los pistoleros para hablar. Empatía. Comunicación. Y funcionó para bien.

Luchar solo funciona cuando eres, con diferencia, el más grande y el más fuerte, y estás seguro de que seguirás siéndolo (lo cual es mucho más raro de lo que solemos pensar). Cuando la lucha parece la única solución, suele ser mejor marcharse. El modelo de guerra no funciona mejor para la gente en el negocio de la «guerra», como las fuerzas del orden, y no funcionará para ti. Los mejores resultados se obtienen siendo un amigo, escuchando y haciendo preguntas.

Ahora que ya sabemos cómo desactivar los conflictos y mantener viva una relación. ¿Qué es lo más importante para que la gente quiera seguir siendo tu amigo a largo plazo? Una pequeña cosa llamada gratitud.

Sea cual sea el éxito que hayas tenido hasta ahora en tu vida, ¿cuántas personas te han ayudado a hacerlo posible? ¿Familia, amigos, profesores, mentores? ¿Cuántas personas te ayudaron, te aconsejaron, te consolaron o te dieron esperanza cuando la necesitabas? Ninguno de nosotros —ni siquiera Newton— puede hacerlo todo solo.

¿Te has tomado el tiempo de agradecer sinceramente a todos ellos? Por supuesto que no. Estás ocupado.

Cuando somos jóvenes, damos las cosas por sentado. A veces no nos damos cuenta de lo importante que fue la ayuda de alguien hasta años después. Y dar las gracias a alguien, agradecerle de verdad, puede ser incómodo, sobre todo cuando ha pasado algún tiempo. Pero a menudo nos arrepentimos de no haber dicho esas palabras. Sobre todo cuando ya no es posible hacerlo. Como dijo Harriet Beecher Stowe: «Las lágrimas más amargas que se derraman sobre las tumbas son por las palabras que no se dijeron y los actos que no se hicieron».

Pero un tipo dio las gracias a casi todas las personas que le ayudaron. Su nombre es Walter Green.

Walter valoraba sus relaciones por encima de todo, pero, como muchos de nosotros, durante gran parte de su vida estuvo demasiado ocupado. Había tenido bastante éxito como presidente y director general de la empresa que construyó, que llegó a tener más de mil cuatrocientos empleados. Más tarde, vendió su empresa y se jubiló cómodamente. Habría sido fácil pasar todo su tiempo en el campo de golf. Pero algo le molestaba. Nunca pudo dar las gracias a sus padres como quería.

No se le puede culpar; por desgracia, su padre falleció de un ataque al corazón cuando Walter tenía solo diecisiete años. Así que ahora, con un montón de tiempo libre, Walter decidió hacer lo siguiente. Iba a dar las gracias a todas las personas que habían hecho posible su éxito.

«Ser agradecido» no es solo un buen consejo que te dio tu abuela; también es una de las formas más probadas científicamente de aumentar tu felicidad. Se ha demostrado repetidamente que anotar las cosas buenas que te han ocurrido antes de irte a la cama aumenta la felicidad.

Así que Walter se sentó y contó a todas las personas que le habían ayudado a triunfar. Las llamaba «mis cuarenta y cuatro». Cuarenta y cuatro personas. Estaban los compañeros que le ayudaron a encontrarse a sí mismo en la universidad, el hermano mayor que había cuidado de él tras la muerte de su padre, el médico de cabecera que se encargó de que sus hijos estuvieran siempre sanos, los mentores que le habían aconsejado, los alumnos que le habían hecho sentirse orgulloso, los colegas que le habían dado apoyo, su asistente desde hacía veinticinco años, sus hijos y el amor de su vida, su mujer, Lola. Sus edades oscilaban entre los veintiocho y los ochenta y siete años. Cuarenta y cuatro puede parecer un número elevado, pero si escarbas en tu memoria lo suficiente, probablemente te darás cuenta de que no es tan difícil encontrar un número similar de personas que te hayan ayudado a formarte a lo largo de los años. Esto demuestra lo fácil que puede ser olvidar cuántas personas han influido en tu vida.

Walter desarrolló su plan de gratitud. Algo así como un premio a la trayectoria, pero un premio dado en lugar de recibido. Los elogios son mucho más valiosos cuando los hacemos antes de que alguien se vaya.

Iba a decirles a todos sus cuarenta y cuatro lo mucho que significaban.

Encantador, ¿verdad? Pero hay un giro en la historia…

No iba a enviar un texto. Ni un correo electrónico. Ni iba a hacer una llamada telefónica. Walter quería dar las gracias en serio. Así que se subió a un avión —en realidad, a muchos aviones—, y visitó a cada uno de sus cuarenta y cuatro para expresar su gratitud cara a cara. Atravesó el país e incluso voló hasta Kenia. Cuando terminó, le había llevado un año de su vida.

El primer paso fue llamar a cada uno de ellos y programar una hora, diciéndoles lo que había planeado. ¿Cuál fue la respuesta más común?:

«Walter, ¿estás bien?».

Eso demuestra lo rara que es la verdadera gratitud. Entonces les explicaba más. Y ellos respondían: «¿Seguro que estás bien?».

Se preparaba para cada reunión, preguntándose: «¿Qué diferencia hizo esta persona en mi vida?».

Y así comenzó la búsqueda de gratitud de Walter, que duró un año. Se reunió con ellos en sus casas, en sus habitaciones de hotel, en sus oficinas o en un restaurante para comer. Con cada uno de ellos habló de cómo se conocieron (como algunas de estas relaciones se remontaban a más de cuarenta años, a veces no podían recordarlo). Compartieron recuerdos. Y Walter ofreció un sincero agradecimiento, adaptado a cada persona, por la contribución que habían hecho a su vida.

Lo último que hizo fue pedirles su perspectiva sobre quién era. Esto no era narcisista. Colectivamente, estas personas lo habían conocido durante más de mil años. ¿Qué mejor manera de mirarse al espejo y ver quién había sido y en quién se había convertido? Podían darle una respuesta a las eternas preguntas que a todos nos quitan el sueño: «¿Quién soy?». «¿Estoy haciendo lo correcto? ¿Estoy haciendo lo suficiente?».

(Walter también es un gran abrazador, así que no hubo reunión sin un cálido abrazo).

No tomó notas mientras hablaban. Quería prestar toda su atención a cada persona. Pero grabó cada conversación en audio. Cuando terminó el año, envió a cada uno un CD con su conversación. Lo envolvió con una foto de los dos que había hecho en la reunión e incluía una carta sobre lo que había experimentado en su año de gratitud.

Expresar su gratitud no solo ayudó a Walter. Muchos de sus cuarenta y cuatro compañeros se animaron a reflexionar y dar las gracias a quienes los habían ayudado. Uno de ellos incluso puso en marcha un programa para educar a los niños sobre el valor de honrar las relaciones. Hay muchas formas científicamente probadas de hacernos sentir bien, pero lo que hace que la gratitud sea tan especial es que no puede evitar hacer felices a dos personas.

Cuando terminó el año, un amigo le preguntó a Walter: «¿Qué obtuviste de esta experiencia?». Se dio cuenta de que no había pensado en esto. Soltó la primera idea que tenía en la cabeza: Tranquilidad.

Después, durante un crucero con su mujer, tuvo un dolor en el pecho. El médico del barco dijo que su electrocardiograma era anormal. Su presión arterial estaba elevada en un 50 %. Sabía que su padre había muerto de un ataque al corazón. Esto podría ser el fin…

Pero Walter descubrió que estaba mucho más tranquilo de lo que esperaba. Estaba en paz. Había expresado su gratitud. Su vida se sentía completa.

Resultó que no era un ataque al corazón. Solo un problema muscular benigno en el pecho. Pero no había mayor prueba de que su año de gratitud le había cambiado en lo más fundamental. Como dijo una vez William Arthur Ward: «Sentir gratitud y no expresarla es como envolver un regalo y no darlo». Walter había hecho el regalo. Había encontrado la paz y el amor. Y esas cosas son mucho mejores cuando aún tienes años por delante para disfrutarlas. Y compartirlas.

Hemos hecho muchos amigos en este capítulo —Paul Erdös, Isaac Newton, Judd Apatow y Walter Green—, e incluso hemos aprendido a crear redes un poco más inteligentes que Harvard o el MIT. Vamos a dar las gracias con unos cuantos consejos, ¿de acuerdo?

SABER QUIÉN ERES

¿Por qué luchar contra las dificultades? Al igual que saber si eres un líder filtrado o no filtrado puede ponerte en la vía rápida, también lo hace saber si eres un introvertido, un extrovertido o un ambivertido, y asegurarte de que todo está alineado con esto para que puedas aprovechar mejor tus superpoderes naturales. En el capítulo 1 era «elegir el estanque adecuado», aquí es «elegir el papel adecuado». Los charlatanes naturales no deberían dedicarse a la investigación de laboratorio y los ratones de biblioteca deberían evitar el trabajo de ventas. Por supuesto, las respuestas son más claras en los extremos, así que quienes están en el medio tienen que tantear un poco el terreno para ver dónde consiguen lo mejor de su lado introvertido y lo mejor de su lado extrovertido.

AL FINAL, TODO ES CUESTIÓN DE AMISTAD

Por favor, deja de usar la palabra *networking*. Desde los mentores hasta los compañeros de trabajo, nuestro cerebro no procesa muy bien los «contactos». Y ahí es donde las cosas se vuelven falsas. Sin embargo, somos muy buenos con «nosotros» y «ellos», «amigos» y «enemigos». Así que piensa en el jardín de infancia y haz amigos. Casi todos los principios de influencia se basan en la amistad. Utilizar estas técnicas no es insincero si lo que quieres es hacer un amigo.

LOS MÁS EXITOSOS SIEMPRE ESTÁN RECIBIENDO Y DANDO

Los logros de Atul Gawande me hacen llorar hasta quedarme dormido por las noches y, sin embargo, él seguía sintiendo que necesitaba el consejo de un mentor. Y al dar constantemente a los demás, Panda construyó la mayor red de Silicon Valley. No se trata de dos lecciones separadas, sino de una sola. Si no estás siempre dando y recibiendo, nunca harás todo el progreso que podrías. Pide ayuda a los que están por encima de ti, comparte tus Twinkies con los que están por debajo, y llegarás lejos, pequeño saltamontes.

TU RED TE INFLUYE, TE GUSTE O NO. ASEGÚRATE DE QUE SEA BUENA

Una y otra vez hemos visto que las personas que te rodean influyen en ti. Pueden hacerte más feliz, más sano y más exitoso, o lo contrario. La mayor parte de esta influencia es pasiva y gradual. No te das cuenta. Mamá te dijo que no te juntaras con los niños malos, y tenía razón. La investigación de Nicholas Christakis en Yale muestra que una red amplifica todo lo que hay en ella, bueno o malo. Así que rodéate de la gente que quieres ser.

Recuerda que el primer paso en la creación de redes es mantener las relaciones que ya tienes. ¿Y cómo haces esto? Una investigación de la revista *Cognition and Emotion* muestra que la gratitud es la cualidad que hace que la gente quiera pasar más tiempo contigo. La gratitud es el arma táctica de la felicidad y la piedra angular de las relaciones duraderas.

Si es tan sencillo —dedicar tiempo a dar las gracias—, ¿por qué no lo hacemos todos? Los investigadores lo llaman «adaptación hedónica». Yo lo llamo «dar las cosas por sentado». Cuando recibes tu nueva casa por primera vez, es lo mejor que te ha pasado. Un año después, es ese pozo de dinero que necesita un nuevo techo. La alegría de lo nuevo nunca dura. Y esto sucede con todo.

¿El mejor ejemplo? Tim Kreider fue apuñalado en la garganta mientras estaba de vacaciones. El cuchillo se hundió a dos milímetros de su arteria carótida, lo que él describe como la diferencia entre ser «llevado a casa en la bodega de carga en lugar de en clase turista». Sobrevivió. Y durante el año siguiente nada podía alterarlo. Se sentía muy afortunado de estar vivo. Ser apuñalado en la garganta le dio otra perspectiva de lo negativo. «¿Se supone que eso debe molestarme? Me han apuñalado en la garganta».

Entonces se produjo la adaptación hedónica. Volvió a frustrarse por pequeñas cosas: el tráfico, los problemas informáticos. Una vez más, dio por sentado que estaba vivo. Como hacemos todos.

A Tim se le ocurrió entonces una pequeña solución. Se asegura de celebrar su «aniversario» cada año, para recordar lo afortunado que es. Y eso es lo que hay que hacer. Dedicar tiempo a sentir gratitud por lo que tienes anula la «adaptación hedónica». ¿Y cuál es la mejor manera de hacerlo? Agradecer a las personas que te rodean. Las relaciones son la clave de la felicidad, y tomarse el tiempo para decir «gracias» renueva ese sentimiento de ser bendecido.

Así que mi recomendación final es ser como Walter Green: haz una visita de agradecimiento. No se trata solamente de una idea bonita. La investigación de Martin Seligman, de la Universidad de Pensilvania, demuestra que hacer una visita de agradecimiento es una de las formas más poderosas de sentirse más feliz y de, en el proceso, hacer feliz a otra persona.

Es muy sencillo. Seligman dice que escribas una carta de gratitud a alguien. Sé concreto, di lo que ha hecho por ti y cómo ha afectado a tu vida. A continuación, fija una hora para sentarte con ellos, pero no digas por qué. Cuando se reúnan, léeles la carta. Y mi pequeño añadido: asegúrate de llevar pañuelos de papel. Es probable que lloren y que tú también lo hagas. Y ambos seréis más felices.

Puede que no tengas el presupuesto para viajes que tenía Walter. Un correo electrónico o un mensaje de texto también están bien. Los estudios demuestran que la gratitud da a nuestras amistades una «inyección de refuerzo» y predice la satisfacción de la relación. La gratitud no solo ayuda a las amistades. También mejora las relaciones laborales. Un estudio demostró que mientras decimos «gracias» regularmente a la familia, solo el 15 % muestra gratitud en el trabajo. Y el 35 % de los encuestados dijo que su jefe nunca lo hace.

No estás demasiado ocupado —y ellos tampoco—, para una breve muestra de gratitud sincera. Puede que pienses que ya saben cómo te sientes, pero demostrarlo es donde está la verdadera magia. (Te voy a dar las gracias por leer este libro ahora mismo, porque si fuera a tu casa y lo hiciera, sería un poco raro).

Ya hemos abordado la cuestión de lo que se conoce y de a quién se conoce. ¿Pero qué pasa con la actitud que adoptamos hacia la gente y hacia nuestras carreras? Todo el mundo dice siempre que hay que tener confianza en uno mismo. La confianza es innegablemente poderosa y tiene enormes efectos en nosotros y en cómo nos ven los demás, pero también es la mayor espada de doble filo de la que hablaremos en este libro.

¿Hay que ser siempre confiado y optimista pase lo que pase? ¿O es eso lo que hacen los ilusos que leen demasiados libros de autoayuda? Para determinar las respuestas, veamos lo que ocurre cuando una de las personas más agudas del mundo tiene una confianza tan extrema que ningún ser humano en la Tierra puede igualarla.

5

Cree en ti mismo... A veces

Lo que podemos aprender de los maestros de ajedrez, de las unidades militares secretas, de los estafadores de Kung Fu y de las personas que no pueden sentir miedo, sobre cómo caminar por la cuerda floja entre la confianza y la ilusión.

No tenía ningún sentido para él. ¿Por qué iba a hacer eso el ordenador?

Miró el reloj. No quería perder demasiado tiempo en un solo movimiento, pero esto lo estaba molestando mucho.

Era 1997 y Garry Kasparov, el mayor maestro de ajedrez del mundo, se enfrentaba a Deep Blue, un superordenador de IBM, ante la mirada del mundo. No se trataba de una simple partida amistosa de ajedrez, sino de un debate épico: ¿Quién es más inteligente, el hombre o la máquina?

En realidad, se trataba de una revancha. Kasparov había ganado la competición el año pasado sin problemas, perdiendo solo una de las seis partidas. Como lo describió el gran maestro de ajedrez Maurice Ashley en el documental *The Man vs. The Machine* (El hombre versus la máquina):

Era el principal jugador de su generación. Ya había sido campeón del mundo durante doce años. Era el jugador mejor clasificado de la historia… Cuando entraba en un torneo, la gente pensaba en el segundo puesto, no en el primero. Sabían que era una conclusión inevitable que este hombre iba a aplastar a todos los demás.

Pero Deep Blue tampoco se quedó atrás. A pesar de haber perdido la partida general contra Kasparov el año pasado, había ganado la primera de las seis partidas.

Y el equipo de ingenieros de IBM, bien financiado, había aprendido de esa derrota y había pasado el último año perfeccionando el software de Deep Blue.

A pesar de todo, Kasparov estaba seguro de sí mismo. Como dijo el consultor de ajedrez de IBM, Joel Benjamin: «Definitivamente tiene un ego sano, y eso es generalmente algo que es un factor positivo para los campeones. Es mejor tener demasiada confianza que no tener la suficiente».

Pero, en ese momento, la máquina había dado un respiro a Kasparov. Era la cuadragésima cuarta jugada de la primera partida y Deep Blue había cambiado su torre de D5 a D1. Kasparov no podía entender por qué quería hacer eso.

La mente de Kasparov lo repasaba una y otra vez. El reloj estaba en marcha.

¿Podría haber cometido un error? Esa pregunta era peligrosa. Para Kasparov, suponer que su oponente se equivocaba cada vez que no entendía una jugada era egoísta e indolente. Sería demasiado fácil subestimar a la máquina solo porque la había vencido el año pasado.

Era el mejor maestro de ajedrez vivo. Si él no podía averiguar lo que hacía el ordenador, nadie podía hacerlo. Mientras que Deep Blue tenía acceso a todas las partidas anteriores de Kasparov y sabía de lo que era capaz, Kasparov tenía muy poco conocimiento de lo que la máquina podía hacer. ¿Y si era más inteligente de lo que él pensaba? ¿Y si en lugar de ser capaz de pensar en cinco o diez jugadas por adelantado fuera capaz de pensar en veinte jugadas por adelantado?

Tal vez está haciendo algo que no soy lo suficientemente inteligente para ver.

Esa cuadragésima cuarta jugada no acabó afectando a la partida.

Kasparov ganó de todos modos, pero seguía visiblemente conmocionado.

En la segunda partida, Deep Blue hizo otro movimiento inexplicable. Debería haber avanzado su dama, pero en su lugar movió un peón. Esto era bueno para Kasparov, pero de nuevo no tenía ningún sentido... a menos que la máquina fuera más inteligente que él. Se removió incómodo en su silla. Después de unas pocas jugadas más, todos los espectadores pudieron ver que el campeón humano no podía ganar, pero que podría ser capaz de conseguir un empate. Sin embargo, Kasparov extendió su mano al representante humano de Deep Blue. Se rindió.

En las partidas restantes, el estilo de juego de Kasparov cambió drásticamente. Se volvió defensivo en lugar de agresivo. Las partidas tres, cuatro y cinco terminaron en empate. Y en la sexta partida cometió un error de novato y cayó en una trampa común. Debería haberlo sabido. Pero Kasparov estaba intimidado. Y eso sería su perdición. Perdió la sexta partida y, con ella, el partido.

La máquina ha vencido por fin al hombre. ¿Pero era realmente un genio el computador? ¿Podía realmente pensar con veinte movimientos de antelación y utilizar estrategias que el gran maestro no podía descubrir?

No. De hecho, fue exactamente lo contrario. ¿La inexplicable jugada de la torre en la primera partida? Se debió a un error de software. Un error en el código.

IBM había programado un mecanismo de seguridad para este tipo de eventos. Para evitar que la máquina perdiera demasiado tiempo durante un «traspié», haría un movimiento totalmente aleatorio. Y eso es lo que hizo.

Por supuesto, Kasparov no lo sabía. Vio la jugada y pensó que Deep Blue sabía lo que estaba haciendo y que él no lo sabía. Y eso le molestó. Consideró que el movimiento aleatorio de la computadora era una genialidad, una confianza descarada, una prueba de que era más inteligente que él. Y la consiguiente pérdida de confianza de Kasparov se convirtió en su perdición.

Como los comentaristas demostraron más tarde, Kasparov podría haber conseguido un empate en la segunda partida, pero sintió que ya estaba derrotado y renunció. No confiaba en sus propias habilidades y asumió que la máquina sabía más.

Normalmente, Kasparov podía mirar a los ojos de su oponente y tratar de leerlo. ¿Es un farol? Pero Deep Blue nunca se acobardó. Deep Blue ni siquiera era capaz de acobardarse. Sin embargo, la confianza de Kasparov se tambaleó.

A veces la mera apariencia de confianza puede ser la diferencia entre ganar y perder.

Vayamos al grano: sí, las personas de éxito tienen confianza en sí mismas. Y cuanto más éxito tienen las personas, más confianza tienen en sí mismas. Marshall Goldsmith, uno de los principales líderes del pensamiento empresarial según *The Economist,* dijo lo siguiente:

> Las personas con éxito se sobrevaloran sistemáticamente en relación con sus compañeros. He pedido a más de 50.000 participantes en mis programas de formación que se clasifiquen a sí mismos en términos de su rendimiento en relación con sus compañeros de profesión: entre el 80 % y el 85 % se clasifican en el 20 % más alto de su grupo de compañeros y alrededor del 70 % se clasifican en el 10 % más alto. Las cifras son aún más ridículas entre los profesionales con mayor estatus social, como los médicos, los pilotos y los banqueros de inversión.

No hay duda de que no hay escasez de confianza entre los mejores creadores. Nikola Tesla, el famoso creador del sistema de electricidad que mantiene tu casa iluminada, era conocido por firmar las cosas no con su nombre sino con las letras «GI» (gran inventor). La humildad no era su fuerte.

Por otro lado, un estudio titulado «Self-Esteem and Earnings» (Autoestima y ganancias), demostró que tu nivel de confianza es al menos tan importante como tu inteligencia cuando se trata de cuánto dinero acabas ganando.

¿Te has preguntado alguna vez si las personas guapas tienen más éxito? Lo tienen. Las mujeres guapas ganan un 4 % más de dinero y los hombres guapos un 3 % más. Puede que no parezca mucho, pero para el trabajador medio eso supone más de 230.000 dólares a lo largo de su carrera. Mientras tanto, las mujeres poco atractivas ganan un 3 % menos y los hombres poco atractivos se llevan a casa la friolera de un 22 % menos. Y lo mejor es que los guapos no ganan dinero porque nos guste verlos. Los estudios demuestran que es porque esas caras bonitas les dan más confianza.

Y más confianza proporciona más beneficios. Los estudios demuestran que el exceso de confianza aumenta la productividad y hace que elijas tareas más desafiantes, lo que te hace brillar en el trabajo. Las personas con exceso de confianza tienen más probabilidades de ser ascendidas que las que realmente han logrado más. Como hemos dicho antes, hablar primero y con frecuencia —un comportamiento lleno de confianza—, hace que los demás te perciban como un líder.

¿Ser demasiado confiado puede convertirte en un iluso? Por supuesto. Pero eso también puede ser bueno. De nuevo, aquí está Marshall Goldsmith:

En sentido positivo, las personas de éxito son «delirantes». Tienden a ver su historia anterior como una validación de lo que son y de lo que han hecho. Esta interpretación positiva del pasado conduce a un mayor optimismo hacia el futuro y aumenta la probabilidad de éxito en el futuro.

Según un estudio: «El autoengaño se ha asociado a la reducción del estrés, a una predisposición positiva hacia uno mismo y a una mayor tolerancia al dolor, todo lo cual podría mejorar la motivación y el rendimiento durante las tareas competitivas».

La mayoría de nosotros ya tenemos estas ilusiones positivas sobre nosotros mismos en algún grado. En 1997, *U.S. News and World Report* realizó una encuesta en la que se preguntaba a la gente quién tenía más probabilidades de ir al cielo cuando muriera. El presidente Bill Clinton obtuvo un 52 %, Michael Jordan un 65 % y la Madre Teresa un 79 %. Pero ¿quién obtuvo la puntuación más alta? ¿Quién era la persona que respondía a la encuesta que tenía un 87 % de probabilidades de ir al cielo? «Yo». Las personas que rellenaron la encuesta pensaban que eran las que más probabilidades tenían de cruzar las puertas del cielo.

Lo que nos lleva a la cuestión de la arrogancia. ¿Toda esta confianza no te convierte en un imbécil? Lamentablemente, también hay algunos aspectos positivos en este sentido. Los narcisistas, los despreciables reyes y reinas de la confianza, obtienen mejores resultados en las entrevistas de trabajo. Uno de los autores de ese estudio dijo: «No queremos necesariamente contratar a narcisistas, pero podemos acabar haciéndolo porque dan la impresión de ser seguros de sí mismos y capaces». Además, es más probable que lleguen a puestos de liderazgo. Se ha demostrado que el exceso de confianza aumenta incluso el rendimiento de los equipos, mientras que la falta de confianza los perjudica.

¿Por qué es tan poderosa la confianza? Nos da una sensación de control. Marshall Goldsmith lo explica:

Las personas que creen que pueden tener éxito ven oportunidades, donde otros ven amenazas. No tienen miedo a la incertidumbre ni a la ambigüedad, la adoptan. Asumen más riesgos y obtienen mayores beneficios. Si pueden elegir, apuestan por sí mismos. Las personas con éxito tienen un alto «grado de control interno». En otras palabras, no se sienten víctimas del destino. Ven su éxito en función de su propia motivación y capacidad, no de la suerte, el azar o el destino. Mantienen esta creencia incluso cuando la suerte desempeña un papel crucial en el éxito.

Kasparov no entendía por qué Deep Blue movía su torre, pero pensaba que la máquina debía tener una buena razón, y eso le hacía sentir que no tenía el control. Sin ese control, perdió su confianza y, en última instancia, la partida.

Si la confianza es tan poderosa, ¿deberíamos simplemente fingir que la tenemos cuando no es así?

Los americanos eran descuidados. Si seguían así, los alemanes estaban seguros de ganar la guerra. Era 1944 y los nazis ya habían ocupado Francia durante cuatro años. Tenían espías por todas partes. Los americanos pensaban que sus preparativos pasaban desapercibidos, pero los alemanes habían estado siguiendo todos sus movimientos y les llevaban mucha ventaja.

Un grupo de soldados estadounidenses había robado una caja de vino a un comerciante local. Los estadounidenses no se dieron cuenta de que el propietario era un colaborador nazi y formaba parte de la red de espionaje alemana. Otros habían observado a soldados estadounidenses en pubs y bares. Incluso cuando no llevaban los parches que indicaban a qué unidades pertenecían, la inteligencia alemana había estudiado tan eficazmente las divisiones estadounidenses que a menudo podían identificarlas simplemente por las canciones que preferían cantar mientras estaban borrachos.

Los nazis no se limitaron a recoger pasivamente esta información. La pusieron en práctica. Basándose en qué unidades habían sido vistas en qué ciudades, dónde habían sido vistos los jeeps de los generales estadounidenses (identificables por las estrellas en los parachoques), y las imágenes desde el aire que mostraban movimientos de la artillería estadounidense, los alemanes habían ajustado sus planes para una victoria segura. Sabiendo que los estadounidenses tenían una división blindada.

En su camino, el general nazi Ramcke desplazó docenas de cañones antitanque de 88 mm para asegurarse de que los Estados Unidos tuvieran una sorpresa esperándoles a su llegada.

Pero la verdadera sorpresa le esperaba a Alemania. Porque gran parte de la información que sus espías habían reunido era completa y totalmente falsa.

Los americanos sabían que el dueño del bar era un colaborador nazi. Y sabían que denunciaría airadamente el robo de vino a los alemanes, revelando su presencia. Sí, había americanos bebiendo en los bares, pero solo diez de ellos, llevando parches de diferentes unidades y cantando canciones de diferentes unidades. Iban de bar en bar, cambiando sus parches y sus canciones, creando la ilusión de una formidable presencia estadounidense donde no la había. Tampoco era difícil hacer que pareciera que los generales de EE.UU. venían a la ciudad. Se limitaron a pintar las estrellas identificativas en un jeep corriente y a hacer que un comandante corriente se pusiera el uniforme de general mientras actuaba con arrogancia.

Estas no eran las payasadas de un grupo de bromistas. Todo esto lo hizo el 23º Cuartel General de Tropas Especiales, apodado el «Ejército Fantasma». En 1943, Ralph Ingersoll y Billy Harris reunieron un equipo cuyo único objetivo era engañar al enemigo, hacerle creer que las fuerzas estadounidenses estaban donde no estaban para poder sorprender mejor a los alemanes al atacar y hacerles poner armas y recursos donde no fueran útiles. Ingersoll se refería a la unidad como «mis estafadores». Ejecutaron veintiuna misiones diferentes entre junio de 1944 y marzo de 1945.

Llevar parches y cantar canciones era solo la punta del iceberg. La unidad estaba formada por tres divisiones: sónica, radiofónica y visual. El grupo sónico contaba con 145 hombres, que grababan los sonidos de los tanques, la artillería y los soldados en movimiento y tenían altavoces de quinientas libras que podían proyectar ese audio a casi quince millas, haciendo creer al enemigo que una división estaba en camino. Los 296 hombres del grupo de radio sabían que los alemanes escuchaban las transmisiones americanas, por lo que imitaban perfectamente la idiosincrasia de las diferentes unidades y proporcionaban información errónea sobre dónde estaban las fuerzas estadounidenses y dónde no. Los 379 hombres del grupo visual, compuesto en gran parte por artistas, se encaró de hacer parecer que había un ejército donde no lo había. La herramienta más utilizada en su arsenal eran los tanques inflables de noventa y tres libras. A distancia o desde el aire, parecían de verdad. Y con un buldócer para hacer las marcas de rodadura apropiadas, las grabaciones del equipo sónico y el grupo de radio hablando de los movimientos de la división blindada, la ilusión era casi completa. (El cañón ocasionalmente flácido de un tanque inflable podía remediarse con una cuerda fina para levantarlo).

Sí, las artimañas bélicas no eran nada nuevo, pero antes de la Segunda Guerra Mundial nunca había existido una unidad dedicada a ello, una unidad tan especializada que pudiera producir el aspecto, el sonido y las comunicaciones de un ejército con tanto realismo.

No había un libro de reglas para el grupo. Se les consideraba un grupo de locos y bichos raros: artistas en lugar de asesinos; tipos que dibujaban en lugar de jugar a las cartas cuando tenían tiempo libre. Y muchos veían el trabajo de la unidad como una misión suicida. Se trataba de un grupo relativamente pequeño de hombres con pocas armas que intentaba deliberadamente llamar la atención del enemigo. Eran menos de mil soldados que pretendían ser treinta mil. Su farsa a menudo lograba atraer al enemigo, lo que ayudaba a la causa de los Estados Unidos en su conjunto, pero a la hora de la verdad, no tenían tanques reales, poca potencia de fuego, y serían fácilmente despedazados si se rompía su ilusión.

La mayor prueba y la misión más crítica del Ejército Fantasma fue la Operación Bettembourg. Los estadounidenses habían hecho retroceder a los nazis hasta el río Rin. Se esperaba que las fuerzas alemanas hicieran una última resistencia, y juraron que el río «correría rojo con sangre americana». Y esto no era una fanfarronada. Resulta que había un agujero de ciento doce kilómetros en la línea de avance de las fuerzas estadounidenses, y, si los nazis lo descubrían y lo explotaban, podría ser terrible para los aliados. Así que el Ejército Fantasma fue enviado para llenar el hueco. Su misión era fingir ser una división intimidatoria de veinte mil hombres y engañar al enemigo para que atacara a los estadounidenses en un punto más al sur, donde las fuerzas estadounidenses estarían preparadas para ellos.

Lo que el Ejército Fantasma no esperaba era que tendrían que mantener su engaño durante siete días completos. Nunca habían tenido que mantener una ilusión durante tanto tiempo. La tensión se disparó al final de la semana, pero cuando los alemanes fueron finalmente derrotados, los mapas capturados mostraron que los nazis habían sido engañados; la brecha de las fuerzas estadounidenses que cubra el Ejército Fantasma había sido marcada como fuertemente custodiada y un mal punto de ataque. El éxito en Bettembourg justificaba sobradamente la existencia del Ejército Fantasma.

Aunque el Ejército Fantasma actuó de forma admirable cuando era necesario, no era perfecto ni mucho menos. En una ocasión, dos franceses intentaron pasar un perímetro de seguridad y se encontraron con cuatro soldados estadounidenses levantando lo que parecía ser un tanque Sherman de cuarenta toneladas. Totalmente aturdidos, se dirigieron a un soldado cercano. Este les dijo: «Los americanos son muy fuertes».

Puedes fingir fuerza. Puedes fingir la confianza. A veces, como el Ejército Fantasma, también puedes salirte con la tuya. Así que, cuando se trata de la confianza, ¿hay que «fingir hasta conseguirlo»?

Un estudio de la Universidad de California en Berkeley descubrió que mostrar un exceso de confianza hace que los demás sientan que eres competente y de mayor categoría. (En una línea más superficial, otro estudio demostró que llevar gafas hace que la gente piense que eres más inteligente, aunque menos atractivo).

Cuando se trata de liderazgo, la investigadora Chiara Amati lo expresa sin rodeos: «Fingir parece, hasta cierto punto, parte de una buena gestión de personas». Jeffrey Pfeffer está de acuerdo: «El secreto del liderazgo es la capacidad de representar un papel, de fingir, de ser hábil en las artes teatrales… Para ser eficaces, tenemos que ser expertos en cómo transmitir el poder».

Muchos estudios demuestran que fingir también tiene efectos positivos para ti. En el libro de Richard Wiseman *The As If Principle* (El principio del «*como si*»), detalla una cantidad significativa de investigaciones que demuestran que sonreír cuando estás triste puede hacerte sentir feliz, y que moverte como si fueras poderoso en realidad te hace más resistente al dolor. Otros estudios demuestran que la sensación de control reduce el estrés, incluso si no se tiene el control. La percepción es lo único que importa.

Pero ¿realmente vas a ser capaz de mantener la ilusión las 24 horas del día? Eso parece agotador. Si observamos a los narcisistas, nos daremos cuenta de que ni siquiera ellos pueden mantenerla para siempre. Causan una excelente primera impresión tanto en el trabajo como en su vida romántica, pero los datos muestran que después de semanas en un trabajo se les considera poco fiables, y a los pocos meses de salir con alguien, la satisfacción en la relación se reduce. Fingir es como mudarse a Moldavia. La confianza es muy frágil: fácil de perder y difícil de recuperar.

Supongamos que eres un actor increíble. Digno de un Oscar. Tal vez eres tan bueno que te engañas a ti mismo. Pero aquí hay un gran problema. Warren Buffett dijo una vez: «El director general que engaña a los demás en público puede acabar engañándose a sí mismo en privado». Y hay buenas razones para creer que tiene razón.

Dan Ariely realizó un estudio en el que se dio a la gente la oportunidad de hacer trampas en un examen (no sabían que los investigadores que realizaban la prueba lo sabrían). Por supuesto, los que se aprovecharon de ello obtuvieron mejores resultados, pero lo interesante es que, cuando se les preguntó cómo pensaban que lo harían en otro examen, los tramposos se calificaron a sí mismos más alto que los no tramposos. En otras palabras, a pesar de haber tenido éxito debido al engaño, atribuyeron su éxito a que eran más inteligentes. Al engañar a los demás, acabaron engañándose a sí mismos.

Esto es peligroso. Es como pretender pilotar un avión cuando en realidad es otra persona la que lleva los mandos, y la próxima vez que entres en la cabina creer que eres un buen piloto. Como escribió una vez Nathaniel Hawthorne: «Ningún hombre, durante un periodo considerable, puede llevar una cara para sí mismo y otra para la multitud, sin acabar confundido sobre cuál puede ser la verdadera». Fingir puede ser una estrategia muy mala, porque cuando engañas a los demás puedes acabar engañándote a ti mismo.

Esto nos lleva a las desventajas de la confianza.

En su carrera de varias décadas en las artes marciales, George Dillman ha enseñado a Muhammad Ali y Bruce Lee, entre otros. Es cinturón negro de noveno grado y fue campeón nacional de kárate durante cuatro años consecutivos. En el programa de televisión de National Geographic *Is It Real?* demostró una increíble técnica de artes marciales por la que se ha hecho famoso: al concentrar la energía *chi* interna de su cuerpo, puede noquear a sus oponentes sin siquiera tocarlos.

De hecho, puede hacerlo incluso a través de una barrera, cuando no puede ver a su adversario. Ante las cámaras, fue capaz de noquear a sus contrincantes a tres metros de distancia con una sábana suspendida entre los dos para impedir la visibilidad. Dillman dijo que este tipo de uso intenso del *chi* le agota. Esta habilidad apenas se ha visto porque se tarda décadas en aprenderla.

¿Escéptico? Lo entiendo. Así que veamos este noqueo sin contacto sometido a la prueba más realista que existe.

Al igual que Dillman, el maestro Yanagi Ryuken puede noquear a la gente sin tocarla. De hecho, utilizando esta técnica es capaz de enfrentarse a más de una docena de adversarios. El video de esto es impresionante. Los alumnos corren hacia él, a veces tres a la vez. Con un movimiento de muñeca, caen como si les hubiera dado un puñetazo en la cara. En cuestión de segundos ha eliminado a todos sus adversarios.

Para demostrar lo real que es su increíble habilidad, Yanagi se enfrentó a un extraño, el experto en artes marciales Iwakura Goh. Y se hizo una apuesta: cinco mil dólares para el ganador. De esta forma, existirá una prueba real que puede demostrar el poder del noqueo sin contacto. Un árbitro se situó entre los dos hombres y pidió que comenzara el combate. Yanagi levantó sus manos, enfocó su *chi* hacia su oponente... e Iwakura le dio una paliza.

Toda la pelea duró menos de un minuto. ¿Eras escéptico? Tenías razón en serlo. Sí, la confianza extrema en tus habilidades es muy poderosa, pero no lo suficiente como para deformar las leyes de la física o la fisiología.

¿Qué hay de George Dillman? Se ha negado sistemáticamente a someterse a las pruebas. Así que Dillman es, probablemente, un gran farsante.

Pero si Yanagi es un farsante, ¿por qué someterse a las pruebas? ¿Por qué dejarse patear el trasero, perder cinco mil dólares y quedar avergonzado para que todos lo vean en Internet? Obviamente no pensaba que era un farsante. Él estaba confiado en que tenía esta habilidad. Sus alumnos también lo creían. ¿Por qué, si no, se caían en respuesta a «golpes» mágicos de vudú que no funcionaban realmente?

El escritor y doctor en neurociencia Sam Harris dijo esto:

> Es un poco difícil ver cómo el delirio de Yanagi se puso en marcha, pero una vez que todo el mundo empezó a caerse, es fácil ver cómo se mantuvo. Imagínatelo desde su punto de vista: si pensabas que podías derribar a la gente a distancia, y luego tus alumnos cumplían y se caían a la primera, año tras año, podrías empezar a creer que realmente tenías esos poderes.

No solo los artistas marciales experimentan esto. Los directores ejecutivos lo hacen. Y puede que tú también. La confianza puede mejorar el rendimiento y el éxito. Puede hacer que los demás crean en ti. Pero la confianza también puede ser muy peligrosa. Puede llevar a la ilusión y a la arrogancia. Y cuando tu exceso de confianza se encuentra con la realidad, como le ocurrió a Yanagi, tú también puedes recibir una patada en el trasero.

Como dice el viejo refrán: «No hay luchadores contra caimanes que sean suficientemente buenos». Es un terreno en el que el exceso de confianza te mata.

Todos tenemos una pizca de ilusión (los hijos de todo el mundo parecen estar por encima de la media y no hay mucha gente que admita ser un mal conductor), pero cuando eso supera los umbrales normales, las cosas se vuelven problemáticas. Por desgracia, no se habla mucho de este problema. Todo el mundo quiere aumentar la confianza en sí mismo. Eso es porque la confianza te hace sentir bien. La confianza nos hace sentir poderosos. Pero muchas investigaciones muestran que, cuando nos sentimos poderosos, puede ser una pendiente resbaladiza hacia la negación y la arrogancia. ¿Recuerdas a Ashlyn, la chica que no sentía dolor? A primera vista, no sentir dolor parece algo muy bonito, pero ya has visto lo problemático que puede ser. Sentirse seguro de uno mismo es muy bonito, a no ser que estés demasiado seguro, y la realidad diga otra cosa.

Este es un gran problema en el camino hacia el éxito en el mundo de los negocios. Richard Tedlow, profesor emérito de la Harvard Business School, dijo lo siguiente:

> Llevo cuatro décadas enseñando y escribiendo sobre historia empresarial, y lo que sorprende de las docenas de empresas y directores generales que he estudiado es el gran número de ellos que han cometido errores que podrían y deberían haberse evitado, no solo con la ventaja de la retrospectiva, sino sobre la base de la información de que disponían los responsables de la toma de decisiones en ese mismo momento, en tiempo real. Estos errores son el resultado de la negación de la realidad por parte de los individuos.

Todos pasamos mucho tiempo quejándonos de la incompetencia, pero, como señaló Malcolm Gladwell en una charla que dio en la Universidad de High Point, el exceso de confianza es un problema mucho mayor. ¿Por qué? La incompetencia es un problema que tiene la gente sin experiencia y, en igualdad de condiciones, no confiamos a la gente sin experiencia todo el poder o la autoridad. El exceso de confianza suele ser un error de los expertos, a los que damos mucho poder y autoridad. La incompetencia es frustrante, pero no suelen estropear tanto las cosas. Los culpables de exceso de confianza pueden hacer mucho más daño.

Esta arrogancia no solo lleva a un pensamiento delirante, sino que conduce a problemas en el mundo real. ¿Quieres saber qué directores generales llevarán su empresa a la ruina? Cuenta cuántas veces utilizan la palabra «yo» en su carta anual a los accionistas. Esto es lo que descubrió la analista financiera Laura Rittenhouse cuando evaluó a los líderes y el rendimiento de sus empresas. Yo, yo, yo significa muerte, muerte, muerte para las empresas. Pero cuando la arrogancia se apodera de ti y estás ensimismado, no puedes ver con claridad. Lo peor es que no eres consciente de ello. Estás ciego a tu propia ceguera.

Este efecto explica por qué si se reúne a las personas más seguras de sí mismas sería un grupo muy extraño. Ajustando la confianza de base, estaría formado tanto por los más competentes como por los menos competentes. Los académicos lo llaman «efecto Dunning-Kruger».

Piensa en los niños pequeños. Pueden estar absurdamente seguros de cosas que son imposibles, como luchar contra fantasmas en el sótano. No entienden el mundo tan bien y, como no conocen las «reglas», pueden tener una estimación exagerada de sus capacidades. Esto no solo ocurre con los niños. Las personas que no tienen tanta experiencia en un área no tienen los conocimientos necesarios para evaluar adecuadamente lo fácil o difícil que puede ser algo en ese ámbito. Por eso los magos aplauden a trucos diferentes a los nuestros y los cómicos se ríen con chistes diferentes a los nuestros. Su conocimiento de un determinado ámbito les permite apreciar los matices de lo difícil que es realmente conseguir algo.

El efecto Dunning-Kruger es un extraño fenómeno que consiste en que las personas con menos experiencia son las más seguras porque no tienen la experiencia necesaria para juzgar el grado de dificultad de algo. Todos hemos probado esto. Observar a alguien haciendo una determinada postura de yoga es bastante fácil, pero hacerlo uno mismo suele ser mucho más difícil. Lo mismo que mirar un cuadro y decir «yo podría hacer eso».

Aunque nuestra confianza empiece de forma justificada, a menudo caemos por esa pendiente resbaladiza y empezamos a pensar que somos hábiles más allá de nuestro pequeño ámbito de acción. No es que seamos tontos; es que la historia que nos contamos nos hace sentir demasiado poderosos y nos volvemos poco rigurosos.

Y así es como acabas perdiendo cinco mil dólares y con la nariz ensangrentada a manos de un artista marcial que no cree en los nocauts sin contacto. Pero vamos a darte el beneficio de la duda. Quizá sí estés en contacto con la realidad. El poder que conlleva la confianza tiene otro gran aspecto negativo que supone un obstáculo en la carretera del éxito: puede convertirte en un cabrón.

Según un asombroso número de estudios, los sentimientos de poder tienen efectos muy negativos en el carácter de una persona. El poder reduce la empatía, nos vuelve hipócritas y nos hace deshumanizar a los demás. Hasta cierto punto, hay una buena razón para ello: las personas en posiciones de poder necesitan tomar decisiones difíciles que pueden ser malas a corto plazo pero buenas a largo plazo. Los generales tienen que enviar a los soldados al peligro para ganar una guerra. Si sintieran una culpa paralizante por cada pérdida de vidas, no habría forma de hacer lo correcto. Pero, como vimos con la negación, esta misma distancia emocional puede salirse rápidamente de control.

Los estudios demuestran que los sentimientos de poder nos hacen ser más egoístas y más propensos a cometer infidelidades. Y no solo mentimos más; ese poder también nos hace mejores mentirosos. Sentirnos el número uno significa que no nos estresamos por herir a los demás, así que no experimentamos estrés cuando mentimos. Sin esas señales de estrés es más difícil que los demás detecten nuestros engaños. Tenemos éxito porque no nos importan los demás.

Puedes imaginar los efectos que esto tiene en una oficina. Mientras que los líderes carismáticos pueden tener efectos positivos en los empleados, los líderes que se sienten poderosos suelen tener un impacto negativo en el trabajo en equipo. Un estudio afirma: «Sostenemos que la experiencia de un líder con mayor poder produce un dominio verbal, este dominio reduce la percepción de la apertura del líder y la comunicación abierta del equipo. En consecuencia, hay un efecto negativo del poder del líder en el rendimiento del equipo».

La negación y el ser un imbécil pueden hacer descarrilar tu camino hacia el éxito. La confianza es buena, pero con demasiada puedes acabar siendo un «buen» luchador contra caimanes. Dicho esto, la solución no puede ser andar por ahí sin confianza todo el tiempo... ¿o sí?

La llaman SM-046. Pocos conocen su verdadero nombre. Lleva una vida bastante normal —es madre de tres niños—, pero no siente miedo.

Cuando los investigadores le piden que describa qué es el miedo o que dibuje una cara asustada, no puede hacerlo. Cuando intentaron asustarla, mostrándole fragmentos de películas de terror, se emocionó pero nunca se asustó. De hecho, pidió el nombre de una de las películas para poder alquilarla.

La llevaron a una tienda de animales exóticos y la dejaron manejar serpientes. Ella dijo: «¡Esto es genial!». SM-046 pidió tomar las serpientes más grandes y mortales, pero el chico de la tienda le dijo que no era seguro. Así que volvió a pedirlo. Y otra vez. Y otra vez. Lo pidió quince veces. Alcanzó a tocar una tarántula y tuvieron que detenerla.

La llevaron al «hospital más embrujado del mundo».

El sanatorio Waverly Hills ha aparecido en *Ghost Hunters* y en media docena de programas sobre lo paranormal. A principios del siglo XX era un hospital para enfermos de tuberculosis y muchas personas han muerto allí. Cada año se convierte en una casa encantada para Halloween. Habitaciones oscuras, música espeluznante y actores disfrazados de monstruos que saltan de las esquinas... ¿la asustan? Ni mucho menos. Ella los asustó. No solo no saltó, sino que se acercó a los empleados disfrazados para hablar con ellos y uno de ellos retrocedió asustado cuando intentó tocar su máscara.

¿Qué le pasa? SM-046 tiene un trastorno genético extremadamente raro conocido como enfermedad de Urbach-Wiethe. Solo se han registrado unos cuatrocientos casos. Las personas que la padecen tienen un aspecto y un comportamiento normal en la mayoría de los casos. Puedes notar que SM-046 tiene una voz ronca o que su piel parece un poco desgastada, pero nada fuera de lo normal. Sin embargo, su materia gris es muy diferente. La enfermedad hace que partes del cerebro se calcifiquen, se endurezcan y mueran. A menudo se trata de la amígdala, la zona más asociada al miedo. SM-046 tiene un cociente intelectual normal y puede sentir alegría, tristeza y otras emociones. Pero no tiene miedo.

Recuerda que le aterrorizaba un dóberman cuando era niña, mucho antes de que se produjeran los daños en su cerebro. Pero en su vida adulta nunca ha tenido miedo.

El trastorno la hace mucho más abierta y agradable. La investigación ha demostrado que los sujetos con daño bilateral completo en la amígdala juzgan a los extraños como mucho más accesibles y dignos de confianza que las personas normales.

Al igual que la falta de dolor de Ashlyn, la ausencia total de miedo es tanto una bendición como una maldición. SM-046 no toma instintivamente las precauciones que nosotros tomamos naturalmente. Sin miedo, tiene problemas para detectar el peligro.

Ha sido víctima de numerosos delitos. Le han clavado un cuchillo en la garganta y la han retenido a punta de pistola en dos ocasiones. Su primer marido casi la mata a golpes. Incluso durante estos horribles sucesos, ella nunca tuvo miedo. Los informes policiales corroboraron su falta de miedo. Volvió al día siguiente a dirigirse al parque donde fue retenida a punta de cuchillo.

Los investigadores creen que ni siquiera es capaz de sufrir un TEPT (trastorno de estrés postraumático): ni miedo ni estrés.

En 2013, los investigadores fueron capaces de hacerle sentir miedo haciéndole inhalar una mezcla de gas de dióxido de carbono a través de una máscara de oxígeno. Pero esto fue en condiciones de laboratorio. Todavía no ha experimentado el miedo real en ese lugar llamado vida. Por eso solo la conocemos como SM-046. Los investigadores creen que hay que proteger su identidad porque no es capaz de protegerse a sí misma.

Así que hay una razón para no ser temerario. Y una razón para no ser demasiado confiado. Pueden ocurrir cosas muy malas. A menudo, en la vida, es mejor ser un poco menos confiado.

Hemos aprendido los inconvenientes de la confianza: la negación y la imbecilidad. Como explicaba Tomas Chamorro-Premuzic en un artículo para la *Harvard Business Review*, invertir solo estos dos problemas puede tener grandes efectos positivos:

> Una menor confianza en uno mismo no solo reduce las posibilidades de parecer arrogante, sino también de ser iluso. De hecho, las personas con poca confianza en sí mismas son más propensas a admitir sus errores —en lugar de culpar a los demás— y rara vez se atribuyen el mérito de los logros de los demás. Este es, sin duda, el beneficio más importante de la baja confianza en uno mismo, ya que apunta al hecho de que la baja confianza en uno mismo puede traer el éxito, no solo a los individuos, sino también a las organizaciones y a la sociedad.

Esto nos lleva a las fortalezas de ser poco confiados. La confianza nos hace muy difícil aprender y mejorar. Cuando creemos conocer todas las respuestas, dejamos de buscarlas. Marshall Goldsmith dice: «Aunque nuestros delirios de confianza en nosotros mismos pueden ayudarnos a conseguir logros, pueden dificultar nuestro cambio».

Cuando estamos menos seguros, estamos más abiertos a nuevas ideas y escudriñamos activa y pasivamente el mundo en busca de otras nuevas. Cuando tenemos esa sensación de poder, no prestamos tanta atención, porque creemos que no es necesario. Un estudio titulado acertadamente «Power, Competitiveness, and Advice Taking: Why the Powerful Don't

Listen» (Competitividad y aceptación de consejos: Por qué los poderosos no escuchan), demostró que basta con que alguien se sienta poderoso para que ignore los consejos no solo de los novatos, sino también de los expertos en un campo.

Escuchar las ideas de otras personas aumenta la capacidad cerebral. Un estudio ha demostrado que las interacciones sociales pueden hacernos más inteligentes. Pero hay un truco: Para obtener el impulso cognitivo, hay que adoptar la perspectiva de la otra persona. Y no puedes hacerlo si no prestas atención.

La arrogancia tiene el doble efecto de hacer que estés tan seguro de que tienes razón que no escuchas, y a largo plazo actúas como un instrumento y nadie quiere hablar contigo, y mucho menos discrepar contigo. Cuando caigas de bruces, te aplaudirán alegremente. Incluso Maquiavelo, que no era conocido por recomendar la sensibilidad, advirtió que los líderes necesitan personas que sean honestas con ellos en privado, no sea que acaben rodeados de aduladores temerosos. James Baldwin escribió una vez: «No todo lo que se enfrenta puede cambiarse, pero nada puede cambiarse hasta que se enfrenta».

Tomas Chamorro-Premuzic dice que la humildad tiene dos beneficios: Es un control de la realidad y evita que seamos arrogantes. Sostiene que la humildad impulsa en realidad la superación personal porque podemos ver la diferencia entre lo que somos y lo que queremos ser. Además, ser más competentes de lo que la gente supone que somos es mucho mejor que no estar a la altura de nuestra arrogancia.

Incluso obligar a la gente a ser humilde tiene resultados increíbles. Los médicos tienen fama de ser arrogantes. Cuando un hospital decidió que quería reducir las infecciones entre los pacientes, insistió en que todos los médicos siguieran una lista de control antes de los procedimientos. Esto era un poco humillante, pero la administración iba en serio, tan en serio que dio autoridad a las enfermeras para intervenir (con el amparo político de los altos mandos) si los médicos no seguían cada paso. ¿Los resultados? «La tasa de infección de la línea de diez días pasó del 11 % a cero». Los médicos, que se habían saltado los pasos, se vieron obligados a cumplir las normas y los efectos fueron impresionantes. En un hospital, el experimento de quince meses salvó ocho vidas y dos millones de dólares.

Así que bajar los humos un poco puede ser bueno, siempre y cuando no te saque del rumbo que llevabas. Tomas Chamorro-Premuzic dijo:

> La baja confianza en uno mismo puede convertirte en un pesimista, pero cuando el pesimismo se une a la ambición suele producir un rendimiento excepcional. Para ser el mejor en cualquier cosa, tendrás que ser tu crítico más duro, y eso es casi imposible cuando tu punto de partida es una alta confianza en ti mismo.

Ahhh. La negatividad tiene un propósito. No es algo objetivamente malo, como tener una rueda pinchada. Abordar los problemas con una mirada crítica puede desanimarte porque estás encontrando fallos, pero también es el primer paso para mejorar. Las investigaciones psicológicas demuestran que las emociones negativas producen una motivación para aprender. Si sacas un sobresaliente en un examen, sonríes y sigues adelante. Si sacas un suspenso, quieres aprender en qué te has equivocado. Otro estudio, titulado «Tell Me What I Did Wrong» (Dime en qué me he equivocado), demostró que se produce un cambio cuando las personas están en el camino de la maestría. Los novatos buscan y necesitan comentarios positivos porque les hacen seguir trabajando en algo que no saben hacer. Pero hay un punto de inflexión. Cuando alguien se convierte en un experto, busca deliberadamente el *feedback* negativo para saber cómo seguir mejorando ahora que sus errores son menos y más sutiles.

Esto se relaciona con lo que hemos aprendido sobre el optimismo y la perseverancia. Las creencias positivas nos hacen seguir adelante, pero son, hasta cierto punto, ilusiones. Las personas deprimidas son las que ven el mundo con más precisión. Las investigaciones demuestran que los empresarios pesimistas tienen más éxito, los jugadores optimistas pierden más dinero y los mejores abogados son pesimistas. Necesitamos el optimismo y la confianza para seguir adelante y convencer a los demás de que se unan a nuestra causa, pero la negatividad y el pesimismo nos ayudan a ver los problemas para poder mejorarlos. Sí, los primeros sientan mucho mejor, pero ambos son necesarios.

Abraham Lincoln es un gran ejemplo. Él encarnó muchos de los aspectos positivos de la baja confianza que hemos analizado. Estaba abierto a diferentes ideas y pasó una enorme cantidad de tiempo en la oficina de telégrafos del Departamento de Guerra para poder estar al tanto de las estrategias que se proponían (de hecho, Lincoln se sentía tan atraído por las nuevas ideas que es el único presidente de EE.UU. que tiene una patente).

Lincoln también tenía una política de puertas abiertas. Donald T. Phillips, autor de *Lincoln on Leadership* (Sobre el liderazgo de Lincoln), dice que probablemente fue el presidente más accesible de la historia del país. Pasó más del 75 % de su tiempo reuniéndose con la gente. Se cree que se reunió con todos los soldados de la Unión que se alistaron durante la Guerra Civil.

¿Era un bravucón? Difícilmente. A Lincoln le habría gustado la idea de «amigo» de las redes. No coaccionaba ni amenazaba para salirse con la suya. En sus propias palabras: «Si quieres ganar a un hombre para tu causa, primero convéncelo de que eres su amigo sincero». ¿Y cómo trataba a las personas que eran abiertamente hostiles? «Destruyo a mis enemigos cuando los hago mis amigos».

¿Era humilde? Sí. No tenía ningún problema en admitir sus errores. En una carta a Ulysses S. Grant fue más que franco al respecto: «Ahora deseo reconocer personalmente que usted tenía razón y yo estaba equivocado».

Los estudios demuestran que este tipo de humildad es rentable. Los jefes que muestran vulnerabilidad y se infravaloran son los más populares. Frank Flynn, de Stanford, descubrió que las personas que sienten culpa son consideradas mejores líderes por sus compañeros. Una investigación de la Marina de Estados Unidos muestra que los líderes apreciados son democráticos y tienen una sólida capacidad de escucha. El único momento en que las tripulaciones querían que un líder tomara decisiones sin consultar a la gente era en tiempos de crisis (como los piratas).

Pensamos que los líderes tienden al narcisismo y, como hemos establecido, los narcisistas tienden a convertirse en líderes, pero no prosperan. El rendimiento de los narcisistas es relativo a la posibilidad que tienen de parecer geniales. Esto produce un efecto realmente negativo: Cuando las cosas están peor y los líderes son más necesarios, los narcisistas son los que menos se comprometen.

La verdad es que si quieres elegir un tipo de personalidad «negativa» que funcione bien como director general, no elijas a un narcisista, sino a un drogadicto.

David J. Linden, profesor de neurociencia en la Johns Hopkins Universidad de Medicina, explica que su naturaleza adictiva puede llevarles a trabajar de forma obsesiva cuando es necesario:

> Los rasgos de la personalidad que asumen riesgos, buscan la novedad y son obsesivos, que a menudo se encuentran en los adictos, pueden aprovecharse para que sean muy eficaces en el trabajo. En el caso de muchos líderes, no es que tengan éxito a pesar de su adicción; más bien, el mismo cableado cerebral y la química que los hacen adictos también les confieren rasgos de comportamiento que les sirven.

Ya has oído las dos caras: el exceso de confianza te hace sentir bien, te da agallas e impresiona a los demás, pero también puede convertirte en un imbécil arrogante que aleja a la gente, no mejora y posiblemente lo pierde todo por negarlo. Tener menos confianza te da el impulso y las herramientas para convertirte en un experto y hace que gustes a los demás… pero no te sientes tan bien y puedes enviar una pésima señal a los demás sobre tu competencia.

Es un poco desagradable, ¿no? Parece que no hay una respuesta fácil. Puedes impresionar a la gente y hacer que se enfaden o que les gustes pero no te respeten. Parece una contradicción. Así que qué tal esto: ¿Y si tiras todo el paradigma de la confianza a la basura?

No grites todavía una mala palabra. Muchas investigaciones demuestran que mirar a través de la lente de la autoestima podría ser la verdadera razón por la que el debate sobre la confianza está tan cargado de dolor. Pero ¿cuál es la alternativa a la autoestima? La profesora de la Universidad de Texas Kristin Neff dice que es la «autocompasión». La compasión por ti mismo cuando fracasas significa que no necesitas ser un idiota iluso para tener éxito y que no tienes que sentirte incompetente para mejorar. Dejas de vivir el yo-yo de las expectativas absurdas y de machacarte cuando no las cumples. Dejas de mentirte a ti mismo diciendo que eres increíble. En su lugar, te centras en perdonarte a ti mismo cuando no lo eres.

Las investigaciones demuestran que aumentar la autocompasión tiene todos los beneficios de la autoestima, pero sin los inconvenientes. Puedes sentirte bien y rendir bien sin convertirte en un imbécil ni ser incapaz de mejorar. A diferencia de la autoconfianza, la autocompasión no conduce al engaño. De hecho, un estudio, «Self-Compassion and Reactions to Unpleasant Self-Relevant Events: The Implications of Treating Oneself Kindly» (Autocompasión y reacciones a eventos no placenteros relacionados con uno mismo: Las implicaciones de tratarse a uno mismo con amabilidad), mostró que las personas con un alto nivel de este rasgo tenían mayor claridad. Se veían a sí mismas y al mundo con más precisión, pero no se juzgaban tan duramente cuando fallaban. Mientras tanto, las personas centradas en la autoestima suelen sentir la necesidad de engañarse a sí mismas o de descartar la información negativa, aunque útil, para seguir sintiéndose bien consigo mismas. Se aferran a sus teorías autovalidantes en lugar de ver el mundo real. Esto conduce a la arrogancia y al narcisismo. Existe una sólida correlación entre la autoestima y el narcisismo, mientras que la conexión entre la autocompasión y el narcisismo es prácticamente nula.

¿Qué ocurre cuando te sientes bien contigo mismo y con tus habilidades sin inflar tu ego? Le gustas a la gente. Las investigaciones neurocientíficas demuestran que desarrollar la autocompasión lleva a sentir compasión por los demás, en lugar de la pérdida de empatía que conlleva el exceso de confianza. En una resonancia magnética funcional, a las personas que se perdonaban a sí mismas se les iluminaban las mismas zonas que se activan cuando nos preocupamos por otras personas. Con las parejas románticas, la autocompasión fue evaluada como un mejor predictor de ser una buena pareja que la autoestima.

Como ya hemos comentado en este capítulo, una de las cosas que hace la confianza en uno mismo es hacerte más feliz. Adivina. La autocompasión también lo hace, pero sin todos los aspectos negativos: «La investigación sugiere que la autocompasión está fuertemente relacionada con el bienestar psicológico, incluyendo el aumento de la felicidad, el optimismo, la iniciativa personal y la conectividad, así como la disminución de la ansiedad, la depresión, el perfeccionismo neurótico y la rumiación».

Impresionante, ¿verdad? Entonces, ¿por qué la compasión tiene éxito donde la autoestima fracasa? Porque la autoestima siempre es ilusoria o eventual, y ninguna de las dos conduce a cosas buenas. Para sentir siempre que eres increíble necesitas distanciarte de la realidad o estar en una rueda de molino para demostrar constantemente tu valor. En algún momento no estarás a la altura, lo que hará que tu autoestima se resienta. Por no mencionar que el hecho de probarte a ti mismo sin descanso es agotador y preocupante. La autocompasión te permite ver los hechos y aceptar que no eres perfecto. Como dijo una vez el famoso psicólogo Albert Ellis: «La autoestima es la mayor enfermedad conocida por el hombre o la mujer porque es condicionada». Las personas con autocompasión no sienten la necesidad de probarse a sí mismas constantemente, y las investigaciones demuestran que es menos probable que se sientan «perdedoras».

Sé lo que algunos de vosotros estáis pensando: ¿Si siempre me perdono a mí mismo me voy a volver pasivo? ¿Voy a perder mi motivación y mi ventaja si no me preocupo por mantener la autoestima?

En realidad, es la falta de autocompasión lo que te hace ser pasivo. Cuando tienes confianza en ti mismo, ignoras los comentarios que no coinciden con tu realidad interna, ¿verdad? Así que no hay necesidad de cambiar. Cuando te falta confianza puedes ver los problemas, pero puedes sentirte incapaz de superarlos. Ser autocompasivo te permite ver los problemas y hacer algo al respecto. Las investigaciones sugieren que este enfoque de entrega te permite asumir más responsabilidad por los problemas y estar menos triste por ellos. Los estudios demuestran que, como las personas con autocompasión no se castigan a sí mismas, tienen menos miedo al fracaso, lo que se traduce en una menor procrastinación y en más perseverancia.

Perdonarse a sí mismo también es más fácil que mantener la confianza en sí mismo.

No necesitas revisar constantemente las historias sobredimensionadas que te cuentas a ti mismo y no necesitas matar un dragón cada día para demostrar que vales algo. Las investigaciones demuestran lo que probablemente sea obvio: nos gusta oír cosas buenas sobre nosotros mismos, pero también nos gusta oír cosas que son verdaderas. La razón por la que es tan difícil aumentar la autoestima es que, lamentablemente, no siempre podemos hacer ambas cosas. La autocompasión dice que eso está bien. Entonces, ¿cómo se desarrolla la autocompasión? Comienza con algo que viste con el Navy Seal James Waters: Hablar contigo mismo. Pero, en lugar de convencerte de ideas motivadoras que quizá no creas y cumplidos que quizá no sean ciertos, simplemente háblate a ti mismo con amabilidad, con delicadeza, como lo haría tu abuela. No te castigues ni te critiques cuando las cosas no salgan como quieres. Como explica la investigadora Kristin Neff: «¿Quién es la única persona en tu vida que está disponible las 24 horas del día para proporcionarte cuidados y amabilidad? Tú».

También quieres aceptar tu humanidad. Eres falible. No tienes que ser perfecto todo el tiempo como Batman. No puedes serlo. Nadie puede. Intentar serlo es irracional, y eso es lo que lleva a las emociones frustrantes.

Por último, reconoce tus fracasos y frustraciones sin negarlos ni verlos como el fin del mundo. No racionalices ni te pongas melodramático. A continuación, haz algo al respecto. Los estudios demuestran que tomarse el tiempo de anotar pensamientos agradables para uno mismo, como que eres un humano falible y que puedes ver los problemas sin convertirlos en desastres emocionales, hizo que la gente se sintiera mejor y aumentara la autocompasión. La meditación y el *mindfulness* también dieron sus frutos. Inclúyelos en la mezcla para obtener mejores resultados.

¿Esto va a mejorar tu vida de la noche a la mañana? No, claro que no. Pero con el tiempo, la mejora es posible, a diferencia del espectro confianza/no confianza, que siempre parece venir con efectos secundarios.

Muy bien, es hora de resumir todo lo que hemos aprendido sobre el dilema de la confianza, obtener algunos consejos que podemos utilizar y descubrir un aspecto más sobre la autocompasión que es bastante sorprendente.

Lo había perdido todo. Toda una fortuna familiar. Y con ello, perdió la cabeza.

Pero Joshua Norton no perdió su confianza. Oh, no. Algunas personas pierden la cabeza y se vuelven apenas útiles y sin empleo. Norton no. De hecho, consiguió un trabajo mucho, mucho, mucho mejor.

El 17 de septiembre de 1859, Norton se convirtió en el emperador Norton I. Si no sabías que Estados Unidos tuvo un emperador, pues ahora estás mucho más preparado para el episodio de esta noche de *Jeopardy*, (no te preocupes, el presidente James Buchanan tampoco lo sabía). Por supuesto, es el autoproclamado emperador de los Estados Unidos, pero da igual.

Durante veintiún años, Norton recorrió con orgullo las calles de San Francisco vistiendo un uniforme militar con insignias, un sable y un sombrero de castor del que salían plumas de pavo real.

Dos perros callejeros, Bummer y Lazarus, le seguían a menudo como un séquito. En la biografía de William Drury sobre Norton escribió:

«Tenía un aire digno y majestuoso, pero se le veía como un hombre amable y afable, inclinado a ser jocoso en una conversación. Hablaba de forma racional e inteligente sobre cualquier tema, excepto sobre sí mismo o su imperio». También era ambicioso. Más tarde añadió a su título el de

«Protector de México». Hoy en día, San Francisco tiene fama de aceptar a los locos de la misma manera que la Estatua de la Libertad acoge a los inmigrantes. En aquel entonces no era muy diferente. La ciudad no se limitó a tolerarlo, sino que le siguió la corriente y lo convirtió en la mascota no oficial de San Francisco.

Los restaurantes le daban comidas gratis, los dueños de los teatros siempre le guardaban un asiento para la noche de apertura y la ciudad creó un presupuesto para cubrir el alojamiento de su gobernante y para conseguirle un nuevo uniforme militar cuando el viejo empezaba a estropearse (como agradecimiento, Norton legó a las autoridades de la ciudad una «patente de nobleza a perpetuidad»). Los ciudadanos pagaban alegremente «impuestos» a Su Majestad para asegurarse de que las arcas reales no se secaran. Una imprenta tuvo la amabilidad de crear los bonos oficiales del gobierno de Norton, que los vendedores locales aceptaban como moneda del emperador con un guiño. Las tiendas incluso vendían muñecos del emperador Norton.

Cuando un agente de policía confundió a Su Alteza Real con el loco que era y lo arrestó, los ciudadanos de San Francisco se pusieron furiosos. Norton fue liberado inmediatamente y el jefe de policía se disculpó personalmente. Siempre amable, el emperador emitió un «perdón imperial». A partir de ese día, los miembros del departamento de policía saludaban a Norton cuando lo veían por la ciudad.

Pero no crean que toda esta deferencia llevó a Norton a eludir sus obligaciones. No, no. Ejecutaba con confianza las responsabilidades de su cargo, emitiendo regularmente decretos reales que los periódicos locales publicaban con mucho gusto. Sus famosas proclamas iban desde ordenar el despido del gobernador de Virginia, hasta decir al Congreso que ya no podía reunirse en Washington, DC, pasando por la abolición de los partidos republicano y demócrata cuando sus disputas causaban demasiados disgustos. El emperador defendió con orgullo el honor de la ciudad. Anunció que cualquiera que llamara a su patria «Frisco» sería multado con 25 dólares, lo que equivale a unos 430 dólares de hoy. (Y, sí, ordenó que la Junta de Autoridades de la ciudad fuera arrestada después de que no siguieran sus decretos).

El triste día en que su gobierno llegó a su fin, el *San Francisco Chronicle* tituló «Le Roi Est Mort» (El rey ha muerto). Otro periódico cubrió su fallecimiento con todo lujo de detalles, mientras que la inauguración del nuevo gobernador de California solo recibió treinta y ocho palabras. El cortejo fúnebre de Norton se extendió tres kilómetros con la asistencia de más de diez mil ciudadanos. Las banderas se izaron a media asta. En su lápida se lee: Emperador de los Estados Unidos y Protector de México (no hay comillas en ese título). Su legado está asegurado. Tanto Mark Twain como Robert Louis Stevenson lo inmortalizaron en sus obras. Los bonos de Norton son ahora valiosas piezas de coleccionista. Y en 1980 la ciudad conmemoró el centenario de su muerte.

Se podría argumentar que fue un emperador exitoso. Algunos de esos decretos acabaron convirtiéndose en realidad, aunque no se debiera en absoluto a él. Su apoyo a las mujeres y a las minorías acabaría siendo ampliamente adoptado. Abogó por una liga de naciones que precedió a la ONU. La exigencia de Norton de que se construyera un puente que se extendiera desde Oakland hasta San Francisco se hizo realidad, y recientemente se ha intentado que el Puente de la Bahía pase a llamarse en su honor.

Mark Twain escribiría que Norton «llenó un vacío en su vida con la ilusión de la realeza». Si Norton no hubiera ejercido su cargo con tanta confianza, la gente no le seguiría recordando con cariño más de un siglo después. Pero si no tienes cuidado, la confianza puede convertirte en emperador de ningún sitio, excepto de tu propia cabeza.

Entonces, ¿qué podemos decir con certeza que hemos aprendido sobre la confianza?

CREER EN TI MISMO ES BUENO. PERDONARTE A TI MISMO ES MEJOR

La autocompasión vence a la autoestima. Me gustaría pensar que soy el Jason Bourne de la escritura en ciencias sociales, pero probablemente estoy mucho más cerca de ser el bufón de la corte. Y está bien. No necesitamos vernos a nosotros mismos como algo más grande que la vida y a menudo es mejor que no lo hagamos. No quieres caer en la negación o ser un cabrón. Quieres seguir aprendiendo, pero sin sentirte mal contigo mismo. Hay que evitar que la autoestima se base en ilusiones fundadas en la fantasía o en probarte a ti mismo constantemente. Así que sé autocompasivo. Tiene todas las ventajas de la confianza sin las desventajas.

AJUSTARSE A TU NIVEL NATURAL DE AUTOESTIMA

¿Sueles tener bastante confianza en ti mismo? Entonces disfruta de los beneficios, pero ten cuidado con el delirio y mantén la empatía. Busca situaciones que te desafíen para mantenerte humilde. Esfuérzate por mantener la mente abierta en lugar de dar por sentado que ya conoces la respuesta. Sé amable. No acabes siendo un emperador en tu propia mente.

¿Te falta confianza? No es problema. Naturalmente, aprenderás más rápido que esos sabelotodo y harás más amigos. Centra tus esfuerzos en áreas cuantificables en las que las capacidades puedan medirse con precisión, de modo que no tengas que preocuparte por cuestiones de percepción (a nadie le importa si soy seguro de mí mismo en persona mientras lo sea por escrito). Si te conviertes en un experto en lo que haces, la confianza aumentará. Lo que nos lleva al siguiente punto…

¿ES NECESARIO TENER MÁS CONFIANZA? GÁNATELA

La confianza es un resultado del éxito, no una causa. Así que, a pesar de mi febril recomendación de autocompasión, si todavía quieres centrarte en la confianza, el camino más seguro es llegar a ser realmente bueno en lo que haces. Cuando Daniel Chambliss estudió a los mejores nadadores, descubrió que, si se centraban en «pequeñas victorias» cada día, sus habilidades progresaban y la confianza en sus capacidades también. Cuando tienes una mentalidad competitiva, siempre corres el riesgo de rendir menos y sentirte un perdedor. Cuando se te plantee un reto, concéntrate en mejorar tus habilidades, no en hacerlo bien o quedar bien. Los estudios demuestran que los «objetivos de mejora» aumentan la motivación, hacen que las tareas sean más interesantes y reponen energía. Este efecto se traslada a las tareas por venir. Como siempre, hay que elegir el estanque adecuado. G. Richard Shell, de Wharton, dice que rodearse de quienes creen en uno puede dar lugar a «expectativas transferidas» y a una profecía autocumplida, que aumenta la confianza. El trabajo duro puede darte más confianza con el tiempo. Como dijo Alfred Binet, inventor del test de CI, sobre la inteligencia: «No siempre las personas que empiezan siendo más inteligentes acaban siéndolo».

NO SEAS UN FARSANTE

Fingir es demasiado difícil y el precio del fracaso es demasiado alto. Los beneficios a corto plazo de impresionar a los demás no valen la pena si eres tachado de poco fiable y debes mudarte a Moldavia. Incluso si consigues engañar a los demás, esto suele llevar a engañarte a ti mismo, que es el escenario más peligroso de todos. Como dijo Richard Feynman: «El primer principio es que no debes engañarte a ti mismo y tú eres la persona más fácil de engañar».

Lo sé. Hay momentos críticos en los que necesitas causar una buena impresión y fingir parece la mejor opción. En lugar de pretender ser lo que no se es, la mejor respuesta es centrarse en presentar la mejor versión de uno mismo. En el estudio «Your Best Self Helps Reveal Your True Self: Positive Self-Presentation Leads to More Accurate Personality Impressions» (Tu mejor versión ayuda a revelar tu verdadero yo: La presentación positiva de ti mismo conduce a impresiones de personalidad más precisas), los investigadores encontraron exactamente eso. No tienes que ser un actor profesional. Sé tú en tu mejor día y la gente verá tu verdadero yo.

¿Qué es esa cosa extra que nos aporta la autocompasión y que es tan especial? Es una cosita llamada «sabiduría». Tampoco estoy siendo cursi ni poético. En un estudio titulado «Self-Kindness When Facing Stress» (Autocompasión ante el estrés), descubrieron que ser compasivo con uno mismo estaba realmente correlacionado con ser sabio. No solo puntos de cociente intelectual o conocimientos, sabiduría. (¿Cuántas cosas que haces cada día puedes decir realmente que te hacen más sabio?).

Juzgarte duramente como bueno o malo, apresuradamente como exitoso o fracasado, es muy limitado y de mente estrecha. Para alcanzar la sabiduría, necesitas un poco más de flexibilidad, aceptación y el aprendizaje que conlleva el crecimiento. Piensa en las personas más sabias que has conocido. ¿Estaban llenas de fanfarronería y arrogancia? ¿O totalmente desprovistas de confianza? Probablemente eran tranquilas y comprensivas, perdonaban y juzgaban menos. A todos nos gustaría alcanzar ese nivel de sabiduría algún día. Y la autocompasión es un gran primer paso.

Muy bien, espero haber resuelto el debate sobre la confianza para ti. (Si no, me perdono compasivamente).

La confianza opera en el nivel de los sentimientos y las apariencias. ¿Pero qué pasa con el trabajo real que hay que hacer? ¿Cuántas horas hay que dedicar? Muchas personas de éxito son adictas al trabajo sin remordimientos, pero tu visión del éxito puede implicar el equilibrio entre la vida laboral y personal, y dormir de vez en cuando. ¿Cuánto necesitas trabajar realmente para tener éxito?

6

¿Trabajo, trabajo, trabajo... o equilibrio entre vida y trabajo?

Cómo encontrar la armonía entre el hogar y la oficina, por cortesía de Spiderman, los monjes budistas, Albert Einstein, los luchadores profesionales y Gengis Kan.

Cualquiera que conozca el béisbol sabe que Ted Williams jugó profesionalmente de 1939 a 1960 y que ha sido uno de los mejores bateadores de todos los tiempos, junto con Babe Ruth. Pero tanto si lo conoces como si no, tengo una noticia para ti: Ted Williams nunca jugó al béisbol. No, nunca lo hizo.

El problema es el verbo: Williams no estaba jugando. Para él, batear una pelota de béisbol no era un juego. Siempre se lo tomó muy, muy en serio. En una entrevista de 1988 dijo que, de niño, deseó literalmente a una estrella fugaz que le convirtiera en el mejor bateador de la historia. Pero no se sentó a esperar que el sueño se hiciera realidad. Su ética de trabajo, obsesiva y perfeccionista, le proporcionaría más éxito que cualquier cuerpo celestial descendente. Williams dijo: «Yo... insisto en que, independientemente de los atributos físicos, nunca habría ganado un titular por batear si [no] me mantuviera eternamente en ello y no pensara en nada más durante todo el año... Solo vivía para mi próxima vez al bate».

¿Diez mil horas para lograr la excelencia? Williams probablemente lo hizo varias veces. Estaba obsesionado. Después de la escuela, iba a un campo local y practicaba el bateo hasta las nueve de la noche, y solo paraba porque era cuando apagaban las luces. Entonces iba a casa y practicaba en el patio trasero hasta que sus padres le hacían ir a cama. Llegaba temprano a la escuela para poder hacer más *swings* antes de que empezaran las clases. Llevaba su bate a clase. Elegía cursos con menos deberes, no porque fuera perezoso, sino para tener más tiempo para batear.

Eso no era suficiente tiempo de práctica para Ted. En un movimiento que enorgullecería a Spencer Glendon y Peter Drucker, del capítulo 3, ignoró casi por completo el trabajo de campo. Ocasionalmente se le podía ver en el campo de espaldas a la base. E incluso en ese caso, balanceaba su guante como si fuera un bate, practicando, para frustración de sus compañeros. ¿Y las chicas? No hay tiempo. Fue virgen hasta su segundo año en las grandes ligas. Cuando llegó a las ligas mayores mintió sobre su cumpleaños, diciendo que era en octubre en lugar de agosto. ¿Por qué? Un cumpleaños durante la temporada de béisbol podría ser una distracción. Williams dijo a la revista *Time:* «Cientos de niños tienen la capacidad natural de convertirse en grandes jugadores de béisbol, pero nada, excepto la práctica, la práctica y la práctica sacará a relucir esa capacidad».

No fueron solamente las horas las que hicieron a Williams tan grande, sino cómo pasaba esas horas. Era un perfeccionista que trataba de mejorar constantemente. Convirtió el juego del béisbol en una ciencia pura, mucho antes de las métricas que se pueden ver en la película *Moneyball.* Williams incluso visitó el MIT para aprender más sobre la física del béisbol. Estudió a los mejores bateadores y acabó escribiendo un libro, *La ciencia del bateo*, que a día de hoy sigue considerándose el mejor libro sobre el tema.

Su ingrediente secreto era la intensidad con la que estudiaba a los lanzadores. Williams creía en «conocer a tu enemigo». Y ciertamente veía a los lanzadores como el enemigo, a menudo bromeando: «¿Qué crees que es más tonto que un lanzador? Dos lanzadores». Decía: «No juegas contra los Reds de Cincinnati o los Indians de Cleveland, juegas contra ese lanzador... y es en él en quien debes concentrarte».

Se acercaba a los árbitros para conocer su opinión sobre los estilos de los lanzadores y tomaba notas sobre ellos en una libreta negra. Interrogaba a los jugadores más veteranos para obtener más información sobre el rival. «No adivino lo que lanzan. Me imagino lo que van a lanzar», decía. La gente se maravillaba de cómo podía relatar los hábitos y preferencias de los distintos lanzadores décadas después de que su carrera hubiera terminado. Pero esta sensibilidad perfeccionista que le hacía rendir tan bien le llevó a muchas disputas con los periodistas deportivos. Sus críticas enfurecían a un hombre que ya se presionaba mucho para ser el mejor.

Sus bates se frotaban con alcohol cada noche para mantenerlos limpios, y los pesaba para asegurarse de que no les afectaba la condensación. Tenían su propia taquilla junto a la suya en el club. Williams los trataba con cariño, como a un bebé, y luego practicaba sus golpes con ellos hasta que le sangraban las manos.

Y dio sus frutos. En un perfil de Ted Williams en el *New Yorker,* John Updike escribió: «Ningún otro jugador ofreció tan constantemente esa intensidad de competencia que te llena de alegría». Pero, perdón por el chiste, la vida puede lanzarte una bola curva...

Cuando comenzó la Segunda Guerra Mundial, Williams fue llamado a filas. ¿Su respuesta al hecho de tener que descarrilar su carrera? Que si tenía que ser piloto de combate de los marines, también lo haría muy bien. John Glenn, amigo de Williams, escribió en su autobiografía: «Daba a la aviación la misma atención perfeccionista que daba a sus bateos». A pesar de no tener más que una educación secundaria, a Ted le dominaba la rabia por dominar cualquier tarea que se le pusiera por delante, y rápidamente se hacía competente en cualquier menester que se necesitara.

Debido a la guerra, se perdió tres temporadas completas de béisbol. Cuando volvió al juego, ¿perdió destreza? No. Dobló su régimen de bateo y se incorporó a la alineación tres semanas después. Aunque la mayoría de los deportes profesionales son innegablemente un juego de jóvenes, Williams compitió en las grandes ligas hasta los cuarenta y dos años. Durante su último año como profesional, su porcentaje de jonrones fue el mejor de su carrera, un estelar 9,4. Incluso bateó un *home run* durante su último turno de bateo antes de retirarse en 1960.

A continuación, se convirtió en entrenador de los Senators de Washington. Aunque su perfeccionismo lo hacía temperamentalmente inadecuado para el trabajo, seguía produciendo resultados sorprendentes. Su actitud parecía ser: «Tengo mis diez mil horas y me voy a asegurar de que tú también las tengas». Él estaba convencido de que jugar al golf estropeaba la técnica de bateo y multó a los jugadores con mil dólares por estar jugando golf durante la temporada de béisbol. Puso en marcha prácticas de bateo maratonianas, estableció un toque de queda, limitó el consumo de alcohol, intentó que echaran la siesta antes de los partidos nocturnos e incluso hizo todo lo posible por mantener al equipo célibe. Los bateadores que no recordaban los estilos de lanzamiento de los oponentes eran tratados con el famoso temperamento de Williams.

Pero esto también dio sus frutos. Los *hits* aumentaron, los *strikeouts* disminuyeron y la asistencia a los partidos se disparó. El equipo obtuvo su mejor récord en veinticuatro años. Los mismos periodistas deportivos que él detestaba (y que lo detestaban a su vez) no tuvieron más remedio que nombrarlo Entrenador del Año de la Liga Americana.

Dejando a un lado el perfeccionismo, uno no puede trabajar las 24 horas del día. Todos necesitamos descansar. Un pasatiempo. Algo que se aproxime al equilibrio entre la vida laboral y la personal. A Ted Williams le encantaba ir a pescar, un deporte plácido y relajante… No, no en este caso. Era un triunfador impulsado por el éxito incluso cuando supuestamente se lo tomaba con calma. Un amigo dijo: «Cuando pescaba, decía más improperios en una sola frase que los que yo había oído en mi vida. Era casi poético. Era lírico, como si cantara una canción. No lo hacía de forma vengativa o con rabia, simplemente era él mismo, siempre intentando superarse». Y, sí, se ganó su entrada en el Salón de la Fama de la Pesca

Nacional de Agua Dulce, así como en el Salón de la Fama de la Asociación Internacional de Pesca Deportiva.

En 1999, *The Sporting News* lo situó en el octavo lugar de su lista de los 100 mejores jugadores de béisbol. En 1991 recibió la Medalla Presidencial de la Libertad de manos de George H. W. Bush.

Ted Williams fue grande porque nunca dejó de trabajar.

¿Todo este arduo trabajo produce realmente un gran éxito? La respuesta es un sí inequívoco. Nuestro experto en grandes triunfadores, el decano Keith Simonton, ofrece una fórmula intimidante para la excelencia: «Las personas que lo deseen deben organizar toda su vida en torno a una sola empresa. Deben ser obsesivos, incluso megalómanos, en sus objetivos. Deben empezar pronto, trabajar continuamente y no abandonar nunca la causa. El éxito no es para los perezosos, procrastinadores o inestables». (¿Significa esto que es bueno que esté escribiendo estas líneas a las 3:25 de la madrugada?).

Si querías oír que puedes ganar millones y ser famoso trabajando solo cuando te apetece y sin hacer sacrificios, pues cierra el libro ahora y vete a ver algunos infomerciales de «invertir en bienes raíces sin dinero». Has venido al lugar equivocado.

¿Sigues aquí? Bien. Frank Barron, un reputado profesor de la Universidad de Santa Cruz, dijo: «Una gran productividad es la regla y no la excepción entre los individuos que han hecho alguna contribución digna de mención». Incluso el magnate de la peluquería Vidal Sassoon bromeó una vez: «El único lugar donde el éxito está por encima del trabajo es un diccionario». Sí, para ser el mejor hay que estar un poco loco y esforzarse mucho.

El decano Keith Simonton lo resume: «Aquellos individuos con la mayor producción total crearán también, de media, las contribuciones más prestigiosas». La Ley de Price es una gran ilustración de lo importante que es el trabajo febril. Tomemos el número de personas más destacadas en un campo. Para hacerlo fácil, diremos que son cien. Luego tomemos la raíz cuadrada de ese número, que en nuestro ejemplo es diez. La Ley de Price dice que esas diez personas serán responsables del 50 % de los logros notables en ese campo. Diez personas de cada cien producirán la mitad de las cosas a las que vale la pena prestar atención. Y Simonton señala que la Ley de Price «es válida para todos los ámbitos importantes de las artes y las ciencias».

¿Que no eres botánico o pintor, dices? No importa. En todos los trabajos profesionales se observa un efecto similar: «El 10 % de los mejores trabajadores produce un 80 % más que la media, y un 700 % más que el 10 % inferior». Y eso requiere horas. Cuando el profesor de Harvard John Kotter estudió a los altos directivos de varios sectores, descubrió que las semanas de más de sesenta horas no eran infrecuentes. ¿Y qué mencionó el profesor de Stanford Jeffrey Pfeffer (al que conocimos en el capítulo 2) en primer lugar en su lista de claves para el éxito empresarial? «Energía y resistencia». Porque la vas a necesitar.

¿Se puede ser productivo en algo sin gastar una tonelada de tiempo en ello? Hasta cierto punto, por supuesto, pero suponiendo que el talento y la eficiencia sean iguales, gana la persona que pasa más tiempo. Y la cuestión de las horas parece ser el verdadero factor de distinción entre los muy buenos y los verdaderamente grandes. Sí, ser inteligente ayuda, pero la «hipótesis del umbral» muestra que la inteligencia no lo es todo, especialmente cuando se trata de grandes avances. Cuando se observa a las personas eminentes, la mayoría son más inteligentes que la media. Sin un cociente intelectual de 120, muy pocas personas acaban produciendo algo que sea innovador y se recuerde en los libros de historia. Pero el giro es que, mientras se supere la marca de 120, muchos estudios muestran que más puntos de CI tienen poco efecto. ¿Qué es lo que marca la diferencia? No es la suerte. Son todas esas horas. Un cociente intelectual de 180 de un físico del Proyecto Manhattan puede estar bien, pero esos 60 puntos no marcan la diferencia que sí hacen más horas.

Algunas personas llevan a cabo cantidades insanas de trabajo y no sacan nada de ello. En el momento de su muerte, Robert Shields había elaborado un diario de 37,5 millones de palabras. Pasaba cuatro horas al día registrando todo, desde su presión sanguínea hasta el correo basura que recibía. Incluso se despertaba cada dos horas para poder detallar sus sueños. Esto no le hizo rico y ni siquiera le hizo entrar en el Libro Guinness de los Récords. Solo le convirtió en un loco con uno de los obituarios más morbosamente fascinantes de la historia.

Las horas por sí solas tampoco son suficientes. Esas horas tienen que ser *deliberadas*. Tienes que esforzarte para ser mejor, como Ted Williams. Has pasado muchas horas en tu vida conduciendo, ¿verdad? ¿Estás preparado para competir en la NASCAR o en la Fórmula 1? Probablemente no. Intentar mejorar no es algo que hagamos en la gran mayoría de las actividades que realizamos cada día, incluido el trabajo. Con resultados que pueden hacer que te dé miedo ir al hospital, los estudios han demostrado que los médicos y las enfermeras no mejoran mucho en su trabajo con el tiempo. Sin una «destreza que dominar», como tú al volante, se limitan a hacer lo suyo, hora tras hora, en lugar de esforzarse por convertirse en expertos. Como dijo una vez Miguel Ángel: «Si la gente supiera lo mucho que he trabajado para conseguir mi maestría, no parecería tan maravillosa después de todo». En su clásico estudio sobre los mejores deportistas, científicos y artistas, Benjamin Bloom descubrió que uno de los elementos fundamentales de un gran mentor no era solo el conocimiento secreto y el apoyo emocional, sino que te empujaba a esforzarte más. Las «expectativas y exigencias de un gran mentor aumentaban constantemente hasta llegar a un punto en el que se esperaba que el estudiante hiciera prácticamente todo lo humanamente posible».

Las investigaciones demuestran que la ambición por sí sola predice el éxito, y que la motivación predice el éxito profesional mejor que la inteligencia, la capacidad o el salario. Combínalos con toneladas de horas y una cosa es segura: no quiero interponerme entre tú y tus objetivos porque acabaré pareciéndome al Coyote aplastado con huellas de neumáticos en la cara.

Ted Williams no pensaba en otra cosa que en batear, dedicaba un número astronómico de horas a intentar mejorar siempre, y llegó a tener tanto éxito que la mayoría de los chicos de esa generación soñaban con ser él algún día. Y ahora que te preguntas si el éxito significa un horario miserable junto con un enorme infarto a los cincuenta años, tengo una sorpresa para ti: puede significar exactamente lo contrario.

En general, el exceso de trabajo es malo. Está correlacionado con una reducción del ejercicio, menos visitas al médico y más tabaquismo. Y, lo que es peor, un estudio titulado «To your Hapiness? Extra Hours of Labor Supply and Worker Well-Being» (¿Para su felicidad? Horas extra de trabajo y bienestar de los trabajadores) mostró que los beneficios del éxito a menudo son superados por los negativos en términos de felicidad y estrés. Para poner una guinda, uno de los cinco principales arrepentimientos de la gente en su lecho de muerte es: «Ojalá no hubiera trabajado tanto».

Pero las cosas cambian cuando el trabajo tiene sentido. Ya he mencionado el Estudio Terman, que siguió a las personas desde su juventud hasta el final de sus vidas. Dado que este estudio permitió a los investigadores ver el panorama general, ¿qué encontraron en relación con el trabajo duro en una carrera con sentido? Como informa el WSJ: «Los que se mantuvieron muy involucrados en carreras con sentido y trabajaron más duro, vivieron más tiempo». El trabajo con sentido significa hacer algo que es (a) importante para ti, y (b) algo en lo que eres bueno. Numerosas investigaciones demuestran que, si haces esas cosas en las que eres especialmente bueno (los psicólogos las llaman «puntos fuertes»), son algunas de las actividades que más aumentan la felicidad. Según un estudio de Gallup: «Cuantas más horas al día los estadounidenses utilizan sus puntos fuertes para hacer lo que mejor saben hacer, menos probable es que digan que experimentan preocupación, estrés, ira, tristeza o dolor físico». Imagínate lo que la vida sería si tu trabajo implicara usar tus puntos fuertes todo el día, todos los días. Por supuesto que trabajarías muchas horas. ¿Quién querría irse a casa?

El problema aquí es la palabra «trabajo». A menudo la usamos para significar algo malo. «Odio tener que hacer todas estas tareas». Pero también usamos la palabra para significar «empleo». Cuando tu trabajo es satisfactorio, no es algo malo. Como escribió Mark Twain en *Las aventuras de Tom Sawyer*: «El trabajo consiste en todo lo que un cuerpo está obligado a hacer. El juego consiste en todo lo que un cuerpo no está obligado a hacer». Cuando disfrutas de tu trabajo, puede que sigas experimentando estrés, pero al final merece la pena. Nadie es feliz durante el kilómetro veinte de un maratón. Cuando estás a mitad de camino en el Monte Everest, te preguntas por qué pensaste que esto era una buena idea. Conseguir un doctorado puede llevar años de esfuerzo agotador y solitario. Y, sin embargo, estas son las cosas de las que la gente se siente más orgullosa. El mejor ejemplo es tener hijos. La paternidad es ciertamente estresante. Puede ser difícil. Para algunas personas es un trabajo a tiempo completo. Pero nadie dice en serio: «Tanta paternidad te va a matar. Deberías dejar de hacerlo». A veces parece que te va a matar, claro, pero es lo más significativo en la vida de la mayoría de la gente, y el reto hace que las recompensas sean mucho más dulces. Una carrera que amas no es diferente.

Si un empleo significativo aumenta la longevidad, ¿qué te mata antes? El desempleo. Eran Shor, profesor de la Universidad McGill, descubrió que estar sin trabajo aumenta la mortalidad prematura en un enorme 63%. Y los problemas de salud preexistentes no suponen ninguna diferencia, lo que implica que no se trata de una correlación, sino probablemente de una causalidad. No se trata de un estudio pequeño. Abarcó cuarenta años, veinte millones de personas y quince países. La cifra del 63% se mantuvo, independientemente de dónde viviera la persona.

Los efectos del desempleo sobre la infelicidad pueden ser aún peores. La mayoría de los estudios demuestran que el nivel de felicidad es bastante constante a lo largo de la vida. Casarse te hace más feliz, pero al cabo de unos años la mayoría de la gente vuelve a su nivel de satisfacción anterior. Si su cónyuge fallece, estará más triste durante una media de siete años, pero, después de eso, volverá a su nivel de partida. Sin embargo, hay algunas cosas que pueden hacer mella de forma permanente en la frecuencia con la que se sonríe, como sufrir una enfermedad grave o divorciarse. O perder el trabajo. De hecho, los niveles de felicidad no se recuperan del todo ni siquiera después de conseguir un nuevo empleo. Estar sin trabajo puede dejar una marca que dura toda la vida.

¿Y la jubilación? Ese es el desempleo «bueno», ¿no? No es así. La jubilación se asocia con el deterioro cognitivo, las enfermedades cardíacas y el cáncer. Esos efectos no se deben al envejecimiento, sino a que la gente deja de estar activa y comprometida.

No es justo comparar las largas horas con la ausencia de trabajo. Sin embargo, tener un trabajo que no te gusta puede ser incluso peor que el desempleo. Según una encuesta realizada por Gallup en 2010, las personas que se sentían «emocionalmente desconectadas» de su trabajo disfrutaban menos de su vida que las que no tenían ningún trabajo. Y un estudio de trabajadores suecos demostró que el trabajo monótono estaba asociado a una mayor tasa de infarto de miocardio. Sí, un trabajo aburrido puede matarte.

¿Recuerdas que dije que trabajar demasiado era uno de los mayores arrepentimientos de la gente en su lecho de muerte? Sin duda, es cierto. Pero ¿cuál era el arrepentimiento número uno? «Ojalá hubiera tenido el valor de vivir una vida fiel a mí mismo, no la vida que otros esperaban de mí». La carrera fue el segundo lugar, justo detrás de la educación y por delante de las relaciones. Pasamos gran parte de nuestro tiempo en el trabajo. Supongo que a las personas que se arrepienten de trabajar tanto no les gusta su trabajo, y que muchos de los que no viven una vida fiel a su identidad eligieron las carreras equivocadas. El trabajo desafiante y significativo nos hace felices y nos llena. Pero, por otra parte, cuando tiene sentido, no es realmente un trabajo, ¿verdad?

Bien, los adictos al trabajo con éxito han presentado su caso. Escuchemos lo que los menos obsesionados tienen que decir sobre si hay un lado negativo en todo este trabajo frenético.

(Nota para los perezosos: es seguro empezar a leer de nuevo).

Albert Einstein y Charlie Chaplin asistieron juntos al estreno de *City Lights*. El público enloqueció con las dos superestrellas, y Chaplin le dijo al gran científico: «A mí me aplauden porque todos me entienden, y a ti te aplauden porque nadie te entiende».

Qué verdad. Pregúntale a la gente qué hizo Einstein y te dirán «Relatividad». (Pregúntales qué es la relatividad y obtendrás un silencio incómodo. Todo lo que la mayoría de la gente entiende al respecto es que se supone que es importante). Como dice Walter Isaacson en su maravillosa biografía, Einstein «ideó una revolucionaria teoría cuántica de la luz, ayudó a demostrar la existencia de los átomos, explicó el movimiento browniano, puso patas arriba el concepto de espacio y tiempo y produjo lo que se convertiría en la ecuación más conocida de la ciencia». Su trabajo fue tan impactante que todo el mundo sabía que algún día ganaría el Premio Nobel, pero había logrado tanto que la gente no estaba segura de por qué logro impresionante lo obtendría. Cuando finalmente ganó el premio en 1921, irónicamente no lo hizo por la teoría de la relatividad. Y la mayor parte del trabajo por el que se le celebró lo realizó en un solo año, 1905, cuando tenía veintiséis años (no está mal para un tipo que fue relegado en el servicio militar porque le sudaban los pies).

A diferencia de Newton, Einstein era encantador, estaba comprometido con la justicia social y tenía familia e hijos. Pero, al igual que su predecesor, vivía en un mundo de ideas en su propia cabeza. Obviamente, era un genio, pero su verdadero superpoder era el increíble tiempo y la concentración que dedicaba a su trabajo. Aunque estaba rodeado de fama, amigos y familia, llevaba una vida a menudo introvertida, para explorar mejor sus ideas. Esto, obviamente, dio sus frutos en términos de éxito profesional.

Fue un pacto con el diablo, aunque Einstein no pagó el precio. Lo hizo su familia. Isaacson dijo: «Uno de sus puntos fuertes como pensador, si no como padre, era que tenía la capacidad, y la inclinación, de desconectar de todas las distracciones, una categoría que para él incluía a veces a sus hijos y su familia». Cuando estos reclamaban su atención, él redoblaba su trabajo.

Esto tensó a su familia hasta el límite. Einstein dijo: «Trato a mi mujer como a una empleada a la que no puedo despedir». Y esto no era una simple puya lanzada en el calor de la ira. Cuando su matrimonio empezó a romperse, le presentó a su mujer un contrato en el que se detallaba lo que esperaba de ella para continuar la relación:

CONDICIONES:

A. Te asegurarás de:
1. que mi ropa se mantenga en buen estado;
2. que recibiré mis tres comidas regularmente en mi habitación;
3. que mi dormitorio y mi estudio se mantengan ordenados, y especialmente que mi escritorio se deje para mi uso exclusivo.

B. Renunciarás a toda relación personal conmigo en la medida en que no sea completamente necesaria por razones sociales. Concretamente, renunciarás a:
1. que me siente en casa contigo;
2. que salga o viaje contigo.

C. Obedecerás los siguientes puntos en tus relaciones conmigo:
1. no esperarás ninguna intimidad de mí, ni me reprocharás nada;
2. dejarás de hablarme si te lo pido;
3. saldrás de mi habitación o estudio inmediatamente sin protestar si te lo pido.

D. Te comprometerás a no menospreciarme delante de nuestros hijos, ya sea con palabras o con tu comportamiento.

Ella aceptó a regañadientes, pero, como era de esperar, el matrimonio se desmoronó debido al distanciamiento de él y a las aventuras que mantenía con mujeres más jóvenes, que no le exigían nada emocionalmente.

Aunque era un padre atento cuando sus hijos eran pequeños, con el paso de los años Einstein pasaba cada vez más tiempo en su cabeza. Tras su divorcio, vio a sus hijos en contadas ocasiones, centrándose más en su trabajo. Su hijo Edward luchó contra una enfermedad mental e intentó suicidarse, muriendo finalmente en un hospital psiquiátrico. Einstein no lo visitó en más de tres décadas. Su otro hijo, Hans Albert, cita a su padre diciendo: «Probablemente el único proyecto que abandonó fue el mío».

El trabajo duro crea talento. Y el talento más el tiempo crean el éxito… pero ¿cuánto es demasiado?

¿He mencionado ya lo que la obsesiva ética de trabajo y el perfeccionismo de Ted Williams provocaron en sus relaciones? ¿No? (Soy así de astuto.) Bueno, lamentablemente, es una historia similar a la de Einstein.

La increíble habilidad de Ted Williams provenía del hecho de que pasaba todo su tiempo concentrado en el béisbol, pero su debilidad también era que pasaba todo su tiempo concentrado en el béisbol. Rob Kaufman, hijo de Louise Kaufman, la última pareja de Williams, dijo: «Carecía totalmente de habilidades sociales. Pasaba demasiado tiempo en el vestuario. Era inteligente, pero no aprendió ninguna de las habilidades que aprendieron sus compañeros».

Williams se divorció tres veces. Una de las mujeres con las que salió, Evelyn Turner, rechazó repetidamente sus propuestas de matrimonio. Ella dijo que sería su esposa solo si él le aseguraba que ella sería lo primero en su vida. Ted respondió: «Primero el béisbol, segundo la pesca y tercero tú». Cuando se peleó con la tercera esposa, Dolores Wettach, esta amenazó con escribir una secuela de la biografía de Williams titulada *Mi turno al bate no era una pelota*. Shelby Whitfield, un amigo de Ted, dijo: «Williams era probablemente una de las peores personas para estar casado que se pueda imaginar».

No era mejor como padre. Williams incluso lo admitió: «Como padre, me he quedado sin nada… Nunca estuve allí. Siempre estaba fuera.

Tenía mis compromisos. Simplemente no hice el trabajo». Las horas en el campo que le dieron la gloria destruyeron la relación con sus tres hijos. Cuando su hija Bobby-Jo le preguntaba por su infancia, le decía que leyera su autobiografía.

Aunque Williams tuvo éxito como entrenador, el mismo patrón era visible en sus relaciones con los jugadores de sus equipos. El jugador de los Red Sox, Ted Lepcio, dijo: «Le costaba entender por qué tipos como yo no podían batear mejor. Creo que le costaba relacionarse con los no perfeccionistas».

Y, como perfeccionista de primer orden, quería controlarlo todo. Cuando no podía, explotaba. Las historias sobre su temperamento son muchas y legendarias. Williams tenía el arrebato de dominar todo en su vida, pero cuando se presentaban temas que no podía controlar —como las esposas, los hijos y la familia—, dominar no era una opción. Y eso le dejaba solo la rabia.

Su temperamento era un intensificador (que recordarás del capítulo 1). Su tercera esposa, Dolores, hablaba de su ira: «Era su mejor amigo, porque le daba poder para hacer cosas que le salvaban, lo cual era importante. Si tenía que batear y estaba enfadado, la pelota volaba. Si tenía que pescar, y estaba enfadado, esa mosca volaba, y el pez no tenía ninguna posibilidad». Pero en las relaciones personales era demoledor. Si Williams perdía una partida de ajedrez en un juego familiar amistoso, tiraba el tablero por la habitación. Como escribió el biógrafo Ben Bradlee: «En última instancia, Dolores creía que la fuente de la ira de Ted era su incapacidad para satisfacer las ambiciones perfeccionistas que se había fijado. Cuando no cumplía sus propias expectativas, por muy inocua que fuera la actividad, podía estallar». La satisfacción siempre le fue esquiva debido a estas constantes y elevadas expectativas de sí mismo y de los demás. Su compañero de equipo Jimmy Piersall le preguntó una vez por qué estaba tan enfadado todo el tiempo. Williams respondió: «¿Sabes por qué? Porque tengo que ser bueno todos los días. Tú no tienes que serlo».

En una ocasión, Williams regresó al banquillo furioso y crítico consigo mismo. Sentía que no debería haber hecho ese último lanzamiento. No pudo superarlo. Todos hemos estado en una situación así: Sientes que has cometido un error y no puedes dejar de castigarte por ello. Pero Williams acababa de hacer un *home run*. Un *home run* que había ganado el partido. No importaba. Mientras sus compañeros de equipo se volvían locos por la victoria, Williams se lamentaba. Sentía que podía haberlo hecho mejor.

Esa actitud puede dar resultados increíbles (si no la felicidad) en una competición basada en el talento como el béisbol. Pero no funciona con las relaciones. Lamentablemente, su impulso innato y las largas horas de práctica solo reforzaron este enfoque y Williams no pudo cambiarlo. El intensificador que lo convirtió en uno de los mejores jugadores de béisbol que han existido significaba que estaría siempre en conflicto con las personas que más le querían.

Como dijo George Bernard Shaw: «El verdadero artista dejará que su mujer pase hambre, que sus hijos vayan descalzos, que su madre se gane la vida a los setenta años, antes que trabajar en cualquier cosa que no sea su arte». ¿Y dónde estaba Mozart cuando su mujer dio a luz a su primer hijo? En la otra habitación componiendo, por supuesto.

Lo mismo ocurre con los médicos que se apasionan por su trabajo. Un estudio realizado entre más de mil especialistas médicos holandeses demostró que las principales razones del *burnout* (agotamiento extremo) eran el choque entre la vida familiar y el perfeccionismo. El psicólogo Richard Ryan afirma: «Una de las razones de la ansiedad y la depresión en las personas de alto rendimiento es que no tienen buenas relaciones. Están ocupados ganando dinero y atendiéndose a sí mismos y eso significa que hay menos espacio en sus vidas para el amor y la atención y el cuidado y la empatía y las cosas que realmente cuentan». Este fenómeno de descuidar a la familia por la propia pasión no es nada nuevo. Los antiguos romanos tenían una expresión, *«libri aut liberi»*, que se traduce como «libros o niños». Si uno se toma muy en serio la creación de cosas, sacrifica la familia.

La cuestión de la energía también es fundamental. Los trabajadores creativos no solo pasan menos tiempo con sus cónyuges, sino que un estudio de *Academy of Management Journal* descubrió que el tiempo que pasan es de menor calidad. Cuando llegan a casa, sus cerebros están agotados. No queda gasolina en el depósito para ser una pareja atenta. Un estudio reveló que las personas con un alto grado de perfeccionismo tienen un 33 % menos de probabilidades de tener relaciones satisfactorias.

Algunos llevan la intensidad de esas horas a niveles antinaturales. La prestigiosa revista científica *Nature* realizó una encuesta informal entre 1.400 de sus lectores. El 20 % había consumido drogas para aumentar la atención y la concentración, siendo la más común el estimulante Ritalin. En el análisis de Mason Currey sobre los hábitos de los genios, también descubrió que un número importante de ellos utilizaba anfetaminas, al igual que Paul Erdös. Sean Esteban McCabe, de la Universidad de Michigan, analizó los hábitos de los universitarios y reportó que el 4,1 % hacía lo mismo. (Discúlpenme mientras vuelvo a llenar mi café).

Así que tener una vocación que nos apasione obsesivamente puede aportar éxito y satisfacción, pero también puede acabar con nuestras relaciones, que son claves para la felicidad. El investigador de Harvard Shawn Achor se hizo eco de esto: «Las personas que mejor sobreviven al estrés son las que realmente aumentan sus intercambios sociales en medio del estrés, que es lo contrario de lo que hacemos la mayoría de nosotros. Resulta que la conexión social es el mayor predictor de la felicidad que tenemos cuando los analizo en mis estudios». ¿Cuál era el número cuatro en esa lista de mayores arrepentimientos de la muerte? «Ojalá hubiera seguido en contacto con mis amigos».

Si no hay control, conseguir esas diez mil horas de práctica deliberada puede conducir a un mal momento. Howard Gardner, profesor de la Escuela de Postgrado de Harvard, estudió a varios creadores eminentes como Picasso y Freud:

> Mi estudio revela que, de un modo u otro, cada uno de los creadores se vio envuelto en algún tipo de trato, acuerdo o pacto fáustico, ejecutado como medio de asegurar la conservación de sus inusuales dones. En general, los creadores estaban tan atrapados en la consecución de su misión laboral que lo sacrificaron todo, especialmente la posibilidad de una existencia personal redonda.

En una entrevista, la leyenda del ajedrez Bobby Fischer dijo casi exactamente lo mismo. Cuando un periodista le preguntó cómo habría sido su vida si no hubiera estado tan obsesionado con el ajedrez, Fischer respondió: «Bueno, habría sido mejor, ya sabe. Un poco más equilibrada… un poco más redonda». Franz Kafka fue aún más lejos: «Mi destino como escritor es muy sencillo. Mi talento para retratar mi onírica vida interior ha relegado todos los demás asuntos a un segundo plano; mi vida ha menguado terriblemente, y no dejará de menguar. Nada más me satisfará nunca».

La misma cuestión de la oportunidad/coste que vimos en el capítulo 2 con Spencer Glendon y Peter Drucker se aplica aquí. Cada hora de trabajo es una hora que no estás con tus amigos y tu familia. ¿Es esto realmente necesario para tener éxito a escala mundial? Lamentablemente, puede serlo. El artículo «Why Productivity Fades with Age: The Crime-Genius Connection» (Por qué la productividad disminuye con la edad: La conexión entre el crimen y el genio), muestra que, al menos en el caso de los hombres, el matrimonio tiene un efecto notablemente negativo en el rendimiento de científicos, autores, músicos de jazz, pintores e incluso delincuentes. El autor del estudio, Satoshi Kanazawa, escribe: «Los científicos desisten con bastante rapidez después de casarse, mientras que los científicos solteros siguen haciendo grandes contribuciones científicas más adelante en sus vidas».

Todo esto si tienes el trabajo de tus sueños. ¿Y si no lo tienes (que es el caso de la mayoría de nosotros)? Estoy seguro de que esto no es ninguna sorpresa, pero trabajar como un loco cuando no se tiene una pasión obsesiva tiene algunos efectos negativos graves. En Japón, esto se les ha ido completamente de las manos. No es inaudito que la gente muera literalmente por exceso de trabajo. El problema se ha vuelto tan frecuente que los japoneses tienen un nombre para ello: *karōshi*. Lejos de ser una rara curiosidad, el término se añadió al diccionario en 2002. Se ha convertido en un problema tan grave que está reconocido legalmente y el gobierno comenzó a hacer un seguimiento en 1987. El número de personas que mueren por *karōshi* en Japón se compara con el número de víctimas mortales de tráfico.

Las muertes suelen ser directamente atribuibles a un ataque al corazón o a un derrame cerebral, pero el suicidio no es raro y esto incluso le valió su propio nombre, *karōjisatsu*. Las compañías de seguros han pagado repetidamente en demandas relacionadas con este problema, y las familias han recibido el equivalente a más de un millón de dólares en daños y perjuicios. Cuando se realizó una encuesta, el 90 % de los trabajadores japoneses ni siquiera estaban familiarizados con el concepto de equilibrio entre la vida laboral y personal. Para frenar el problema, algunas oficinas reproducen ahora un mensaje grabado al final de la jornada laboral, diciendo básicamente a los empleados «Váyanse a casa».

La mayoría de nosotros nunca llevará el exceso de trabajo al nivel del ataque al corazón o del suicidio. No, nos conformamos con ser totalmente desgraciados. Solemos referirnos al problema como «*burnout*», pero lo fascinante es que los psicólogos se han dado cuenta de que el *burnout* no es solo una sobredosis aguda de estrés; es más bien una simple depresión clínica.

El artículo «Comparative Symptomatology of Burnout and Depression» (Sintomatología comparativa del *burnout* y la depresión), dice: «Nuestros resultados no apoyan la hipótesis de que el *burnout* y la depresión son entidades separadas».

Todos experimentamos estrés y la mayoría nos recuperamos bien después de un descanso. Christina Maslach, una de las principales investigadoras en este campo, afirma que el verdadero agotamiento se produce cuando no somos adecuados para el trabajo que realizamos. Por eso las personas apasionadas pueden destruir sus relaciones o desmayarse físicamente por el agotamiento, pero no se queman de la forma en que lo haría el trabajador medio. Los investigadores Cary Cherniss y David Kranz descubrieron que el agotamiento estaba «prácticamente ausente en los monasterios, las escuelas Montessori y los centros de atención religiosa en los que la gente considera su trabajo como una vocación y no como un mero empleo». Pero cuando uno no encaja en su papel, está sobrecargado y sus obligaciones no están alineadas con sus expectativas o valores, no es solo el estrés lo que le afecta; en realidad experimenta un cambio de perspectiva. Sientes que no puedes progresar, te desconectas y acabas volviéndote cínico y pesimista.

Así que el agotamiento es la otra cara de la perseverancia. Cuando hablamos del Navy Seal James Waters y de las investigaciones de Martin Seligman, vimos que la resiliencia suele provenir del optimismo. El agotamiento es el resultado de una actitud pesimista hacia tu trabajo. Esto no me lleva a ninguna parte. No puedo con esto. Nunca va a mejorar.

Algunos pueden pensar que solo hay que aguantar, pero cuando uno es pesimista y se siente miserable es muy difícil alcanzar el éxito. Como publicaron Julia Boehm y Sonja Lyubomirsky en el *Journal of Career Assessment*, el éxito no conduce a la felicidad con tanta frecuencia como la felicidad conduce al éxito. Así como el optimismo te mantiene en marcha, el agotamiento crea una espiral descendente pesimista en la que es difícil cumplir con tus obligaciones porque todo parece inútil. Al final, puede que te encuentres esperando el *karōshi*.

¿Cuál es la solución para todo esto? Muchos piensan que conseguir ese gran aumento va a hacer que todo merezca la pena, pero se equivocan. El estudio «How Do Objective and Subjective Career Success Interrelate over Time?» (¿Cómo se relacionan el éxito profesional objetivo y subjetivo a lo largo del tiempo?) demostró que el salario no aumenta la satisfacción laboral. Más dinero no hace que un trabajo sea más adecuado; por tanto, es poco probable que reduzca el agotamiento. Si estás sobrecargado de trabajo en un empleo que no es el adecuado para ti, puede ser el momento de hacer un cambio.

Si estás persiguiendo obsesivamente una carrera que te apasiona, la solución tampoco te sorprenderá demasiado. Necesitas tiempo para las relaciones. Cuando la Asociación Médica Americana encuestó a los mejores médicos para saber cómo evitaban el agotamiento, una de las cosas clave que se mencionaron fue «compartir los problemas con la familia y los amigos».

Todos tenemos límites y, para tener una vida plena, necesitamos tanto una carrera que nos convenga como unos seres queridos que nos apoyen. Como dijo el escritor Sam Harris en una entrevista con *The Atlantic:*

> Probablemente sea cierto que algunos logros humanos dependen de las necesidades neuróticas de logro de las personas o de su ansia de dinero o poder. Gran parte del arte proviene de un lugar en el que se está cautivado por ilusiones egoístas. Y si una persona tuviera que eliminar permanentemente la ilusión del yo, puede que no escribiera grandes novelas ni fundara la próxima Apple. El budismo podría ser incompatible con ser los próximos Nabokov o Steve Jobs. Por suerte, nadie ha tenido que elegir entre convertirse en un gran artista o empresario, o en el próximo Buda. La pregunta relevante para mí es hasta qué punto tenemos que ser neuróticos e infelices y autoengañarnos mientras vivimos vidas productivas. Creo que la respuesta general es: Mucho menos de lo que lo hacemos la mayoría de nosotros.

Así que, aunque el trabajo obsesivo puede ser necesario para alcanzar ciertas cotas de éxito, no conduce a una vida plena y equilibrada.

Esto plantea otras cuestiones: si queremos alcanzar el éxito y no queremos alejarnos de los amigos y la familia, ni sufrir la depresión del agotamiento, ¿puede menos ser más? ¿Podemos divertirnos y tener éxito o es solo una quimera?

Los luchadores japoneses no podían hacer nada más. Estaban siendo derrotados en su propio juego. Y era vergonzoso.

La familia Gracie de Brasil había llevado el estilo de lucha del jiu-jitsu a un nivel totalmente nuevo y, en este explosivo deporte de las artes marciales mixtas, su nombre se había convertido en sinónimo de victoria. El jiu-jitsu es un arte japonés —incluso una palabra japonesa—, pero ha sido elevado a la aparente perfección por otra nación del otro lado del mundo. Los Gracie aprendieron el jiu-jitsu japonés a principios del siglo xx y lo desarrollaron en los callejones de Río de Janeiro mediante peleas callejeras y, más tarde, en competiciones sin reglas. Tomaron el arte y lo convirtieron en una ciencia.

Desde el primer Ultimate Fighting Championship, en el que Royce Gracie arrasó con tres oponentes en una sola noche, el jiu-jitsu de Gracie había provocado un cambio de paradigma en las artes marciales. No había debate: Cualquiera que quisiera competir en MMA tenía que conocer el jiu-jitsu de Gracie o sería derrotado por él. Eso incluía a los luchadores de la misma nación que había inventado el jiu-jitsu.

A Japón siempre le han gustado los deportes de lucha. Los eventos de kickboxing de K-1 llenaban estadios del tamaño de un campo de fútbol. Cuando el Pride FC se lanzó en 1997 como la principal organización de artes marciales mixtas del país, también cosechó grandes audiencias. Pero muchos de los luchadores japoneses que compitieron en ella fueron vistos como ofrendas de sacrificio para luchadores extranjeros como los Gracie. Se les llamaba «latas de tomate» porque, al final del combate, maltrechos, goteaban rojo como lo haría un recipiente de salsa dañado.

En este nuevo mundo de las artes marciales mixtas, Japón deseaba desesperadamente recuperar su historia de lucha, pero no parecía haber forma de superar a los Gracie. Los miembros de esa familia habían rodado literalmente por las colchonetas de lucha desde antes de poder caminar. Trabajar más o trabajar más duro no sería suficiente. El jiu-jitsu de los Gracie era un virus resistente a los medicamentos que infectaba todas las artes marciales.

¿Existía un antídoto que pudiera restaurar el honor de la lucha de Japón? Sí, pero vendría del más improbable de los lugares…

Nadie cuestionó el talento de Kazushi Sakuraba. Sin embargo, sí se cuestionaba su cordura. A menudo llamado «Saku» para abreviar, no era un artista marcial de formación clásica. Era un luchador profesional.

Su estilo de «catch wrestling» (lucha de captura) es una forma de lucha híbrida creada en el siglo xix que ganó fama en carnavales y ferias. En algo que se parece a la historia de *Rudolph, the Red-Nosed Reindeer* (Rodolfo, el reno de la nariz roja), ambientada en el mundo de la lucha, un luchador profesional cuyo estilo era como salido de un circo se convertiría en el «caballero blanco» de las MMA de Japón.

Uno de los retos más difíciles en el jiu-jitsu de Gracie se llama «pasar la guardia». Consiste en superar los intentos de tu oponente de controlarte con las piernas para poder pasar a una posición más dominante en el tatami. A menudo se trata de una agotadora partida de ajedrez de ida y vuelta en la que los combatientes luchan por la ventaja. ¿Cómo pasó Saku la guardia? Haciendo una voltereta. Volando por encima de las defensas de su oponente, se parecía más a Spiderman que a un luchador de MMA. Y funcionó.

Este tipo no era del Templo Shaolin, sino del circo de Payasos de Ringling Bros. Antes de sus combates, los aficionados estaban en vilo; sabían que iban a tener un gran combate, pero la expectación era más bien por saber: ¿Qué es lo siguiente que va a hacer este increíble loco?

El innovador estilo de lucha de Saku no solo era electrizante, sino que de principio a fin era un consumado *showman*. Los medios de comunicación japoneses se habían referido a menudo a uno de sus oponentes, el luchador Kevin Randleman, como «Donkey Kong». Así que Saku subió al ring para su pelea vestido de Mario.

Saku también hizo algo más que pocos luchadores hacen durante una pelea: Sonrió. A cualquiera que lo viera no le cabía duda de que su hombre se estaba divirtiendo. Aunque estaba claro que se tomaba su entrenamiento muy en serio, nunca se tomaba a sí mismo tan en serio.

También hacía otra cosa: Ganar. Aunque a menudo competía contra luchadores que le superaban en peso hasta en más de veinte kilos, Saku, después de su primera aparición en la UFC, se mantuvo invicto durante once combates. Solo quedaba una pregunta: ¿Podría vencer a un Gracie? Aparte de por decisión de los jueces, ningún miembro de la familia Gracie había perdido un combate profesional en décadas.

El 21 de noviembre de 1999, Saku atrapó a Royler Gracie con una llave de brazo tipo kimura, y el orgulloso miembro de la familia Gracie se negó a rendirse. Pero cuando el brazo de Royler estaba claramente dislocado, el árbitro intervino para detener el combate. Saku había ganado.

Esto provocó una onda expansiva en la comunidad de las MMA. Un Gracie había sido derrotado. Y fue el payaso loco de la lucha libre profesional quien lo había hecho.

En poco más de un año, Kazushi Sakuraba derribó a cuatro luchadores de la primera familia de artes marciales, lo que le valió otro apodo: «El cazador de Gracies». Tras derrotar a Royce, Hélio Gracie, el patriarca de la familia, tendió la mano a Sakuraba, que la estrechó con alegría y se inclinó. La orgullosa familia brasileña reconoció a un oponente más que digno. Los luchadores japoneses habían recuperado su honor.

El historial de Kazushi Sakuraba incluye victorias sobre siete campeones de la UFC. El ex luchador profesional está considerado como «el mejor artista marcial mixto de Japón». Y dudo que ningún luchador se haya divertido tanto en el ring.

Este nuevo depredador de las artes marciales mixtas no era alguien que hiciera el jiu-jitsu de los Gracie mejor que los Gracie; era un lunático que se teñía el pelo de naranja y daba volteretas en el ring. Sakuraba no ganó únicamente por hacer más o trabajar más duro. A veces, más no es la respuesta. A veces, más ni siquiera es posible. A veces necesitamos relajarnos y divertirnos —y quizás actuar un poco como locos—, para dar lo mejor de nosotros mismos.

Los científicos encuestaron a 254 estudiantes adultos sobre el carácter lúdico y luego examinaron sus transcripciones. Adivina. Una actitud lúdica se asoció con mejores notas. En realidad, fue más allá: los estudiantes lúdicos leían con más frecuencia material de clase que ni siquiera era obligatorio. Eran curiosos y estaban motivados. Otras investigaciones han encontrado una conexión entre la cantidad de tiempo de recreo de los niños y el rendimiento académico. Más juego equivale a más aprendizaje.

La diversión nos ayuda a establecer vínculos con los demás, no solo en nuestra vida personal, sino también en la oficina. Al fin y al cabo, ¿hasta qué punto conoces a alguien si nunca has compartido una carcajada con él? Cuando William Hampes realizó un estudio con noventa y ocho estudiantes, descubrió una relación significativa entre el humor y la confianza. Es más probable que tengamos fe en la gente con la que bromeamos.

Pero no puedes centrarte en la diversión si eres el jefe, ¿verdad? No es así.

Será mejor que pienses en que todo el mundo se lo pase bien si quieres reclutar a los mejores talentos. Un estudio del *Journal of Leadership and Organizational Studies* descubrió que: «la diversión en el lugar de trabajo era un factor de atracción más fuerte que la compensación y las oportunidades de ascenso». Sí, eso significa exactamente lo que piensas: El dinero y los ascensos no eran tan importantes para la gente como trabajar en un lugar divertido.

Todavía necesitas trabajar muchas horas, ¿verdad? Más horas significa más resultados. ¿O no? Examinemos lo mejor de lo mejor… o lo peor de lo peor. (Depende de cómo se mire, en realidad).

La consultoría de gestión es conocida por sus largas horas y su carga de trabajo desmesurada. Las semanas de 80 horas no son infrecuentes, se viaja mucho, se revisa constantemente el correo electrónico, y muchos sufren la «muerte por PowerPoint». Leslie Perlow y Jessica Porter querían ver qué pasaría si una empresa de consultoría de primer nivel hiciera lo absolutamente impensable: Dar a sus empleados un día libre de trabajo. Vaya idea. Para el ritmo frenético de los empleados del Boston Consulting Group esto era impensable. Claro, tienes tiempo libre, pero si surge una emergencia —y siempre hay una emergencia—, te necesitamos. Así que lo que Perlow llama «tiempo libre predecible» no era realmente una opción. Cuando planteó el tema por primera vez a BCG, el primer socio con el que habló le dijo que no. Tardó seis meses en encontrar a otro socio de la empresa que estuviera dispuesto a dar una oportunidad a esta idea descabellada.

Seguro que no te sorprende que a los empleados les haya gustado esto. En comparación con los trabajadores del antiguo sistema, los consultores que obtuvieron el tiempo libre predecible tenían un 23 % más de probabilidades de decir que estaban satisfechos con su trabajo y un 24 % más de probabilidades de decir que estaban entusiasmados por ir a trabajar por la mañana. En una serie de parámetros, se sentían mejor en su trabajo y en su vida, y era más probable que permanecieran en la empresa. Por supuesto. El tiempo libre sienta bien. Pero ese no fue el único resultado. Los consultores también eran un 11 % más propensos a decir que estaban proporcionando un mejor servicio a sus clientes. Los clientes lo confirmaron: Las valoraciones de los equipos con tiempo libre predecible eran, en el peor de los casos, iguales a las de los equipos sin este tiempo libre y, en el mejor de los casos, mucho mejores de lo que habían sido.

BCG entendió el mensaje. Cuatro años más tarde, el 86 % de los equipos de las divisiones del noreste de la empresa estaban dando una oportunidad al tiempo libre predecible. Los empleados trabajaban menos y la empresa obtenía mejores resultados. Así que está claro que hay un límite para el empleado promedio. Cuando la cantidad de trabajo es demasiado elevada, la calidad se resiente. Y la calidad de vida se resiente para los trabajadores.

El 39 % de los estadounidenses trabaja cincuenta o más horas a la semana y el 18 % sesenta o más, según una encuesta de Gallup de 2014. ¿Cuál es el beneficio añadido de todas esas horas extra? Una investigación de Stanford dice que casi nada. La productividad disminuye tan bruscamente después de las cincuenta y cinco horas que «alguien que trabaja setenta horas no produce nada más con esas quince horas extra». Lo único que crean es estrés.

Un artículo del *Journal of Socio-Economics* descubrió que la disminución de la felicidad que produce el estrés de las horas extras es mayor que el aumento de la felicidad que produce la paga de horas extras. Las matemáticas no funcionan.

¿De qué otra manera se relaciona la diversión y la relajación con el éxito? Bueno, hoy en día parece que todas las empresas hablan a gritos de innovación. Dicen que necesitan creatividad, pero ¿todas esas horas en la oficina conducen a nuevas ideas? No. Un estudio tras otro demuestra que la creatividad proviene de estar relajado, no estresado y con exceso de trabajo.

De hecho, estás en tu mejor momento creativo mucho antes de llegar a la oficina. La mayoría de las personas tienen sus mejores ideas en la ducha. Scott Barry Kaufman, de la Universidad de Pensilvania, descubrió que el 72 % de las personas tienen nuevas ideas en la ducha, lo que es mucho más frecuente que cuando están en el trabajo. ¿Por qué las duchas son tan poderosas? Son relajantes. Recuerda que Arquímedes no tuvo su momento «Eureka» en la oficina. Estaba disfrutando de un buen baño caliente en ese momento.

El ambiente estresante de muchos lugares de trabajo moderno es totalmente antitético al pensamiento creativo. Teresa Amabile, de Harvard, descubrió que bajo una gran presión es un 45 % menos probable que se te ocurra esa solución creativa. En cambio, todo el estrés crea lo que ella llama una «resaca de presión». Tu musa sale del edificio y puede que no vuelva en días.

Para ser realmente creativo, hay que salir de ese estado de tensión hiperconcentrada y dejar que la mente divague. Los investigadores especulan que soñar despierto es similar a la resolución de problemas. Utiliza las mismas áreas del cerebro que se activan cuando se trabaja en un rompecabezas. Se ha demostrado que las personas cuyas mentes vagan más resuelven mejor los problemas.

Hablando de tiempo de inactividad, tú y yo tenemos que tener una charla sobre ese bloque diario de gran tiempo de inactividad: el sueño. Estoy seguro de que no soy el primero en mencionar que es importante por un montón de razones (pero prometo ser el más molesto).

Las investigaciones demuestran que no dormir lo suficiente te hace más tonto. John Medina, profesor de la Facultad de Medicina de la Universidad de Washington, lo explica:

> Tomemos como ejemplo a una estudiante de sobresaliente acostumbrada a sacar el 10 % de las mejores notas en prácticamente todo lo que hace. Un estudio demostró que si duerme algo menos de siete horas entre semana y unos cuarenta minutos más los fines de semana, empezará a obtener una puntuación que se sitúa en el 9 % inferior de las personas que no están privadas de sueño.

Y no se recupera totalmente esa capacidad cerebral tan rápido como se cree. Un estudio realizado en 2008 en Estocolmo demostró que, incluso después de una semana de sueño normal, la gente no estaba al cien por cien tras unas pocas noches durmiendo cinco horas.

Se ha demostrado que el sueño afecta a la toma de decisiones, a la ética, a la salud y a la cantidad de tiempo que dedicas a tontear en Internet. Las investigaciones también demuestran que el sueño reparador es real. Cuando los científicos hicieron que los sujetos miraran fotos de personas antes y después de la privación del sueño, las fotos en las que estaban cansados fueron calificadas sistemáticamente como menos atractivas.

Lo sé, lo sé: Crees que estás bien. No, no lo estás. Eres como un borracho que grita que está bien para conducir. Eso es lo realmente engañoso de la privación del sueño: No eres necesariamente consciente de ello. El hecho de que no te sientas cansado no significa que estés bien descansado y rindiendo al máximo. Tu medidor de sueño no está tan bien calibrado, amigo mío. El *New York Times* informó sobre el trabajo del investigador del sueño de la Universidad de Pensilvania, David Dinges: después de 2 semanas de 4 horas de sueño por noche, los sujetos de prueba dijeron que estaban cansados, pero bien. Entonces los investigadores les hicieron una batería de pruebas y resultó que sus cerebros eran de gelatina. Dinges también descubrió que, después de 2 semanas de 6 horas de sueño por noche, estaban efectivamente borrachos. ¿Cuánto duerme el estadounidense medio por noche? Gallup dice que son 6,8 horas (así que probablemente estés bastante borracho mientras lees esto).

Ahora bien, hay personas que no necesitan más que unas pocas horas de sueño por noche, pero es casi seguro que tú no eres una de ellas. Los que duermen poco representan solo entre el 1 y el 3% de la población. (En realidad, son difíciles de estudiar porque se trata de uno de los pocos trastornos de los que nadie acude a un hospital para quejarse). ¿Conoces a las personas madrugadoras que son casi patológicamente alegres y optimistas? Los que duermen poco son así todo el tiempo. Los investigadores lo llaman «comportamiento activado». Se cree que pueden tener hipomanía subclínica, el mismo tipo de trastorno del que hablamos en el capítulo 1. De nuevo, es como la manía pero con el volumen muy bajo. No están locos, solo son optimistas, llenos de ánimo y muy resistentes emocionalmente. El «trastorno» es hereditario y se cree que está causado por una mutación del gen hDEC2. Así que, si no tienes ese problema genético, no, no eres una persona que duerme poco; simplemente estás demasiado cansada para darte cuenta de lo cansada que estás.

¿Qué ocurre cuando tú y yo intentamos emular a estas personas? Veamos el caso más extremo, porque francamente es más divertido.

Randy Gardner batió el récord de permanecer despierto al permanecer consciente durante más de once días. Los investigadores lo documentaron todo y descubrieron que no experimentó ningún problema de salud duradero y que volvió a la normalidad después de haber dormido por fin.

Sin embargo, durante el evento, su cerebro se volvió completamente loco. Al cabo de un tiempo, hablaba arrastrando las palabras, tuvo alucinaciones y problemas para enfocar los ojos, y durante un corto periodo de tiempo llegó a creer que era un jugador de fútbol afroamericano, a pesar de ser un adolescente caucásico. El *Libro Guinness* ya ni siquiera tiene una categoría para la privación del sueño, por el gran daño que puede causar. No intenten esto en casa, niños.

El sueño no solo afecta al cansancio o a la claridad de pensamiento. También afecta a tus emociones. Tú y yo hemos tenido días en los que estamos cansados y de mal humor, pero esto va más allá, hasta el nivel de la neurociencia. Cuando estamos agotados, nuestro cerebro no puede evitar centrarse en lo negativo. ¿Recuerdas la amígdala? Esa parte del cerebro no funcionaba en la mujer que no podía sentir el miedo. Las investigaciones de Matthew Walker, de la Universidad de California en Berkeley, demuestran que la falta de sueño nos pone en un estado casi opuesto al de esa mujer: El mundo se vuelve más negativo. Cuando se mantuvo a los estudiantes despiertos durante treinta y cinco horas, el análisis de IRM mostró que la respuesta de su amígdala a las cosas malas se disparó hasta un 60 % más que las personas que habían dormido normalmente. Cuando dormimos ocho horas, nuestro cerebro se «resetea» y nos encontramos más tranquilos. Sin dormir, nuestros cerebros reaccionan de forma exagerada a las cosas malas. Simple y llanamente: Cuando se está cansado, es más difícil ser feliz.

Tu estado de ánimo por la mañana también afecta a tu rendimiento durante todo el día. La forma en que duermes, así como un viaje estresante al trabajo, pueden influir en tu productividad desde el momento en que llegas a la oficina hasta el momento en que te marchas por la noche. Un estudio de Wharton demostró que tu estado de ánimo por la mañana influye en cómo reaccionas ante los acontecimientos. ¿El error de tu compañero de trabajo es una molestia menor o un desastre total? (Del mismo modo, si el jefe entra en la oficina con cara de enfado, quizá quieras esperar a mañana para pedir ese aumento).

Esas primeras horas son importantes por otra razón: Suelen ser las más productivas. Cuando hablé con el profesor de Duke Dan Ariely, me dijo: «Resulta que la mayoría de la gente es productiva en las dos primeras horas de la mañana. No inmediatamente después de despertarse, pero si te levantas a las 7 serás más productivo alrededor de las 8 a las 10:30». No las desperdicies estando agotado y de mal humor.

Si lo pensamos de otra manera, ¿se consigue más en tres horas cuando se está privado de sueño o en una hora cuando se está lleno de energía, optimista y comprometido? Diez horas de trabajo cuando estás agotado, de mal humor y distraído pueden ser mucho menos productivas que tres horas cuando estás «concentrado». Así que, ¿por qué no centrarse menos en las horas y más en hacer lo necesario para asegurarte de que estás en tu mejor momento?

Bien, es hora de *Scare straight: Sleeping edition.* Investigadores británicos observaron a oficinistas que normalmente dormían de seis a ocho horas por noche, pero que posteriormente durmieron menos, y luego los investigadores les hicieron un seguimiento más de una década después. ¿Cuál fue el resultado? Muchos más muertos. El estudio informaba de que «hay pruebas fehacientes de que los participantes cuyo sueño disminuyó de seis, siete u ocho horas por noche tenían un mayor riesgo de mortalidad por todas las causas y cardiovascular que los que conservaron la misma duración del sueño en todas las fases».

Entonces, ¿por qué no dormimos lo suficiente? A todos nos gusta dormir. Por supuesto, la respuesta es el trabajo. (Si no sabías que iba a decir esto, por favor, échate una siesta ahora mismo). El investigador de la Facultad de Medicina de la Universidad de Pensilvania, Mathias Basner, dijo: «Las pruebas de que el tiempo dedicado al trabajo constituye el privador de sueño más importante eran abrumadoras. Era evidente en todos los estratos sociodemográficos y sin importar cómo abordáramos la cuestión». Y nada mejor que la visión del programador de videojuegos Evan Robinson sobre esta situación. Parafraseando: ¿por qué las empresas que no se lo pensarían dos veces a la hora de despedirte por estar borracho en el trabajo no tienen inconveniente en crear condiciones que te hagan estar borracho en el trabajo?

No eres un ordenador que pueda funcionar las 24 horas del día sin problemas. Necesitas descansar. Pero te castigarán por dormir en el trabajo. Mientras tanto, dormir en el trabajo resulta ser una muy buena idea. Las pruebas de que las siestas mejoran el rendimiento son bastante abrumadoras.

Ahora bien, si vamos a hablar de siestas tenemos que hablar de astronautas.

Para dormir correctamente, dependes de las señales de tu entorno. Cuando hay luz, el cerebro piensa que debe estar despierto; cuando está oscuro, a la cama. Esto crea un montón de problemas para los astronautas, porque, cuando no estás en el planeta Tierra, estas señales pueden salirse de control. Experimentamos el sol que sale una vez al día. En las mismas veinticuatro horas, los astronautas puede ver que eso ocurre una docena de veces. Así que la NASA ha tenido que investigar mucho sobre el sueño, porque cuando los astronautas están demasiado cansados para hacer su trabajo correctamente, los resultados pueden ser mortales. Desarrollaron el Programa de Contramedidas para la Fatiga, que es como una agencia gubernamental multimillonaria tiene que llamar a la «siesta». Un estudio de la agencia espacial demostró que las siestas hacían a los pilotos más agudos: «Los resultados demostraron claramente que un período de descanso planificado de 40 minutos durante el vuelo mejoraba significativamente el rendimiento y el estado de alerta fisiológico en las operaciones de vuelo de larga distancia».

Hablamos de que la falta de sueño hace más difícil ser feliz. Adivina. Dormir una siesta de noventa minutos revierte el efecto. La siesta no solo reduce la respuesta hiperactiva del cerebro a las cosas negativas, sino que también aumenta la respuesta a las cosas buenas.

¿De qué otra manera ayuda descansar y divertirse un poco? Las siestas son cortas, así que vayamos a lo grande: las vacaciones. Un estudio alemán sobre profesores demostró que tomarse dos semanas de vacaciones aumentaba el compromiso con el trabajo y disminuía el agotamiento durante un mes. Las vacaciones rellenan el depósito de gasolina. (Ahora bien, esto no significa que puedas justificar el exceso de trabajo y la privación del sueño solo porque tengas un viaje en el calendario). Los investigadores descubrieron que un exceso de estrés tras la vuelta al trabajo hacía que los efectos duraran menos de un mes. Vuelves a vaciar el depósito de gasolina. Mientras tanto, divertirse más después de volver a casa aumentaba la duración de las vacaciones.

Necesitamos diversión. Necesitamos descansar. El descanso y la diversión aumentan nuestras posibilidades de éxito y también benefician a tu empleador. Trabajar duro no significa necesariamente trabajar bien. Si algo nos ha enseñado navegar por Internet es que la cantidad no suele ser sinónimo de calidad. No hagas más trabajo si puedes hacer un trabajo mejor. Hay que tener en cuenta esa perspectiva 80/20 de la que hablaba Peter Drucker y hacer cosas que valgan la pena en lugar de pasar todo el tiempo revisando correos electrónicos.

El autor Tony Schwartz dice: «La energía, no el tiempo, es la moneda fundamental del alto rendimiento». Es una perspectiva cualitativa en lugar de cuantitativa. No todas las horas son iguales. No somos máquinas, y el modelo de tiempo es un modelo de máquina. Nuestro trabajo no es ser una máquina, sino dar a las máquinas algo brillante que hacer.

Hemos escuchado a ambas partes. Sí, los obsesivos apasionados como Ted Williams trabajan como locos y obtienen grandes resultados, pero a menudo pagan el precio en términos de relaciones. Los que no estamos en el trabajo de nuestros sueños tenemos mucho más que perder y menos que ganar con las largas horas de trabajo. Nadie quiere ser la próxima estadística *karōshi*. Divertirse, dormir y tomarse vacaciones puede restar tiempo al trabajo, pero puede compensarlo con creces en términos de calidad y compromiso.

Entonces, ¿por qué la cuestión de la conciliación de la vida laboral y familiar es un dilema? En el pasado no parecía ser un problema tan importante... ¿O lo era? ¿Cuál es el verdadero problema y cómo podemos solucionarlo? Resulta que el mundo ha cambiado. Ha habido un cambio real. Pero hay algo que se puede hacer al respecto.

Para ilustrar mejor esto, deberíamos hablar de Spiderman...

Peter Parker estaba agotado de nuevo.

Últimamente estaba cansado casi todo el tiempo. Aunque luchar contra el crimen puede ser ciertamente agotador, sus superpoderes siempre le habían defendido contra este tipo de agotamiento. Pero algo era diferente ahora.

En sus aventuras como Spiderman, Parker había encontrado un nuevo traje. En lugar de su clásico traje azul y rojo, este traje era blanco y negro. No solo era muy bonito, sino que aumentaba sus poderes. El traje podía imitar perfectamente cualquier tipo de ropa, por lo que nunca tenía que cubrirlo. Una buena característica cuando se tiene una identidad secreta. También le proporcionaba un suministro casi inagotable de telarañas más fuertes. Una vez más, una excelente característica cuando eres un luchador contra el crimen que lanza telarañas.

Pero, desde que lo consiguió, estaba cansado. Todo el tiempo. Por supuesto, no podía ser el disfraz. Al fin y al cabo, solo era una tela. Hasta que una noche Peter Parker se quitó el traje y se desplomó en la cama, quedándose rápidamente dormido...

Y entonces el traje se movió. Volvió a colocarse sobre su cuerpo, cubriéndolo de nuevo. Lo puso de pie. Y por la ventana se fue, balanceándose de telaraña en telaraña, Parker todavía dormido dentro de sus confines todo el tiempo.

Al día siguiente, Peter se despertó, agotado de nuevo, pero sin entender por qué. Sabía que tenía que hacer algo.

Peter buscó la ayuda de Reed Richards, líder de los Cuatro Fantásticos y gran científico. Richards hizo algunas pruebas y el resultado fue muy inquietante. El nuevo traje no era un traje. Y, ciertamente, no estaba hecho de tela. Estaba vivo. Biológicamente, era un simbionte, como un parásito.

Era bastante inteligente. Y tenía sus propias motivaciones. Se alimentaba de los superpoderes de Spiderman e intentaba fusionarse con Peter, de forma permanente. El traje se convertiría en parte de Peter. No viviría para servir a Peter; Peter viviría para servirle a él.

Pero había un problema mayor: Peter no solo sabía la verdad, sino que el traje sabía que él la sabía. Y no podía quitarse al simbionte de encima…

Nos detendremos aquí por un segundo. Sé lo que algunos de ustedes están pensando: ¿Por qué este tipo está divagando sobre trajes de superhéroes? Lo siento. Voy a concretar para los que no son fans de los cómics:

Cuando conseguiste tu primer empleo, ¿te pareció una gran oportunidad? ¿Te ofrecía un salario y unas prestaciones que te parecían impresionantes y beneficiosas? Pero en tu camino hacia el éxito, ¿te diste cuenta de que te agotaba? ¿Estabas cansado todo el tiempo? ¿Te hizo trabajar por la noche, dándole tus horas, cuando deberías estar durmiendo? ¿Parecía que te estabas convirtiendo en parte de él en lugar de que él se convirtiera en parte de ti? ¿Luchaste por mantener tu independencia, pero te diste cuenta de que no podías quitártelo de encima por mucho que lo intentaras?

Sí. Exactamente.

Seré tu Reed Richards aquí: puede que no tengas un trabajo. Puedes tener un simbionte.

Y ahora, Spiderman o Spiderwoman, tenemos que encontrar una forma de contraatacar.

¿Quién entiende mejor que nadie las presiones que ejerce el mundo sobre nosotros? ¿Cómo nos hemos quedado sin tiempo? ¿Lo impacientes que nos hemos visto obligados a ser? Los diseñadores de ascensores.

El autor James Gleick señala que cada nueve días aproximadamente los productos de la empresa Otis Elevator elevan la población de la Tierra. Y los usuarios lo quieren todo más rápido. Quieren que el ascensor llegue más rápido, que vaya más rápido, que las puertas se abran más rápido. Los diseñadores de ascensores han probado todo tipo de soluciones para hacer frente a nuestra interminable frustración ante cualquier retraso. Los algoritmos permiten a los ascensores anticiparse a la demanda y minimizar el tiempo de espera. Mitsubishi creó uno que sube tan rápido como un avión: más de doce metros por segundo. Pero seguimos dando golpecitos con los pies y poniendo los ojos en blanco. No es lo suficientemente rápido.

Se han dado cuenta de que podemos esperar unos quince segundos de media. A los cuarenta segundos, empezamos a apretar los puños. Cuando se hace una encuesta, las personas que han tenido que esperar dos minutos dicen que han sido diez. Así que han intentado engañarnos. ¿Esos vestíbulos de ascensores con espejos? Eso no es un diseño elegante. Esos espejos están ahí porque cuando podemos mirarnos a nosotros mismos prestamos menos atención a la duración de la espera y las quejas disminuyen.

Pero no es mejor una vez que entramos. Los diseñadores lo llaman «tiempo de permanencia en la puerta», es decir, el tiempo que transcurre antes de que las puertas se cierren. Suele ser menos de cuatro segundos. No importa. No es lo suficientemente rápido. ¿Cuál es el botón que se golpea tanto que la pintura se desgasta? Gleick confirma que es el que cierra la puerta.

Lo que nos lleva a hablar del equilibrio entre el trabajo y la vida privada. ¿Siempre hemos estado tan faltos de tiempo? ¿Tenían nuestros padres y abuelos esta misma sensación de falta de tiempo? En los diez años que van de 1986 a 1996, el equilibrio entre la vida laboral y la personal se mencionó en los medios de comunicación treinta y dos veces. Solo en 2007 se mencionó 1.674 veces. Los tiempos están cambiando.

Por un lado, la gente trabaja más horas. Cuando la *Harvard Business Review* encuestó a más de mil quinientas personas que ganaban sueldos dentro del 6 % más alto de los estadounidenses, descubrió que el 35 % trabajaba más de sesenta horas a la semana y el 10 % pasaba la friolera de más de ochenta horas en la oficina. De los hombres con estudios universitarios que tienen un trabajo a tiempo completo en Estados Unidos, el 22,2 % trabajaba cincuenta horas semanales en 1980. En 2001 era del

30,5 %. Esto explica por qué muchos de nosotros podemos sentirnos «ricos en dinero, pobres en tiempo». Por otra parte, muchos de nosotros también nos sentimos «pobres de dinero, pobres de tiempo».

Por supuesto, todas esas horas tienen que salir de algún sitio. Cuando HBR habló con ese 6 % de personas con mayores ingresos que trabajan sesenta o más horas a la semana, descubrió que «más del 69 % cree que estaría más sano si trabajara menos de forma extrema; el 58 % piensa que su trabajo se interpone en las relaciones sólidas con sus hijos; el 46 % cree que se interpone en las buenas relaciones con sus cónyuges, y el 50 % dice que su trabajo hace imposible tener una vida sexual satisfactoria».

Como te puedes imaginar, esto tiene grandes efectos en la felicidad. La mayoría de los estudios realizados en el pasado han demostrado que los adultos son más felices que los jóvenes. Ya no es así. Desde 2010, los menores de treinta años son más felices que las generaciones anteriores de jóvenes. Pero las personas mayores de treinta años no son tan felices como las personas de su edad solían ser. ¿A qué se debe esto? La investigadora Jean Twenge lo explica:

> La cultura estadounidense ha puesto cada vez más énfasis en las grandes expectativas y en la persecución de los sueños, cosas que se sienten bien cuando se es joven. Sin embargo, la persona adulta media se ha dado cuenta de que sus sueños podrían no cumplirse, y el resultado inevitable es una disminución de la felicidad. Los adultos de épocas anteriores quizá no esperaban tanto, pero ahora las expectativas son tan altas que no pueden cumplirse.

Otro estudio demostró que, entre 1976 y 2000, las ambiciones y expectativas de los estudiantes de último curso de secundaria aumentaron hasta niveles absurdos, y siguieron creciendo con el tiempo. Un poco de matemáticas y… sí, ahora son los adultos decepcionados. En palabras del gran filósofo Tyler Durden: «Todos hemos sido educados en la televisión para creer que un día todos seríamos millonarios, y dioses del cine, y estrellas del rock, pero no lo seremos. Poco a poco estamos aprendiéndolo. Y estamos muy, muy cabreados».

¿Qué ocurre? En la era moderna, los estándares de éxito se han vuelto absurdos. No son difíciles de alcanzar; son imposibles. La televisión te muestra a veinteañeros multimillonarios de Silicon Valley. ¿Crees que eres bueno en algo? Hay alguien en Internet que es mejor, trabaja menos y es más feliz. Además, tienen una bonita dentadura. Durante la mayor parte de la existencia humana, cuando mirábamos a nuestro alrededor había unas doscientas personas en nuestra tribu y podíamos ser los mejores en algo. Podíamos destacar y ser especiales y valiosos. Ahora nuestro contexto es una tribu global de más de siete mil millones. Siempre hay alguien mejor con quien compararse, y los medios de comunicación siempre informan sobre estas personas, lo que eleva el nivel de exigencia justo cuando crees que puedes estar cerca de alcanzarlo.

Por si estas expectativas mentales no fueran lo suficientemente dañinas, el mundo moderno ha hecho las cosas más competitivas. El mercado de talentos es global, lo que significa que, si no puedes manejarlo, a las empresas no les importa. Alguien al otro lado del planeta puede hacerlo. Los ordenadores hacen que las cosas sean más eficientes, requiriendo menos personas, y el mercado global de talentos ofrece diez veces más solicitantes para cada puesto.

El mundo dice «Más, más, más». Y nosotros también. J. Walker Smith, de Yankelovich Partners, dijo a *The Wall Street Journal:* «Ahora mismo, no se aspira a ser clase media. Todo el mundo quiere estar en la cima». Probablemente tenemos mucho más ahora que en el pasado, pero posiblemente no seamos mucho más felices. E instintivamente pensamos que el problema se puede arreglar con más. Más dinero. Más comida. Más cosas. Simplemente más. Ni siquiera estamos seguros de qué es lo que necesitamos, pero lo que tenemos ahora seguro que no es suficiente. Esto no es una perorata anticapitalista ni tu abuelo diciendo «ustedes no aprecian nada». Es otro ejemplo de cuándo nuestros instintos se ven frustrados. El problema es que, en la búsqueda de «lo que me hace sentir bien», no hay una meta. Es un concurso de comer pasteles y el primer premio es más pastel.

Estas expectativas dificultan la consecución de los objetivos que heredamos naturalmente de nuestro entorno, pero eso no es lo peor. En el mundo actual, todo es culpa nuestra. O al menos eso parece.

Nos encantan las opciones y el siglo XXI nos las ha proporcionado casi infinitas. Con la tecnología, ahora tenemos siempre la opción de estar trabajando. Las puertas de la oficina ya no se cierran a las cinco de la tarde. Cada minuto que pasamos con los amigos o jugando con nuestros hijos es un minuto que podríamos estar trabajando. Así que cada momento es una decisión. Esa decisión no existía en el pasado. Pero tenerla en la cabeza todo el tiempo es enormemente estresante.

Cuando hablé con el profesor del Swarthmore College Barry Schwartz, que ha estudiado los problemas inherentes a la elección y la felicidad, me dijo:

Hoy en día, cuando vuelves a casa, tu trabajo viene contigo. De hecho, no importa dónde vayas, tu trabajo viene contigo. Si estás en un partido de béisbol, tu trabajo está en tu bolsillo, ¿verdad? Lo que eso significa es que no necesariamente quieres trabajar todo el tiempo, sino que tienes que tomar la decisión de no trabajar. No hay ninguna restricción. «¿Debo jugar con mi hijo o debo responder a estos correos electrónicos?». Eso no era un problema hace treinta años. Estás en casa; por supuesto que juegas con tu hijo. No había decisión. Ahora hay que tomar una decisión.

La tecnología ha aumentado las opciones de forma espectacular, tanto en lo bueno como en lo malo. ¿Recuerdas aquel estudio sobre el 6 % de los que más ganan? «El 72 % dijo que la tecnología les ayuda a hacer bien su trabajo, el 59 % dijo que alarga su jornada laboral, y el 64 % señaló su invasión del tiempo familiar». Durante la investigación de Leslie Perlow, un ejecutivo miró su smartphone y dijo: «Me encanta y lo odio al mismo tiempo. La razón por la que lo amo es que me da mucho poder. Y la razón por la que lo odio es que tiene mucho poder sobre mí».

Barry Schwartz explica que, cuando el mundo no te da muchas opciones y las cosas no salen como quieres, la culpa es del mundo. ¿Qué otra cosa podrías haber hecho? Pero cuando tienes cien opciones y no eliges bien, la carga se desplaza porque podrías haber elegido mejor.

Este es el problema: Nos encanta tener opciones, pero odiamos tener que elegir. Tener opciones significa tener posibilidades. Tomar decisiones significa perder posibilidades. Y tener tantas opciones aumenta la posibilidad de arrepentirse. Cuando el trabajo es siempre una opción, todo es una compensación. Más tiempo de trabajo significa menos tiempo con los amigos, el cónyuge o los hijos. Y si eliges mal, la culpa es tuya, lo que hace que las elecciones sean aún más estresantes. Trabajamos más, pero nos sentimos peor porque todo se juzga, constantemente.

En su libro *OverSuccess* (Exceso de éxito), Jim Rubens describe un estudio que muestra los efectos que esto tiene en nosotros:

Una encuesta realizada a 2.300 consumidores que ganan 50.000 dólares o más reveló que este grupo de personas es «muy ambicioso y está estresado, desconectado y ansioso». Menos de cuatro de cada diez encuestados afirmaron «sentirse parte de su comunidad», «tener el equilibrio adecuado en su vida» o «tener muchos amigos cercanos». Solo tres de cada diez estaban contentos con su aspecto personal y únicamente el 18 % eran felices en sus relaciones románticas.

En 2008, el 52 % de las personas dijo que se había desvelado por la noche debido al estrés; el 40 % dijo que sus niveles de estrés les daban ganas de llorar. Una de cada tres mujeres afirmó que, en una escala de diez puntos, su nivel de estrés era de ocho, nueve o diez.

El tiempo en familia también se ve afectado. Entre los años 1980 y 1997, el número de conversaciones en el hogar se redujo en un 100 %. Sí, un 100 %. El autor del estudio dijo que eso significa que «en 1997 la familia americana media no pasaba ningún tiempo a la semana en el que hablar en familia fuera la actividad principal». Y continuó: «En una encuesta nacional de la YMCA realizada en el año 2000 a una muestra representativa de adolescentes estadounidenses, el 21 % calificó como su principal preocupación «no pasar suficiente tiempo juntos con los padres». (Cuando la principal preocupación del adolescente medio estadounidense es que no ve a sus padres lo suficiente, definitivamente hay un problema).

Pero cuando sentimos una presión tan intensa para tener éxito tanto en el trabajo como en casa, cuando siempre hay opciones y parece que es nuestra culpa, nos desesperamos por encontrar una solución. Algunos de nosotros dejamos de lado una faceta de nuestra vida para que otras puedan prosperar. Laura Nash y Howard Stevenson, autores de *Just Enough* (Suficiente), y el profesor de la HBS Clay Christensen llaman a esta estrategia «secuenciación». La actitud es: Primero trabajaré en un empleo que odio y ganaré mucho dinero, y luego tendré una familia, y después haré lo que quiera y seré feliz.

Sin embargo, esto no funciona con las relaciones. Christensen señala con razón que: «Cuando surgen problemas graves en esas relaciones, a menudo es demasiado tarde para repararlas». Esto significa, casi paradójicamente, que el momento en que es más importante invertir en la construcción de familias fuertes y amistades cercanas es cuando parece, en la superficie, que no es necesario».

Los autores de *Just Enough* confirmaron que esto era cierto en su investigación con altos ejecutivos. Sí, el grupo era bastante exitoso en su carrera, pero detrás del velo las cosas sonaban mucho más como las historias de Ted Williams y Albert Einstein: «Cuando indagamos más, descubrimos que a muchos no les iba necesariamente muy bien con sus otros objetivos: La familia, la salud empresarial a largo plazo, la construcción de un lugar de trabajo que la gente realmente valore, el desarrollo de un carácter personal que se mantenga cuando se alejan del foco público». No podemos secuenciar las relaciones. Necesitan una atención regular y constante. Como dijo Ralph Waldo Emerson: «Siempre nos estamos preparando para vivir, pero nunca vivimos».

Muy bien, ya basta de pesimismo: ¿Qué puedes hacer al respecto?

Necesitas una definición personal del éxito. Mirar a tu alrededor para ver si tienes éxito ya no es una opción realista. Intentar tener un éxito relativo en comparación con los demás es peligroso. Esto significa que tu nivel de esfuerzo e inversión está determinado por el de ellos, lo que te hace correr a toda velocidad todo el tiempo para mantener el ritmo. Decir vagamente que quieres «ser el número uno» no es ni remotamente práctico en una competencia global en la que otros están dispuestos a ir a toda máquina. Queríamos opciones y flexibilidad. Las tenemos. Ahora no hay límites. Ya no puedes mirar fuera de ti mismo para determinar cuándo parar. El mundo siempre te dirá que sigas adelante.

Prepárate. Voy a decir algo desagradable: Tienes que tomar una decisión. El mundo no va a poner un límite. Debes hacerlo. Tienes que preguntarte «¿Qué quiero?». Si no, solo vas a conseguir lo que ellos quieren. Siento tener que decirte esto, pero, en el mundo actual, «tenerlo todo» no es posible cuando otros determinan los límites en cada categoría. Antes confiábamos en que el mundo nos dijera cuándo habíamos terminado, pero ahora el equilibrio debe venir de ti. De lo contrario, corres el riesgo de acabar con ese arrepentimiento número uno de los moribundos: No haber tenido el valor de vivir la vida que querías y, en cambio, haber vivido la vida que otros te prescribieron.

El emprendedor Ken Hakuta dijo: «El éxito es algo a lo que te enfrentarás constantemente en los negocios. Siempre lo interpretarás en función de algo, y ese algo deben ser tus propios objetivos y propósitos».

Barry Schwartz dice que tenemos que convertirnos en «selectores» en lugar de «recolectores». Un «recolector» selecciona entre las opciones disponibles, llevándonos a falsas dicotomías creadas por las opciones que vemos delante. Pero un «selector» es lo suficientemente reflexivo como para concluir que quizá ninguna de las alternativas disponibles sea satisfactoria y que, si quiere la alternativa correcta, tendrá que crearla.

¿Qué combinación de cosas te hace sentir que tienes suficiente? ¿Qué calma la necesidad de más? ¿Qué es lo que, en este mundo de opciones infinitas y siempre llamativas, te hace apartarse de la mesa y decir con calma «Estoy bien, gracias?». Los autores de *Just Enough* realizaron más de sesenta entrevistas con profesionales de muy alto rendimiento y encuestaron a noventa ejecutivos de alto nivel. Resulta que la mayoría de estas personas tampoco sabían la respuesta a estas preguntas. Lo interesante era que cometían errores constantes, y, al observar estos errores, los investigadores pudieron hacerse una idea de lo que necesitamos en la vida y la mejor manera de conseguirlo.

Todos sabemos que la buena vida significa algo más que el dinero… pero ninguno de nosotros sabe exactamente cuáles son esas otras cosas o cómo conseguirlas. Afrontémoslo: El dinero es bastante fácil de valorar y aporta sistemáticamente algo de felicidad al menos durante un breve periodo de tiempo. Todos sabemos que el amor y los amigos y otras cosas también son importantes… pero son mucho más complicados y no podemos pedir que nos los entreguen en casa por Amazon Prime.

Evaluar la vida con un solo parámetro resulta ser un problema clave. No podemos utilizar un solo criterio para medir el éxito de la vida.

En *Just Enough* los autores hablan de «estrategia de colapso»: Colapsar todo en un indicador para saber si nuestra vida va por buen camino. A la mayoría de nosotros nos resulta fácil centrarnos solo en el dinero y decir: «Haz que la cifra suba». Conveniente, sencillo… y totalmente equivocado. Como vimos, las personas de gran éxito con las que hablaron los autores a menudo sentían que se estaban perdiendo en otra área de la vida, como sus relaciones. Cuando tratamos de resumir todo en un solo parámetro, es inevitable que nos sintamos frustrados.

Los investigadores se dieron cuenta de que eran necesarios varios criterios para la vida. Por ejemplo, para tener una buena relación con la familia hay que pasar tiempo con ella. Las horas que pasamos juntos son una forma de medirlo. Pero si ese tiempo lo pasamos gritándonos, tampoco es bueno. Así que hay que medir la cantidad y la calidad.

El estudio ha dado como resultado cuatro grandes métricas que son las más importantes:

1. FELICIDAD: Tener sentimientos de placer o satisfacción en la vida y sobre la vida.
2. LOGRO: Alcanzar logros que se comparan favorablemente con objetivos similares por los que otros se han esforzado.
3. SIGNIFICADO: Tener un impacto positivo en las personas que te importan.
4. LEGADO: Establecer tus valores o logros de manera que ayuden a otros a encontrar el éxito en el futuro.

También se les ocurrió una forma sencilla de interpretar los sentimientos que estos cuatro aspectos deben proporcionar en tu vida:

1. FELICIDAD = DISFRUTAR
2. LOGRO = GANAR
3. SIGNIFICADO = CONTAR (PARA LOS DEMÁS)
4. LEGADO = EXTENDER

¿Qué cantidad de cada métrica necesitas para sentirte exitoso? Puede ser intimidante tener que determinar, ahora mismo, qué equilibrio de estas cuatro te proporcionará lo que necesitas para el resto de tu vida. No es necesario ir tan lejos. Lo que te hacía sentirte realizado a los diez años no es válido a los veinte y no lo será a los ochenta. Las cosas cambiarán y eso está bien. Los aspectos concretos cambiarán, pero tus valores probablemente no se moverán tanto.

Es conveniente que contribuyas a las cuatro necesidades de forma regular. Si ignoras alguna de ellas, te diriges a una estrategia de colapso. Medir la vida con una sola vara no funcionará. Si retrasas alguna durante

286 • ERRANDO EL TIRO

demasiado tiempo, estarás secuenciando. Una de mis citas favoritas de Warren Buffett lo resume: «Siempre me preocupa la gente que dice: "Voy a hacer esto durante diez años; realmente no me gusta mucho. Y luego haré esto...". Eso es muy parecido a guardar el sexo para la vejez. No es una buena idea».

Todo esto tiene sentido, pero hay que llegar al *quid* de la cuestión de la conciliación de la vida laboral y familiar: ¿Dónde se pone el límite? ¿Cómo se sabe cuándo se está haciendo lo suficiente para «ganar» y hay que poner más en la categoría de «contar» o «extender»?

Un buen punto de partida es preguntarse: ¿Qué es «suficientemente bueno»?

Esta actitud no es del agrado de mucha gente, y por eso tenemos el problema de la conciliación de la vida laboral y familiar. Decir «solo lo mejor» no funciona en un mundo en el que las opciones y la competencia son ilimitadas. Antes había veintiséis tipos diferentes de champú *Head and Shoulders.* Procter & Gamble dijo «basta» y los redujo a unos más razonables quince, lo que produjo un aumento del 10 % en los beneficios.

Barry Schwartz dice que que a menudo no nos damos cuenta de que esas dificultades son bienvenidas. Facilitan las decisiones. Hacen que la vida sea más sencilla. Hacen que «no sea tu culpa». Así que nos hacen más felices. Creemos que estas limitaciones merecen la pena. La libertad sin límites es alternativamente paralizante y abrumadora. Además, el único lugar donde conseguimos buenos límites hoy en día es cuando los determinamos nosotros mismos, basándonos en nuestros valores.

La gente maneja el hecho de tener muchas opciones de dos maneras: «maximizando» o «satisfaciendo». Maximizar es explorar todas las opciones, sopesarlas e intentar conseguir lo mejor. Satisfacer es pensar en lo que se necesita y elegir lo primero que satisfaga esas necesidades. Satisfacer es vivir con lo «suficientemente bueno».

En el mundo moderno, maximizar es imposible e insatisfactorio. Imagina que exploras Amazon.com en busca del «mejor libro para ti».

Buena suerte evaluando cada uno de ellos. Necesitarías años. Pero hay un problema más profundo y menos obvio. Podrías pensar que evaluar más posibilidades llevaría a resultados objetivamente mejores, y estarías en lo cierto. Pero también conduce a una menor felicidad subjetiva.

Eso es exactamente lo que descubrió un estudio realizado por Barry Schwartz y Sheila Iyengar. Los estudiantes que trataron de conseguir el mejor trabajo después de la graduación terminaron mejor, con salarios un 20 % más altos. Pero acabaron más descontentos con sus trabajos que los satisfechos. Los maximizadores están en esa rueda de expectativas y experimentan más arrepentimiento porque siempre sienten que podrían hacerlo mejor. Ciertamente, si comparamos a los neurocirujanos, maximizar podría ser una buena idea, pero en la mayoría de los ámbitos de la vida solo nos hace infelices. El premio Nobel Herbert Simon, que creó la idea de maximizar y satisfacer, dijo que, al final, cuando se calculan todos los factores de estrés, resultados y esfuerzo, la satisfacción es en realidad el método que maximiza.

Como señalan Nash y Stevenson: «No se pueden maximizar dos cosas si se compensan». Es la regla de Spencer otra vez. Solo tienes veinticuatro horas en un día y solo una cantidad de energía. Con las categorías múltiples hay que trazar una línea. No puedes dedicarte por completo a una de ellas y tener una vida exitosa en todas.

Todo se reduce a la pregunta: ¿Qué quiero? Si no te decides, el mundo decidirá por ti. Como has visto, esto es una rueda de molino que siempre se mueve, pero nunca se detiene. Ellen Galinsky hizo un estudio en el que preguntaba a los niños: «Si se te concediera un deseo y solo tuvieras un deseo que pudiera cambiar la forma en que el trabajo de tu madre o de tu padre afecta a tu vida, ¿cuál sería ese deseo?». ¿La respuesta más popular? Deseaban que sus padres estuvieran «menos estresados y menos cansados».

¿Quieres un equilibrio entre el trabajo y la vida privada? Entonces recuerda lo que me dijo Barry Schwartz: «Lo suficientemente bueno es casi siempre suficientemente bueno».

Entonces, tienes que pensar en las cuatro grandes métricas y alcanzar el «suficiente» en cada una de ellos. Quieres ser un selector, no un recolector. Quieres «conquistar el mundo». Pero también quieres llegar a casa a las seis de la tarde y no trabajar los fines de semana. Parece imposible. Bueno, ¿sabes quién hizo con éxito lo imposible? ¿Sabes quién conquistó realmente el mundo?

Gengis Kan. ¿Cómo lo hizo? Tenía un plan…

Temujin nació en un lugar terrible y en un momento terrible. Las estepas de Asia en el siglo XII eran como el Salvaje Oeste, pero peor. Sobrevivir solo era difícil, y la lucha por los recursos hacía que las tribus nómadas de la zona no pudieran llevarse bien.

Cosas tan sencillas como conseguir una esposa eran difíciles porque muchos hombres eran tan pobres que no podían pagar una dote. Así que secuestraban a una. En serio. Aunque secuestrar a tu futura esposa era bastante común, a nadie le hacía gracia que le quitaran una hija a la fuerza. Así que esto, junto con los robos y la violencia, producía una disputa incesante entre las tribus.

Tiempos difíciles significaban medidas duras, y todo el mundo siempre estaba actuando en función de la última injusticia que había sufrido. Tal vez se ganaba una batalla y se gritaba «Hurra» (sí, esa palabra viene del lenguaje mongol), pero seguro que a la semana siguiente alguien te atacaba en venganza. Y tú devolverías el ataque. Y esto se prolongaba eternamente sin que nadie llegara a nada. Históricamente pensamos en los mongoles como bárbaros. Y más o menos lo fueron…

Hasta Temujin.

No sabemos con certeza cuándo nació (1162 es una buena estimación) y tampoco sabemos dónde nació. Su juventud estuvo marcada por los problemas de la época: Su padre fue envenenado por una tribu enemiga, y por un tiempo él mismo estuvo esclavizado. Nunca aprendió a leer ni a escribir. No tuvo la educación ni los recursos que se le entregaron a

Alejandro Magno. Pero era el Mozart de la estrategia militar. Tan bueno, de hecho, que sus enemigos llegaron a acusarle de utilizar la magia y juntarse con los demonios para conseguir sus victorias.

¿Cómo hizo un joven analfabeto en un lugar horrible durante una época horrible para conquistar más territorio en veinticinco años que los romanos en cuatrocientos? ¿Cómo construyó un imperio que abarcaba más de diecinueve millones de kilómetros contiguos? ¿Y cómo lo hizo con un ejército que nunca superó los cien mil hombres, que, como explica el autor Jack Weatherford, es «un grupo que podría caber cómodamente en los grandes estadios deportivos de la era moderna»?

Todos los demás en la estepa siempre reaccionaban a cualquier cosa horrible que se les hubiera hecho recientemente. Temujin salió de este círculo vicioso. No se limitó a reaccionar. Pensó en lo que quería. Y hacía planes.

En primer lugar, se propuso unir a las tribus de la estepa. Destruyó la estructura de parentesco que había mantenido a las tribus nómadas atrapadas en un ciclo de disputas. Estableció una meritocracia en la que se premiaba la habilidad y la lealtad y se ignoraban las líneas de sangre y la política. Abolió el rapto de mujeres y castigó duramente a los infractores de la ley para evitar la espiral de venganzas que había asolado la zona. Desmanteló los nombres de las distintas tribus. A partir de entonces, estarían todos unidos como Pueblo de los Muros de Fieltro (haciendo referencia a las tiendas donde vivían, llamadas yurtas o gers). En 1206, los nómadas mongoles de la estepa eran uno. Temujin entonces tomó el título por el que es conocido hasta hoy: Gengis Kan.

Esto, por sí solo, fue un gran éxito. Pero ¿cómo derrotó a civilizaciones más avanzadas, como la china y la europea? ¿Cómo venció a vastos ejércitos mejor entrenados y mejor equipados con solo cien mil nómadas? También tenía un plan para esto.

Su estrategia no consistía en vencer a sus enemigos en su propio juego, sino en utilizar las ventajas que eran naturales para su pueblo. Los mongoles montaban a caballo desde los tres años. Al ser un pueblo sencillo sin tecnología moderna, superaron a ejércitos más grandes y mejor equipados gracias a su mayor velocidad y movilidad. Jack Weatherford escribe: «Las innovadoras técnicas de lucha de Gengis Kan dejaron obsoletos a los caballeros fuertemente acorazados de la Europa medieval, sustituyéndolos por una caballería disciplinada que se mueve en unidades coordinadas». Acostumbrados a vivir de la tierra, no tenían necesidad de arrastrar lentas cadenas de suministros detrás de su ejército. Cada combatiente llevaba de tres a cinco caballos adicionales para no tener nunca una montura cansada. Esto permitía a los hombres a caballo recorrer más de novecientos cincuenta kilómetros en solo nueve días, siglos antes del motor de combustión.

Luchaban como lo hacen los ejércitos modernos. Descendían sobre los enemigos como un «enjambre de abejas, con grupos separados que atacaban independientemente desde múltiples ángulos». Cuando se observa la forma en que el ejército mongol hacía la guerra, se podría pensar que tenían la ventaja de ver el futuro, pero los generales modernos lo aprendieron de él. Todos estudiaron su estilo, sustituyendo los caballos por tanques y aviones. Él estaba haciendo la «guerra relámpago» siglos antes que los alemanes.

Los hombres de su ejército tenían el aspecto de campesinos, por lo que a menudo eran subestimados, lo que Gengis Kan aprovechó en su beneficio. Tampoco reaccionaba con bravuconadas. Si sus enemigos pensaban que era débil, genial. Su plan favorito en la batalla era fingir una retirada. Cuando el enemigo estaba seguro de que había ganado, lo perseguía, rompiendo su formación… y cargando directamente hacia una emboscada, donde los arqueros mongoles hacían llover flechas sobre su presa acorralada.

Por supuesto, siempre había nuevos retos. Gengis Kan siempre tenía un plan, pero también era adaptable. Aprendió de todos y cada uno de los enfrentamientos. La mayoría habría esperado que se frustrara cuando su ejército se encontró con las fortalezas amuralladas de China. Los mongoles ni siquiera tenían estructuras de dos pisos en las estepas y mucho menos el conocimiento de cómo asaltar tales fortificaciones. No tenían experiencia con la guerra de asedio, las catapultas o los trabucos. Pero no fue necesaria la experiencia.

Gengis Kan sabía que había cosas que no sabía, o que no tenía tiempo de aprender, así que siempre estaba reclutando gente. Entre los pueblos conquistados, cualquiera que fuera útil podía unirse a ellos. Un arquero enemigo había conseguido disparar al propio caballo del Kan. Cuando el hombre fue capturado, Temujin no lo ejecutó; lo convirtió en general. En la misma línea, los mongoles incorporaron a varios ingenieros chinos familiarizados con la guerra de asedio. Eventualmente, el ejército del Kan tuvo tanto éxito en ello que «acabó con la era de las ciudades amuralladas».

Los planes de Gengis Kan eran tan sólidos que el imperio no se desmoronó tras su muerte. Siguió expandiéndose durante otros ciento cincuenta años. (La próxima vez que envíes una carta, piensa en Gengis Kan. Su reinado nos trajo el primer sistema postal internacional).

Era un huérfano y analfabeto de un lugar terrible en una época terrible, pero se convirtió en uno de los hombres más poderosos de la historia. Gengis Kan no reaccionó ciegamente a los problemas. Pensó en lo que quería. Hizo planes. Y luego impuso su voluntad en el mundo.

Eso es lo que necesitas: Un plan. La mayoría de nosotros no nos tomamos el tiempo necesario. Somos reactivos, como las tribus de las estepas. Y el problema de la conciliación de la vida laboral y familiar es que los antiguos límites ya no existen para nosotros. No podemos confiar en que el mundo nos diga cuándo debemos desconectar o cambiar de marcha. Ahora depende de ti. Eso significa que necesitas un plan, o siempre vas a sentir que no estás haciendo lo suficiente. No te enfrentarás a ejércitos chinos ni a enemigos de Europa del Este. Tu guerra es, en primer y último lugar, contigo mismo. Pero esa es una batalla que definitivamente puedes ganar con el plan adecuado. Lo que funciona para ti será un poco diferente de lo que funciona para los demás, pero hay algunas herramientas que te ayudarán...

292 • ERRANDO EL TIRO

Como ha dejado claro Barry Schwartz, hoy en día tenemos tantas opciones que acabamos siendo unos recolectores, no unos seleccionadores, y ese es gran parte del problema. No decidimos lo que queremos y luego vamos a buscarlo. Nos ponen las cosas en la cara y luego nos encogemos de hombros y decimos: «Vale, supongo». Básicamente, dejamos que otras personas nos digan lo que tenemos que hacer. Aristóteles dijo que Dios era «el que no se mueve». Movía otras cosas, pero nadie le decía cómo moverse. Definitivamente, podemos beneficiarnos de emular esta estrategia. Ser reactivo no solo perjudica tus posibilidades de conseguir lo que quieres; también reduce tus posibilidades de ser realmente feliz. Las investigaciones demuestran que a menudo no elegimos hacer lo que realmente nos hace felices, sino lo que es fácil. Mihály Csikszentmihályi descubrió que ver la televisión hacía a los adolescentes realmente felices el 13 % de las veces. Los pasatiempos obtuvieron una puntuación del 34 % y los deportes o juegos obtuvieron el 44 %. Pero ¿qué eligieron los adolescentes para hacer más a menudo? Pasaron cuatro veces más horas viendo la televisión. Sin un plan, hacemos lo que es pasivo y fácil, no lo que realmente nos llena.

Robert Epstein encuestó a treinta mil personas en treinta países y descubrió que el método más eficaz para reducir el estrés era tener un plan. Cuando pensamos en los obstáculos con antelación y consideramos cómo superarlos, sentimos que tenemos el control. Ese es el secreto para hacer las cosas bien. Como demuestran los estudios de IRM, la sensación de control nos motiva a actuar. Cuando creemos que podemos marcar la diferencia, es más probable que nos comprometamos. Las cosas no dan tanto miedo cuando tenemos las manos en el volante. Y lo más interesante —y lo más útil para nosotros— es que no es realmente tener el control lo que provoca todos estos cambios. Es solo la sensación de control. Joe Simpson no podía controlar su situación cuando se quedó tirado en la montaña con una pierna rota, pero convertirla en un juego le hizo sentir que podía hacerlo.

La importancia del control llega hasta el nivel de la neurociencia. Resumen rápido: Cuando estás estresado, literalmente no puedes pensar con claridad. En situaciones de estrés, el centro del pensamiento racional, el córtex prefrontal, se rinde. El sistema límbico, ese viejo cerebro lagarto de las emociones, toma las riendas. Un estudio realizado por Amy Arnsten, de la Facultad de Medicina de Yale, afirma que: «Incluso un estrés agudo incontrolable bastante leve puede causar una pérdida rápida y dramática de las capacidades cognitivas prefrontales». En una entrevista, Arnsten también dijo: «La pérdida de la función prefrontal solo se produce cuando nos sentimos fuera de control. Es la propia corteza prefrontal la que determina si tenemos el control o no. Aunque tengamos la ilusión de que tenemos el control, nuestras funciones cognitivas se mantienen». A tu corazón tampoco le gusta la falta de control. Un estudio de la revista *Health Psychology* descubrió que, cuando uno siente que no tiene el control de las cosas, hay un gran aumento de los ataques al corazón. ¿Adivinas qué personas experimentaron el mayor aumento? Los que normalmente tienen un bajo riesgo de sufrir problemas cardíacos.

Para tener una mejor idea de la importancia del control en el día a día, vamos a mirar a los empresarios. Una encuesta realizada a casi dos mil propietarios de pequeñas empresas mostró que más del 50 % trabaja más de cuarenta horas a la semana. El trabajo no es menos exigente. Mientras que el 41 % afirma que trabajar para sí mismo reduce el estrés, el 32 % dice que lo aumenta. Pero ¿adivinas qué? La friolera del 79 % expresó su satisfacción con la gestión de una pequeña empresa y el 70 % estaba contento con su estilo de vida. Esto aplasta las cifras de satisfacción laboral de los no autónomos que vimos antes. Horas comparables, estrés comparable, pero son mucho más felices. ¿Por qué? Cuando se les pregunta por la razón por la que empezaron su propio negocio, las respuestas número uno fueron: «Para ser mi propio jefe», «Para tomar mis propias decisiones», «Para hacerlo a mi manera». Querían tener el control. Y, a pesar de los escasos cambios en el horario y el estrés general, eran más felices.

¿Y la productividad y el éxito? La London School of Economics and Political Science estudió cómo utilizaban su tiempo 357 directores generales de la India y el efecto que tenía en los beneficios. Cuando el jefe máximo trabajaba más horas, la empresa ganaba más dinero. Pero lo que marcó la diferencia fue la forma en que utilizaron esas horas. Los beneficios extra se atribuyeron a las actividades programadas con los empleados. Las horas en las que los directores generales se desviaron de su plan no hicieron que la empresa ganara ni un céntimo más.

Por eso, un plan es vital si quieres tener éxito y ser feliz. Lo que encontrarás a continuación es un marco de pasos que puedes poner en práctica, empezando ahora mismo. Pero antes de entrar en los detalles, es importante recordar un punto: este es tu plan. Y lo que probablemente más se interponga en su camino es, bueno, tú mismo. Las respuestas instintivas de «No puedo hacer eso» y «Mi jefe nunca me dejará» son las que te han llevado a esta situación en primer lugar. No todo el mundo puede poner en práctica las siguientes ideas exactamente como están escritas, pero descartar las cosas que parecen una exageración es un error. Obedece el espíritu de la ley aunque no puedas seguirla al pie de la letra. En pocas palabras: Inténtalo.

Otro gran error que comete la gente es mirar una lista, ver las cosas que ya hacen y decir: «¡Yo hago eso! ¡Soy inteligente! Ya puedo cerrar el libro». Tranquilizarte a ti mismo te sienta bien. Pero estás aquí para mejorar tu vida. Céntrate en las cosas del plan que no haces. Recuerda que hacer hincapié en lo negativo puede resultar desagradable, pero es el camino para mejorar. Eso es lo que hacen los expertos.

CONTROLAR EL TIEMPO

No puedes equilibrar el tiempo si no sabes a dónde va. El antiguo director general de Intel, Andy Grove, dijo una vez: «Para entender la estrategia de una empresa, fíjate en lo que realmente hace y no en lo que dice que va a hacer». Anota en qué consiste cada hora a medida que va pasando. No te fíes de tu memoria falible. Hazlo durante una semana. ¿Adónde te llevan tus actividades? ¿Es donde quieres ir? Nota: Esto será deprimente. Te aseguro que estás perdiendo más tiempo del que crees. Además, anota qué horas están contribuyendo a cada uno de los cuatro grandes:

1. FELICIDAD = DISFRUTAR
2. LOGRO = GANAR
3. IMPORTANCIA = CONTAR (PARA LOS DEMÁS)
4. LEGADO = EXTENDER

¿O es que esa hora irá a la opción «Ninguna de las anteriores»?

Para mejorar el uso del tiempo, toma una lección de la criminología. Para reducir la delincuencia en una ciudad, el seguimiento de las personas no es tan eficaz como el análisis geográfico. Los investigadores descubrieron que la mitad de los delitos se producen en solo un 5 % de la ciudad. Es lo que se denomina vigilancia de los «puntos calientes». Si se dota a esas pocas zonas del doble de patrullas policiales, se reduce la delincuencia a la mitad en los puntos calientes y se reducen las llamadas de emergencia en toda la ciudad entre un 6 % y un 13 %.

Así que busca los puntos conflictivos de tu agenda. ¿Cuándo pierdes más tiempo? ¿Cuándo te excedes en una de las cuatro grandes tareas a expensas de otra? Obtendrás más beneficios si cambias tus rutinas en torno a estos puntos conflictivos que con una vaga noción de «trabajar menos» o «intentar pasar más tiempo con la familia». Del mismo modo, busca las pautas que funcionan. ¿Cuándo obtienes los mejores resultados? ¿A primera hora de la mañana o a última hora de la tarde? ¿En casa o en la oficina? Intenta que esos momentos sean más constantes.

Recuerda que no puedes maximizar dos cosas que dependen del mismo recurso: el tiempo. Tampoco querrás eliminar cualquier categoría con una estrategia de secuenciación o colapso. Quieres un equilibrio de las cuatro grandes que te funcione. Decide cuánto tiempo quieres dedicar a cada una por semana. Puedes revisarlo más tarde, pero necesitas una respuesta ahora. En serio, escríbelo. Te espero (*el autor tararea suavemente para sí mismo*). Una vez que hayas alcanzado el número de horas en una categoría, aborda los puntos conflictivos en otra.

Como ya comentamos en el capítulo sobre la perseverancia, convertir las cosas en un juego puede hacer que los problemas complicados sean más divertidos y atractivos. El famoso capitalista de riesgo Vinod Khosla está al tanto de los resultados de sus inversiones, pero también ha hecho que su asistente registre cuántas veces al mes cena con su familia. La diferencia está en encontrar una métrica inteligente que funcione para ti. Kevin Bolen, director general de Inversiones Estratégicas e Iniciativas de Crecimiento de KPMG, quería pasar más tiempo con su mujer y sus dos hijos. Su principal problema era que viajaba mucho por trabajo. Así que se centró en perder su estatus *platinum* en todas sus cuentas de viajero frecuente. Ese fue su objetivo. Consiguió menos vuelos gratuitos y menos beneficios, pero se convirtió en un gran barómetro para medir el éxito de sus esfuerzos por conciliar la vida laboral y familiar.

HABLA CON TU JEFE

Algunos dirán que no tienen margen para hacer grandes cambios. Su jefe no se los permite. Si realmente quieres mejorar el equilibrio entre la vida laboral y personal, no hagas suposiciones. Siéntate con tu jefe y háblale de esto. No le digas: «Quiero trabajar menos». Solicita a tu jefe una idea clara de tu función y de sus expectativas, y que te diga si tal o cual cambio sería realmente un problema. Seguramente te sorprenderá la respuesta, sobre todo si piensas en sus necesidades y tratas de que sea algo beneficioso para todos. Pide una estimación del tiempo que quieren que dediques al «trabajo superficial», como responder a los correos electrónicos y asistir a las reuniones, y del tiempo que quieren que dediques al «trabajo profundo» que realmente produce resultados. El mero hecho de mantener esta conversación puede reducir tus niveles de estrés. Un estudio publicado en el *Journal of Occupational Health Psychology* demostró que conseguir una mayor claridad sobre lo que se espera de ti reduce la tensión cuando las exigencias del trabajo son altas. Es más fácil tomar las decisiones correctas y no preocuparse.

Esta conversación también será buena para el jefe, se dé cuenta o no. La *Harvard Business Review* detalló una estrategia llamada «asociación activa» en la que empleados y directivos revelaban lo que querían conseguir personal y profesionalmente. Un estudio de 473 ejecutivos demostró que, tras un año de asociación activa, 62 personas que querían dejar la empresa decidieron quedarse. Algunos de ellos incluso fueron ascendidos.

Querrás tener más conversaciones de este tipo con el tiempo, a medida que vayas ajustando tu plan, pero lo más probable es que tu jefe lo aprecie. Los empleados proactivos que tienen planes, preguntan por las prioridades e intentan evitar los problemas son valiosos. Las personas a las que el jefe tiene que acudir a posteriori para corregir errores son las realmente difíciles. Y, cuando produces resultados, obtienes más margen. Más margen significa más libertad y control para ejecutar tu plan. Manéjalo bien y será una espiral ascendente para todos.

Conoces tanto tus puntos conflictivos como lo que te da grandes resultados. Estás asignando horas a las cuatro grandes métricas, y has obtenido la dirección y la aprobación de tu jefe. Ahora sí que puedes marcar la diferencia...

LAS LISTAS DE TAREAS SON PERVERSAS. PROGRÁMALO TODO

Cal Newport, profesor de la Universidad de Georgetown, es el Gengis Kan de la productividad. Y Cal cree que las listas de tareas pendientes son obra del diablo. Porque las listas no tienen en cuenta el tiempo. ¿Te has preguntado alguna vez por qué parece que nunca llegas al final de la lista? Es fácil hacer una lista de actividades de veintiocho horas para un día de veinticuatro horas. Tienes que ser realista sobre lo que puedes hacer en el tiempo que tienes. La única manera de hacerlo es programar las cosas en un calendario en lugar de hacer una lista interminable.

Decide cuándo quieres salir del trabajo y sabrás de cuántas horas dispones. Anota lo que tienes que hacer por prioridad. Cal llama a esto «productividad de horario fijo». Necesitas límites si quieres un equilibrio entre el trabajo y la vida privada. Esto te obliga a ser eficiente. Si fijas un plazo para las seis de la tarde y luego programas las tareas, podrás controlar ese huracán de obligaciones y serás realista en lugar de enfadarte por lo que nunca va a ocurrir.

La mayoría de nosotros utilizamos mal nuestros calendarios: No programamos el trabajo; programamos las interrupciones. Las reuniones se programan. Las llamadas telefónicas se programan. Las citas con el médico se programan. ¿Sabes qué es lo que a menudo no se programa? El trabajo real. Todas esas cosas son distracciones. A menudo, son el trabajo de otras personas. Pero se les dedican bloques de tiempo y tu trabajo real se queda huérfano. Si el trabajo real es el que afecta a los resultados finales, el que te hace sobresalir, el que te hace ganar aumentos de sueldo y te permite ascender, permíteme blasfemar y sugerir que quizá también merezca la pena dedicarle un poco de tiempo.

Además, al menos una hora al día, preferiblemente por la mañana, debe ser «tiempo protegido». Se trata de una hora diaria en la que se realiza el trabajo real sin interrupciones. Aborda este concepto como si fuera un ritual religioso. Esta hora es inviolable. Los correos electrónicos, las reuniones y las llamadas telefónicas suelen ser «trabajo superficial». Quieres utilizar esta hora para lo que Cal llama «trabajo profundo». Una hora en la que realmente harás avanzar las cosas en lugar de quedarte estancado. El trabajo superficial impide que te despidan, pero el trabajo profundo es el que te hace avanzar. Y no quieres que te despidan. Quieres ser capaz de aportar toda tu capacidad intelectual a las tareas que importan. Las investigaciones demuestran que entre dos horas y media y cuatro horas después de despertarse es cuando el cerebro está más agudo. ¿Quieres desperdiciar esto en una conferencia telefónica o en una reunión de personal?

¿Y si estás totalmente agobiado en la oficina? Si nunca consigues descansar de las interrupciones, reserva tu tiempo protegido en casa durante una hora antes del trabajo. Peter Drucker cita un estudio sueco sobre doce ejecutivos que demostró que, literalmente, no podían trabajar veinte minutos sin ser interrumpidos. El único que pudo tomar decisiones meditadas fue el que pasó noventa minutos trabajando desde casa antes de entrar en la vorágine de la oficina.

Planificar cada día de forma tan rigurosa es un fastidio al principio, pero funciona. Para obtener un crédito extra, quizá quieras empezar a planificar también tu tiempo libre. Antes de que te horrorices al pensarlo, tengo algunos datos para ti. Un estudio de 403 personas publicado en el *Journal of Happiness Studies* demostró que la gestión del tiempo libre está asociada a una mayor calidad de vida. Lo fascinante es que aumentar el tiempo libre de las personas no tenía ningún efecto sobre su felicidad, pero programar ese tiempo con antelación marcaba la diferencia. Como hemos dicho antes, a menudo no utilizamos nuestro tiempo libre de forma inteligente: Hacemos lo que es fácil en lugar de lo que nos hace felices. Si te tomas un tiempo para planificar, es mucho más probable que te diviertas de verdad en lugar de ser un teleadicto.

Así que programarlo todo y usar el tiempo protegido puede asegurar que las cosas importantes se hagan. Pero sé lo que estás pensando: Todo ese trabajo superficial no va a desaparecer. Una buena manera de lidiar con el trabajo superficial es en «tandas». En lugar de vivir continuamente en tu bandeja de entrada, programa algunos intervalos en los que respondas a los correos electrónicos, devuelvas las llamadas telefónicas y reorganices los papeles que necesitan ser reorganizados. Una vez terminada esta tanda, apaga las notificaciones, silencia el teléfono y vuelve a las cosas importantes. A mí me funcionan tres tandas al día, pero un trabajo que requiere una interacción frecuente puede necesitar más. La cuestión es poder controlar y programar estos periodos en la medida de lo posible para que no se cuelen en el tiempo que dedicas al trabajo profundo. Llegamos a la Luna y construimos las pirámides sin correo electrónico ni Facebook. Puedes pasar un par de horas sin consultarlos. ¿Y si tu jefe te exige que le des un repaso rápido? Configura un filtro de correo electrónico para que solo te lleguen las notificaciones del jefe o de quien sea realmente importante. El resto puede esperar.

Hay otro elemento de planificación que debes tener en cuenta para asegurarte de no echar por tierra todo lo bueno que has conseguido hasta ahora: Aprende a decir no. Si te deshaces de las actividades innecesarias, lo programas todo, utilizas el tiempo protegido y haces una tanda de trabajo superficial, pero no puedes evitar que la gente amontone tareas sin importancia en tu mesa, te quedarás para siempre estancado. Tu jefe te dará las prioridades y alinearás tus tareas con el número de horas que realmente hay en el día. Si algo no es prioritario y no hay tiempo para ello, hay que decir que no. Citando a Warren Buffett: «La diferencia entre las personas de éxito y las de gran éxito es que las de gran éxito dicen no a casi todo».

CONTROLAR EL CONTEXTO

Es importante. Más de lo que crees. Influye en tus decisiones incluso cuando no te das cuenta. Cuando hablé con el profesor de Duke, Dan Ariely, me dijo:

> Una de las grandes lecciones de las ciencias sociales en los últimos cuarenta años es que el entorno importa. Si vas a un buffet y el buffet está organizado de una manera, comerás una cosa. Si está organizado de otra manera, comerás cosas diferentes. Creemos que tomamos decisiones por nuestra cuenta, pero el entorno nos influye en gran medida. Por eso tenemos que pensar en cómo cambiar nuestro entorno.

No podemos controlar nuestro entorno allá donde vayamos, por supuesto, pero tenemos más control del que solemos ejercer. Las distracciones te vuelven literalmente estúpido. Los estudiantes cuya clase estaba situada cerca de una ruidosa línea de ferrocarril terminaron académicamente un año entero por detrás de los estudiantes con un aula tranquila. Cuando se amortiguó el ruido, la diferencia de rendimiento desapareció. Las oficinas no son muy diferentes. Las investigaciones demuestran que los informáticos más productivos tienen una cosa en común. No es la experiencia, el salario o las horas dedicadas a un proyecto. Tienen empleadores que les proporcionan un entorno libre de distracciones.

Aquí es donde puedes utilizar tu capacidad de reacción como ventaja. Shawn Achor recomienda la «regla de los veinte segundos». Haz que las cosas que deberías hacer sean veinte segundos más fáciles de empezar y haz que las cosas que no deberías hacer sean veinte segundos más difíciles. Suena minúsculo, pero supone una gran diferencia. Al reorganizar tu espacio de trabajo para que las tentaciones no sean visibles, puedes engañarte para tomar mejores decisiones. Ariely me habló de un sencillo estudio realizado en la sede de Google en Nueva York. En lugar de poner los M&M's en cuencos sin tapa, los pusieron en frascos cerrados. No parece gran cosa. ¿Cuál fue el resultado? La gente comió tres millones menos de ellos en un solo mes. Así que cierra ese navegador web. Carga tu teléfono al otro lado de la habitación.

Sé que controlar el entorno puede ser difícil. Espacios de trabajo compartidos, oficinas abiertas, compañeros parlanchines y jefes que miran por encima del hombro. Por eso recomiendo una solución sencilla, al menos durante una parte del día: Esconderse. Reserva una sala de conferencias y trabaja desde allí. No solo estarás libre de distracciones, sino que probablemente serás más creativo. Los profesores de Stanford Jeffrey Pfeffer y Bob Sutton señalan que: «Un gran número de investigaciones demuestra que, cuanto más cerca se queden de los empleados las figuras de autoridad, mientras más preguntas hagan y, sobre todo, mientras más comentarios den a su gente, menos creativo será el trabajo. ¿Por qué? Porque hacer un trabajo creativo implica constantes contratiempos y fracasos, y la gente quiere tener éxito cuando el jefe está mirando, lo que significa hacer cosas probadas y menos creativas que seguro que funcionan».

TERMINAR EL DÍA BIEN Y A TIEMPO

Utilizaste la «productividad de horario fijo», ¿verdad? Decidiste cuándo querías salir del trabajo y organizaste tu horario en torno a eso. Bien, porque Leslie Perlow dice que la clave para conseguir esos resultados de equilibrio entre vida y trabajo es imponer un «mecanismo estricto de tiempo libre». Quieres saber cuándo vas a salir de la oficina para asegurarte de que estás añadiendo a los segmentos de disfrutar, ganar, contar y extender, y no solo trabajar, trabajar y trabajar.

A menos que quieras odiar tu trabajo, la forma en que terminas el día importa mucho más de lo que crees. Para explicarlo, tengo que hablarte de cómo te meten cosas por el culo. Sí, literalmente, que te metan cosas por el culo. El premio Nobel Daniel Kahneman y Daniel Redelmeier analizaron el dolor que la gente recordaba después de las colonoscopias. Resulta que la duración de los procedimientos y la cantidad media de dolor no influyeron en los recuerdos de la gente. Lo que parecía importar realmente era la cantidad máxima de molestias y cómo terminaba el procedimiento. Una colonoscopia más larga, con una media de dolor más alta, pero con un pico bajo y un final suave, se recordaba como menos incómoda. En cambio, una colonoscopia rápida con una media de dolor baja pero un pico agudo y un final desagradable se recordaba como algo mucho peor. Ya sean las discusiones con tu pareja o las últimas líneas de una película de Hollywood, los finales importan. Así que tómate el tiempo necesario para terminar bien el día. Esos últimos momentos en la oficina cada día tienen una gran importancia en cuanto a cómo te sientes con tu trabajo.

Cal Newport recomienda un «ritual de cierre» en el que te tomes el tiempo necesario para cerrar los asuntos del día y prepararte para mañana. Las investigaciones demuestran que escribir las cosas de las que tienes que ocuparte mañana puede tranquilizar tu cerebro y ayudarte a relajarte. Como explica el neurocientífico Daniel J. Levitin, cuando te preocupas por algo y tu materia gris teme que se te olvide, pone en marcha un grupo de regiones cerebrales denominado «bucle de ensayo». Y te sigues preocupando y preocupando. Escribir tus pensamientos y hacer un plan para mañana lo desactiva.

Entonces, consigue un poco de tiempo de inactividad. ¿Cuáles son las mejores formas de eliminar el estrés? Es mucho mejor dedicarse a un hobby o pasar tiempo con los amigos. Los estudios demuestran que los fines de semana son estupendos porque es el tiempo extra con las personas que te importan. El fin de semana se pasa una media de 1,7 horas más con los amigos, lo que genera un impulso de felicidad. Y no descuides el sueño. No querrás empezar a alucinar con que eres una estrella del fútbol.

Ahora que tienes tu plan aproximado, escríbelo (Gengis Kan no pudo hacerlo, pero tú sí). Las investigaciones de Roy Baumeister demuestran que esto no solo puede ayudarte a conseguir tus objetivos, sino que también evita que tu cerebro siga obsesionado con las cosas cuando llega el momento de relajarse.

Tu plan no será perfecto desde el principio. Lo echarás a perder. No pasa nada. No olvides la autocompasión. Perdonarte a ti mismo te hace sentir mejor y evita que procrastines. Un estudio realizado con 119 estudiantes demostró que los que se perdonaron a sí mismos por haber procrastinado en el estudio de un examen, procrastinaron menos en un segundo examen. Se sintieron mejor y, en lugar de machacarse, pudieron seguir adelante y rendir mejor.

A medida que veas lo que funciona y lo que no, modifica tu plan. ¿A cuál de los cuatro grandes no le dedicas suficientes horas? Ajústalo hasta que estés más cerca del equilibrio que deseas. Este método de seguimiento, revisión y mejora es la forma en la que Peter Drucker dice que puedes llegar a donde quieres. Un plan te acercará mucho más al éxito en la vida.

Actualmente en este planeta, el 0,5 % de todos los hombres son descendientes de Gengis Kan. Eso es uno de cada doscientos. Así que digamos que en muchas categorías tuvo éxito. Tenía un plan. No necesitas conquistar el mundo, literal o metafóricamente. «Suficientemente bueno» es suficientemente bueno si tienes en cuenta las cuatro grandes métricas.

Steven Jay Ross, que ayudó a construir la corporación TimeWarner, lo expresó mejor:

Hay tres categorías de personas: la persona que va a la oficina, pone los pies sobre su escritorio y sueña durante doce horas; la persona que llega a las cinco de la mañana y trabaja dieciséis horas, sin pararse a soñar ni una sola vez, y la persona que pone los pies sobre la mesa, sueña durante una hora y luego hace algo con esos sueños.

Hemos hablado mucho en estos seis capítulos. Para ponerlo todo en perspectiva, veamos lo mal que pueden llegar a ponerse las cosas, y los niveles de grandeza que podemos alcanzar si lo intentamos.

Conclusión

¿Qué hace que una vida tenga éxito?

Prepárate. Las siguientes palabras van a doler un poco.

«Espero que te mueras».

Es algo difícil de escuchar. Especialmente cuando una madre se lo dice a un hijo. Pero su Martin se había ido. Yacía en la cama, inmóvil. Con muerte cerebral. Ella ya no podía soportar verlo así.

Los padres de Martin se ocupaban de él todos los días, y su padre se despertaba cada dos horas por la noche para moverlo y evitar que le salieran escaras. Cuidarlo había supuesto una enorme presión para la familia. Siguieron cuidando del cuerpo que había sido su hijo, porque lo querían, aunque los médicos decían que nunca se recuperaría. Llevaba años así.

Pero Martin no tenía muerte cerebral. De hecho, estaba completamente consciente. Martin estaba «encerrado», consciente del mundo que lo rodeaba, pero incapaz de moverse. Había escuchado lo que dijo su madre. Solo que no tenía forma de comunicárselo.

Claro, las palabras duelen, pero no tanto como se podría pensar. Después de todo, él también deseaba estar muerto. Ella no lo odiaba. Había visto a su enérgico hijo desvanecerse en ese cadáver viviente, y quería que el horrible estado en el que se encontraba terminara de una vez. Martin no se enfadó con ella por decirlo. Sintió compasión.

Desde que una misteriosa enfermedad le afectó a los doce años, estaba postrado en una cama y se le daba por muerto. Pero unos años más tarde se había despertado dentro de un cuerpo que ya no podía controlar, y, durante once insondables años, esa fue su vida.

Que tu madre desee que te mueras es horrible, pero aun así era una manifestación de atención. Lo cual era único, porque hacía tiempo que el mundo entero había empezado a verle como un objeto inanimado. Era algo con lo que había que tratar, mover, arreglar y limpiar, pero no interactuar con él. No era una persona. En el mejor de los casos era una carga persistente.

La gente actúa de forma diferente cuando ya no creen que eres humano. Se hurgaban la nariz y se comían los mocos delante de él. Miraban su imagen en un espejo una y otra vez sin miedo a que él les llamara narcisistas. Dejaban salir ese gran pedo que han estado reteniendo mientras estaban con gente «real».

Lo que era constante y casi abrumador era el sentimiento de impotencia de Martin. Todo en su vida se decidía por él. Si comía o no. Si se acostaba sobre el lado izquierdo o el derecho. Los cuidadores del hospital eran insensibles con él. Y en numerosas ocasiones le maltrataron directamente. Pero él no podía hacer ni decir nada.

¿Has estado alguna vez solo por la noche en la cama con pensamientos aterradores? Esta era su vida todo el tiempo. Los pensamientos eran todo lo que tenía. No tienes poder. Era como una canción que no puedes sacar de tu cabeza. Estás solo. No había esperanza.

Por pura supervivencia, para no volverse loco, Martin se convirtió sin querer en un maestro zen. Se separó de sus pensamientos. Sin ninguna formación, descubrió la atención plena. Las horas, los días o incluso las semanas podían pasar en un instante porque se había alejado de la vida, de sus pensamientos. Pero el vacío no era el nirvana. Era la negrura. No había nada malo, pero tampoco había esperanza. De vez en cuando dejaba entrar un pensamiento. El mismo que su madre había exprimido: Espero morir.

De vez en cuando, el mundo se entrometía. Lo agarraba y lo devolvía a la realidad. ¿Qué es lo que más a menudo lo hacía? ¿Qué se convertiría en su némesis? Barney.

Aquel insufrible dinosaurio púrpura y su implacable canto alegre en la televisión eran siempre tan felices que solo servían para recordar a Martin lo miserable que era. Impotente para cambiar de canal o destrozar el televisor, lo escuchaba una y otra vez.

Martin no podía escapar del mundo, así que eligió un camino diferente. Comenzó a escapar a su imaginación. Soñó con todas las cosas maravillosas que podrían suceder, sin estar atado a las leyes de la física o de la realidad y, desde luego, sin estar atado al obstinado cuerpo que ignoraba todas sus órdenes. Fantaseaba con todo lo que quería de la vida. Y así pasaba el tiempo.

Entonces cambiaron dos cosas. A los veinti pocos años, recuperó paulatinamente el control de su cuerpo; podía agarrar cosas con las manos. Y una enfermera, que seguía los movimientos de sus ojos, empezó a creer que aún podía estar ahí. Animó a los médicos a que le hicieran otra prueba. Y se dieron cuenta de que estaba ahí dentro.

Las cosas cambiaron muy rápidamente. Con un joystick y un ordenador, podía comunicarse. Con una silla de ruedas, podía moverse. Martin sintió un alivio extraordinario. Pero, como señala el podcast *Invisibilia*, no estaba satisfecho. No después de tanto soñar. Empezó a perseguir esos sueños.

Dos años después tenía un trabajo en una oficina. Pero eso no era suficiente. Como siempre tuvo un don para las cosas mecánicas, se convirtió en un diseñador de páginas web independiente. Luego creó su propia empresa. Fue a la universidad. Escribió un libro de memorias sobre sus experiencias, *Cuando era invisible* (Indicios editores), que recibió muchos elogios. Aprendió a conducir un coche.

Y en 2009 ya no estaba solo. A los treinta y tres años se casó con Joanna, una amiga de su hermana a la que había conocido por Skype. Durante más de una década no pudo mover la cara. Ahora le dolía la cara de tanto sonreír.

Entrevistado por la BBC, dijo:

El éxito es extraño en el sentido de que cultiva más éxito. Una vez que he conseguido algo, me ha animado a esforzarme aún más. Amplió mi percepción de lo que era posible. Si podía hacer una cosa, ¿qué otra cosa podría hacer?

Martin sigue en silla de ruedas y no puede hablar sin ayuda de un ordenador. Pero recibió educación, tiene éxito y está felizmente casado. Tiene una buena vida. Pensar lo que ha tenido que pasar, para tener lo que cualquiera de nosotros, nos deja perplejos.

Pocas personas se enfrentan a los retos a los que se enfrentó Martin Pistorius, pero todos nosotros a menudo nos sentimos atrapados en una situación difícil. Casi «encerrados». Intentamos escapar mentalmente o simplemente dejar que el mundo pase, pero tal y como dijo Steven Jay Ross, es soñando y luego haciendo algo con esos sueños como podemos alcanzar el éxito. De hecho, es la única forma en que podemos hacerlo.

El éxito tiene muchas formas. Algunos éxitos son increíblemente impresionantes, otros simples y curiosos, otros casi absurdos. Nos obsesionamos con los niveles de éxito que vemos en los medios de comunicación y olvidamos que lo que importa es nuestra definición personal de éxito. Y ese éxito puedes conseguirlo.

No te preocupes por el talento innato. Las investigaciones de Benjamin Bloom sobre personas de éxito —desde escultores hasta atletas olímpicos y matemáticos— revelaron que el talento no suele determinar lo que se puede conseguir en la vida. Bloom dijo: «Después de cuarenta años de intensa investigación sobre el aprendizaje escolar, tanto en Estados Unidos como en el extranjero, mi principal conclusión es: Lo que cualquier persona del mundo puede aprender, casi todas las personas pueden aprenderlo, si se les proporcionan las condiciones previas y actuales adecuadas para el aprendizaje».

¿Qué te impide alcanzar tu definición personal de éxito? En la mayoría de los casos, no hay nada que no se pueda superar con tiempo y esfuerzo. Cuando pienso en los límites del éxito, suelo pensar en el Scrabble.

Nigel Richards es el mejor jugador de Scrabble de la historia. Es el campeón francés de Scrabble. El sitio web FiveThirtyEight.com informa que: «la diferencia entre su puntuación oficial y la del segundo clasificado es más o menos la misma que la diferencia entre el segundo y el vigésimo puesto». No empezó a jugar hasta los veintiocho años. La primera vez que compitió en un torneo nacional, ganó. Nadie juega al Scrabble francés mejor que él. Oh, una cosa más que debo mencionar…

Nigel Richards no habla francés.

Para dar su discurso de aceptación, necesitó un traductor. Después de dominar el mundo del Scrabble en inglés durante años, puso su atención en la lengua gala y comenzó memorizando palabras, sin conocer su significado. Y el Scrabble francés es más difícil que el Scrabble norteamericano porque tiene casi doscientas mil palabras más. Quería ser el campeón de Francia y no dejó que el hecho de no hablar francés le frenara.

En este libro hemos hablado de muchas cosas relacionadas con el éxito, desde cómo los peligros del alpinismo ilustran el poder de la perseverancia hasta los premios Nobel que investigan las implicaciones para la felicidad de que te metan cosas por el trasero. Acabemos con esto de forma sencilla (y con menos molestias que una colonoscopia).

¿Qué es lo más importante a recordar cuando se quiere tener éxito?

Una palabra: Alineación.

El éxito no es el resultado de una sola cualidad; se trata de la alineación entre lo que uno es y lo que decide ser. La habilidad adecuada en el papel adecuado. Una buena persona rodeada de otras buenas personas. Una historia que te conecta con el mundo de forma que te hace seguir adelante. Una red que te ayuda y un trabajo que aprovecha tu introversión o extroversión natural. Un nivel de confianza que te hace seguir adelante mientras aprendes y te perdonas los inevitables fracasos. Un equilibrio entre las cuatro grandes que cree una vida redonda sin arrepentimientos.

Como escriben Howard Stevenson y Laura Nash sobre su estudio de personas de éxito que lucharon por el equilibrio:

Cuando alineas tus valores con el uso de tus habilidades significativas en un contexto que refuerza estos mismos puntos fuertes, creas una fuerza poderosa y emocionalmente atractiva para el logro, el significado, la felicidad y el legado. Cuando tu elección interna de objetivos de éxito se alinea con el grupo en el que operas, las recompensas son aún mayores.

¿Cómo encontrar la alineación? Como dijo el Oráculo de Delfos hace tanto tiempo, «Conócete a ti mismo». ¿Cuáles son tus intensificadores? ¿Eres un dador, un tomador o un comparador? ¿Eres más introvertido o más extrovertido? ¿Eres poco confiado o demasiado confiado? ¿Cuál de las cuatro grandes cumples de forma natural y cuál descuidas sistemáticamente?

Luego alinea esas cualidades con el mundo que te rodea. Elige el estanque adecuado. Encuentra un trabajo que aproveche tus intensificadores. Crea una historia que te haga seguir adelante. Haz pequeñas apuestas que amplíen tus horizontes. Utiliza WOOP para convertir tus sueños en realidades.

¿Cuál es el tipo de alineación más importante? Estar conectado a un grupo de amigos y seres queridos que te ayuden a convertirte en la persona que quieres ser. El éxito financiero es estupendo, pero para tener una vida exitosa necesitamos la felicidad. El éxito profesional no siempre nos hace felices, pero las investigaciones demuestran que la felicidad sí trae consigo el éxito.

Tus relaciones son las que te dan la felicidad. El investigador y autor de bestsellers Shawn Achor afirma: «En un estudio que realicé con 1.600 estudiantes de Harvard en 2007, descubrí que había una relación de 0,7 entre el apoyo social percibido y la felicidad. Esto es más alto que la conexión entre fumar y el cáncer». ¿Cuánto dinero haría falta para aumentar tu felicidad tanto como lo hace una buena vida social? Los datos del *Journal of Socio-Economics* dicen que habría que ganar 121.000 dólares más al año.

¿Qué sucede cuando se mira el panorama general? Cuando estés en tu lecho de muerte, ¿qué significará el éxito? Un investigador lo descubrió. George Valliant dirigió el Estudio Grant, que siguió a un grupo de hombres durante toda su vida, desde la universidad hasta su muerte. ¿Qué dijo para resumir sus conclusiones de esta investigación que duró décadas? «Lo único que realmente importa en la vida son tus relaciones con otras personas».

¿Todo esto de las relaciones y el amor es demasiado cálido y difuso para tus aspiraciones de éxito? No debería serlo. Valliant y su equipo puntuaron a los sujetos en función de sus relaciones a los cuarenta y siete años (cuánto tiempo llevaban casados, si tenían hijos, si estaban unidos a ellos, cuántos amigos tenían). Los resultados casi coincidían con el éxito de los hombres en sus trabajos. La puntuación de la relación era como una bola de cristal que indicaba cuánto dinero ganaban y el éxito de sus carreras. Los hombres que obtuvieron la puntuación más alta ganaron más del doble de dinero que los que obtuvieron la puntuación más baja. ¿Era esto efecto y no causa? Es poco probable. Los tipos más empáticos ganaron dos veces y media más que los más narcisistas.

Esas relaciones no solo mejoran el éxito, sino que pueden salvar tu vida. ¿Recuerdas a Spencer Glendon y sus problemas de salud? He mencionado que recibió un trasplante de hígado. Cuando cayó gravemente enfermo, los médicos sabían que podría necesitar un nuevo hígado, y todos sus amigos se sometieron a pruebas para ver si alguno era compatible. (El hígado es único en el sentido de que se regenera, por lo que tanto el donante como el receptor acabarán teniendo un órgano completo con el tiempo). Su amigo Carl era compatible. Pasaron los años y la salud de Spencer siguió empeorando. Los médicos dijeron que se habían quedado sin opciones. Spencer necesitaría un trasplante.

Carl no se limitó a ser voluntario. Reveló que, desde que la prueba de donante fue positiva, se había sometido silenciosamente a un régimen de dieta y ejercicio. Había pasado los últimos años poniéndose en forma para que, llegado el momento, pudiera darle a Spencer el hígado más sano posible. Gracias al plan de Carl, ambos amigos están hoy sanos y felices. Espero que tú y yo tengamos la suerte de tener amigos como Carl.

Si alineas tu conocimiento de ti mismo con tu carrera y con la gente que te rodea, puede formarse una espiral ascendente que te lleve no solo al éxito profesional, sino también a la felicidad y la plenitud.

Así que nuestro viaje ha llegado a su fin. Has visto ciclistas locos, gente que no siente dolor ni miedo, pianistas extraños, asesinos en serie, piratas, bandas de presos, Navy Seals, mapaches de Toronto, monjes Shaolin, cuánto tiempo puedes ser Batman, números de Erdös, Newton y Einstein, Ted Williams y Spiderman, guerras de radares entre Harvard y el MIT, ejércitos fantasmas y negociadores de rehenes, el emperador de los Estados Unidos (descanse en paz), ordenadores de ajedrez seguros de sí mismos, luchadores japoneses con el pelo naranja, Gengis Kan, y un tipo que dio la vuelta al mundo solo para decir «Gracias». Te agradezco que te hayas tomado el tiempo de leer toda esta locura y que me hayas acompañado en este viaje.

En este libro quería llegar a la verdad sobre lo que la investigación y las grandes historias muestran que realmente trae el éxito en la vida. ¿Lo he conseguido? Bueno, eso depende de ti. No tengo todas las respuestas. Solo soy una orquídea introvertida, un monstruo prometedor, un líder sin filtro, y un comparador al que le gustaría ser un dador, que a menudo es demasiado confiado y necesita trabajar en su autocompasión. Pero creo que he elegido el estanque correcto y me he alineado con algunos amigos maravillosos. Eso es suficiente para mí. Tómate el tiempo necesario para descubrir lo que eres y encontrar la extensión de agua adecuada para ti.

Si quieres saber más, visita mi página web: Bakadesuyo.com. Allí tengo material adicional para ti. Al igual que la problemática palabra *networking*, tu cerebro de lagarto no entiende realmente el concepto de autor o tipo de escritor, así que vamos a ceñirnos a lo que sí conoce: Soy tu amigo. No dudes en enviarme un correo electrónico si quieres saludarme. Estoy en ebarker@ucla.edu.

Te deseo mucho éxito.

Agradecimientos

Robert De Niro me dijo que nunca dijera
su nombre para impresionar.

—Bob Wagner

Walter Green voló alrededor del mundo para dar las gracias. Lo menos que puedo hacer es expresar mi gratitud a algunas personas que ayudaron a que este libro llegara a tus manos, muchas de ellas manteniendo la cordura del autor durante su creación.

Todo el mundo te dirá lo difícil que es escribir un libro, pero la mayoría no menciona lo solitario que es. No podría haberlo hecho sin estas buenas personas:

El mejor de los agentes, Jim Levine, y mis editoras Hilary Lawson y Genoveva Llosa.

A todas las personas que aparecen en el libro por compartir sus historias, su búsqueda y sus ideas.

Una vez más, a mis padres, sin los cuales no sería posible.

A toda la gente maravillosa que lee mi blog (sí, habrá un correo electrónico el domingo).

Jason Hallock, que es el mejor Wilson que House podría esperar.

Don Elmore. Sin Lucius Fox, no hay Batman.

Tyler Cowen, que habló en la interwebz de este bloguero desconocido al que deberían echar un vistazo.

Andrew Kevin Walker, Julie Durk y Drew Holmes por sacarme de la casa e inducirme a «The Rally Pals».

Amigos y co-conspiradores no acusados: Debbie «Couchfire» Rosa, Nick Krasney, Mike Goode, Raghu Manavalan y Chris Voss.

Mi primo Ryan, que es lo más parecido a un hermano que jamás tendré. Mi tía Clare, cuyas tarjetas de cumpleaños para un escritor hambriento siempre incluían un cheque. Y mi tía Barbara, que me enviaba paquetes de provisiones en la universidad.

Por sus consejos y asesoramiento en el proceso de escribir un libro: Dan Pink, Adam Grant, David Epstein, Shane Snow, John Richardson y Sheila Heen.

Los Illuminati de Sedona: James Clear, Ryan Holiday, Josh Kaufman, Steve Kamb, Shane Parrish, Nir Eyal y Tim Urban.

Las encantadoras personas que apoyaron mis algo locos esfuerzos: Bob Radin, Paulo Coelho, Chris Yeh, Jennifer Aaker y el detective Jeff Thompson (que me preguntó si me gustaría ir a entrenar con el equipo de negociación de rehenes de la policía de Nueva York, como si fuera a decir que no).

Y a mi novia del primer año de universidad, que se rio en mi cara cuando le dije que quería ser escritor. Gracias por la motivación.

Referencias

Hay que dar vuelta media biblioteca para hacer un libro.

—Samuel Johnson

Puedes encontrar las referencias en inglés de este texto, en la ficha del libro de la página web de empresaactiva.com

Sobre el autor

No conoces lo que está escrito en los libros cuando conoces al escritor, lo descubres en donde el libro se desarrolla.

—WILLIAM GIBSON

Eric Barker es el creador del blog *Barking Up the Wrong Tree*. Su trabajo ha sido mencionado en el *New York Times*, *The Wall Street Journal*, *The Atlantic Monthly*, *Time Magazine*, *The Week*, *Business Insider* y un montón de otros medios que ahora mismo le da pereza buscar en Google. Es un antiguo guionista de Hollywood que ha trabajado en proyectos para Walt Disney Pictures, Twentieth Century Fox y Revolution Studios. Eric formó parte del equipo de Wii en Nintendo, trabajó en la franquicia BioShock para Irrational Games, y ayudó al creador de Spiderman, Stan Lee, a convertir a los Backstreet Boys en superhéroes (todos hacemos cosas de las que nos avergonzamos cuando somos jóvenes). Se graduó en la Universidad de Pensilvania y tiene un MBA por el Boston College y un máster en Bellas Artes por la UCLA. Eric ha practicado esgrima en Rusia con atletas olímpicos, ha luchado con campeones de MMA y ha entrenado en Krav Maga con miembros del ejército israelí. Nunca ha matado a nadie que no se lo haya buscado. Eric cree que hablar de sí mismo en tercera persona es muy incómodo. Su madre lo considera un gran éxito. Visítalo en línea en www.bakadesuyo.com.